葛莉苓 ◎ 著

语文生命构建：
中学语文教学的实践探索

厦门大学出版社
XIAMEN UNIVERSITY PRESS

国家一级出版社
全国百佳图书出版单位

图书在版编目(CIP)数据

语文生命构建：中学语文教学的实践探索/葛莉苓著.—厦门：厦门大学出版社,2021.6

ISBN 978-7-5615-8197-1

Ⅰ.①语…　Ⅱ.①葛…　Ⅲ.①中学语文课—教学研究　Ⅳ.①G633.302

中国版本图书馆 CIP 数据核字(2021)第 089577 号

出 版 人	郑文礼
责任编辑	李峰伟

出版发行 厦门大学出版社

社　　址	厦门市软件园二期望海路 39 号
邮政编码	361008
总　　机	0592-2181111　0592-2181406(传真)
营销中心	0592-2184458　0592-2181365
网　　址	http://www.xmupress.com
邮　　箱	xmup@xmupress.com
印　　刷	厦门集大印刷有限公司

开本	720 mm×1 020 mm　1/16
印张	15
插页	2
字数	260 千字
版次	2021 年 6 月第 1 版
印次	2021 年 6 月第 1 次印刷
定价	58.00 元

厦门大学出版社
微信二维码

厦门大学出版社
微博二维码

◎序

福建教育学院语文课程研究所所长、教授　鲍道宏

　　葛莉苓老师的著作《语文生命构建：中学语文教学的实践探索》即将付梓，要我作序。我陪伴她走过近10年的专业发展之路，她书中提及的文章，或者我听她介绍过，或者早就读过；所写的课例，有的我就亲临现场听过，并在形成书面文字过程中提过一些建议，这样也就没理由推辞了。

　　2011年，莉苓被推举到福建省"十二五"中学语文学科教学带头人培养对象班，接受为期3年的业余培训，我那时正是这个项目的首席专家，又兼做这个28人班级的教学班主任。这样，接触的机会自然很多，彼此之间也慢慢熟悉起来。她给我的印象，是个安心读书的人，为人厚道，行事低调但很踏实。她读书多，与所有中文系毕业的学生一样，文学作品读得多，古今中外都有，她偶尔与人谈起中外的哪部作品、哪个人物，总是津津乐道，兴奋时还会眉飞色舞。但在我印象中，关于"怎么教中文"的书她好像读得远没有文学作品多。这不是个例，好像很多师范大学毕业生也都有类似问题存在。师范大学培养语文教师的专业，不叫"汉语言文学教育专业"，而叫"汉语言文学专业"，好像师范大学与其他综合性大学一样。所以，在中国，好长一段时间，就是"汉语言文学专业"代替了"汉语言文学教育专业"，毕业生到了中小学，全靠跟着中小学年长的老师学习，或者模仿，才逐渐学会教学。

　　我开始指导她时，提醒她适当多读一些课程教学方面的著作。我们知道，2001年之前，老师们还能跟着教科书与教学参考书教学。但2001年国家推动新一轮课程改革之后，大量的课程问题涌到一线教师面前，如校本课程开发、国家课程校本化实施、课程评价等，即便是教学，也不像之前那么呆板。例如，预设可以理解，生成是否要防范？教学，为什么可以叫对话？为什么今天要倡导项目化学习？如何开展项目化学习指导？所有这些问题，在课程改革愈来愈深入的背景下，都不是"汉语言文学专业"的毕业生能够回答的，或能够回答清楚的。

　　这10年，莉苓虽然还在读一些文学作品，但也陆陆续续读了一些教育教学方面的著作，尤其是以叶圣陶、王荣生、陈日亮等为代表的一些语文教育专家的著作。她的课程意识开始苏醒、清晰，开始关注语文教育与人的全面发展、终身发展问题。她提出"学用共构，成长生命"的语文教学主张，提出"教"是手段，"学"才是最终见到成效的地方，"学"才是目的。她进一步提出，如果学生仅有"学"是不够的，"学"后通过进一步的"用"才可能与"学"共同构建现代社会所需要的学生语文核心素养，才可能将"外在的"知识转化为"内在的"资源，将"内在的资源"转化为自己行动的能力与情意，才能促进学生完整的、鲜活的生命成长。

　　10年来，莉苓在语文教学工作中探索思考，积极尝试，及时反思总结。不管是微型课程设计，还是一次语文学习活动设计，都精心规划，小心实践，并及时将自己的探索记录下来，分析总结。历经几年，这些探索及实践经验总结可以汇编成册，较好地阐明莉苓自己当前对语文教育的认识，代表了她当前的业务进展。

　　作为一线教师，她日复一日为课堂、为学生而奋战。这种工作性质决定了她对语文课的探索是脚踏实地的，纸上的生命和生活中鲜活的灵魂通过莉苓老师与学生一道演绎，绘声绘色，充满着生命活力。她通过自己多年的课堂研究，清楚地意识到，语文课的意义不仅在于培养学生的"听、说、读、写"能力，而且要通过富有教育价值的"听、说、读、写"能力培养过程,展现师生生命活力,并重塑更加精彩的精神生命。

读完莉苓老师的新著,读者应该能真切感受到她平常上课的那份用心。

莉苓又经过 3 年福建省名师培养高级研修班学习,教育素养与理论水平也有了进一步提升,并开启了极具价值的"学用共构,成长生命"的语文教学主张理论建构与实践形态完善的新征程。后继的任务很重、很艰难,诸如"学"与"用"为什么要共构?如何共构?在此情况下,"教"与"学"又是什么关系?这样的努力与当前核心素养培养的时代精神如何沟通?"成长生命"是什么意思?如何让人确信,"学用共构"就能达到"成长生命"的状态?

这些,既是理论问题,又是实践问题。

我们期待莉苓以及她的团队能给我们更精彩的答案。

是为序。

鲍道宏

2021 年 1 月 18 日

目　录
CONTENTS

第一篇　研究与反思

第二篇　教学设计的探索

第三篇　课堂教学的探索

第四篇　课堂之外的探索

第一篇

研究与反思

学用共构，成长生命

——我的语文教育观

《普通高中语文课程标准(2017年版2020年修订)》对语文课程的性质表述是："语文课程是一门学习祖国语言文字运用的综合性、实践性课程。工具性与人文性的统一，是语文课程的基本特点。"这强调了语文课程在建设过程中，既要教给学生语文运用的知识和方法，又要帮助他们构建起语文运用的能力。由于语文关乎人的思想和精神世界的表达和建立，因此化育心灵、立德树人，是语文教育不可回避的担当。笔者认为，在新课程背景下，语文课程应在综合的有序实践活动中，培养学生建构和运用语言、发展和提升思维、鉴赏和创造审美、理解和传承文化等能力，提升核心素养，成长并健全精神品质，构建日臻完善的个体生命。

长期以来，知识的本位化、教育的趋同化使得传统的语文教学体现为以学科知识的传授为核心、以升学率为评价指标的课程观。语文教育的基本操作无外乎教师的灌输式教学和学生的重复性记忆，师生的个体性、主动性和判断力几乎没有发挥的余地。更重要的是，学生在学校学得没有兴趣，走出校门以后不能也不会运用所学服务自己的生活和工作。随着信息时代的到来，知识以几何级态势爆炸性地增长，传统的、单一的、区块化的语文教育模式越来越不能满足学生综合素养的发展需求，以个人发展和终身学习为主体的核心素养教育模型，取代以学科知识结构为核心的传统课程体系，已经成为全社会的共识。为此，在新课程背景下，笔者提倡"学用共构，成长生命"的语文教育观。

语文教学"学用共构，成长生命"的表现是：在语文学习的过程中，激发兴趣，开放心智，在听、说、读、写的实践中，不断进行知识的链合与更新，获得更强大的听、说、读、写能力；建立学而乐的觉知体系，开拓更广泛和深入的语文学习资源，自觉地将语文学习融入社会进化的洪流中，从学会读书过渡到学会做事做人；在学习语文的过程中，陶冶性情，开阔胸襟，凝练思想，提升境界，建构积极健康的精神生命。为此，笔者将从"学用共构"与"成长生命"两个方面加以阐述。

一、学用共构

学用共构与传统的读写结合、语用实践、理论联系实践等方式的不同之处在于：它以学生原有的知识、能力体系为基础，发挥学生能动性，关注成长差异性，建构知识整合性，强调学习多元性。将语文学习由单调死板转化到多样灵活，从单科走向全科以至社会；将语文知识在滑动和流动中聚合起来，让语文知识为我所用，在生活中得到印证，为未来搭桥铺路，以满足个人的需求，适应时代的发展。其主要策略有以下几点：

（1）吸收多门学科知识的养分，繁殖并壮大语文学科的生长，让学生在融会贯通中，提高对语文知识的认知。语文是一门博大精深的学科，它的语言文字中凝聚着人类的思维与意志、聚合着人类文明与文化传统，每一部作品、每一篇文章，都是作者的个人理智与情感的体现，也是历史与人性的浓缩。随着学生受教育层级的提高，语文课程的内容越来越多，文本的理解也越来越复杂。传统的语文课程喜欢从字词句的解释、段落中心、修辞、语法等方面进行揣摩、分析，语文味固然很足，但每篇课文都用语文的手法处理就显得乏味、单调，何况每个作者的身份背景、时代风貌都各不相同，有些文章不联系时代、身世，就不能看出作者的匠心所在。同时，艺术、历史等人文学科跟语文本就是一家，自然科学的严谨、规范又锻炼着人们精确运用语言的能力。为何不让它们也参与到语文教学中，一起为学生的学习提供有价值的养分呢？学文言语法时，与其让学生在特殊句式和词性活用上纠结，不如跟英语的句式结构和词性转换知识联系，以一门学科的通顺带来语文学科知识的通畅；学古代人物传记时，在情节的分析中附加展示表现当时形势的地图，让学生置身于当年的情境中去分析评价人物行为性格、处世方式，对人物形象的认识会更加到位；学习诗歌散文时，若能以音乐、绘画等形式辅助想象，也能做到对形象和语言的进一步揣摩。事实证明，融合了各学科知识以后，学生对语文学习更加有兴趣，并养成主动根据自己学情出发，组织和运用知识的学习习惯，为进一步形成学科素养打下坚实的基础。

（2）以语文核心素养的提升为轴心，将碎片化、区块化的语文知识进行链合，使学生在学习运用中随时调整、验证、巩固所学，优化知识结构，并生成语文学习的新动力。高中语文的基础知识是丰富且深入的,学生既要掌握字音字形,又要把握语句内涵;既要了解形象的意义,又要整理主题思路;既要会阅读,又要会写作。语文知识点分布在每个单元、每篇课文中,具有零散性;对于课程目标的确立和实施,教法具有多样性和随意性;高中生学习层次、感悟力的差异性,都使语文教学很难摆脱重复性、碎片化的特点,"少、慢、差、费"一直是语文教学的老大难问题。如果教师有意识地在教学中加强学用共构的意识,将原先相类似的知识融入新的教学中,唤起学生新的体验和认识,学习力度将有所增强,并为以后的学习提供新的动力。古典诗歌的鉴赏一直是语文教学的重头戏。由于意象的多义性、手法的复杂性、主题的丰富性,学生对古代诗歌难免有厌倦感。但如果能注意到学习内容的前后关联,从学生已有的知识和感悟出发,将所积累的经验循环运用于新的课文中,不仅会达到"温故而知新"的效果,而且有时还会有"温故而创新"的喜悦感。例如,必修三《秋兴八首》(其一)(人教版)"故园心"的理解中,若能与必修二《故都的秋》(人教版)中对"故"字所传达出的苍凉、眷恋之情相联系,作者的伤漂泊、思故乡、忧国事的情感就被自然地迁移出来。而同篇课文中《登高》一诗的欣赏,学生从秋意无边、天涯沦落,联想到战乱之后背井离乡的万千百姓,并由此追溯到更远的年代天下百姓的艰难岁月,对杜甫诗歌"沉郁顿挫"风格的认识就水到渠成了。这样的解读就由字义引申到主题情感的把握,又升华到对作家写作风格的认识。关注语文知识的链合,使碎片化的知识前后连接,互相提供学习的养分,不仅更深透地贯彻了教学目标,而且开发了学生自我提升的空间,为将来的能力提升提供强大动力。

(3)语文学用共构,应该走向社会生活,指向学生未来发展。语文的"学用共构"不是在语文学科或者是学校范围内的小周旋。新课标指出,学生是在真实的母语运用情境中自主地进行语言实践来提升核心素养的。语文的外延等于生活的外延,学校教育范围的狭窄化、受教育时间的有限性使语文在真实情境下的语言实践存在天然的不足。语文课程活动的设计应将目光投向课本、课堂以外的世界中,在深度和广度上扩大生活的外延,只有这样,语文学习才会有源头活水,学生的表达和交流才会有质感。在高中语文必修五表达交流《讴歌亲情 学习写得充实》中,有一道"致我的前辈"的作文题。题目设置了一个翻检老照片的场景,让"我"对老照片上外貌与自己十分接近的前辈说些话,写一篇文章。在提倡讴歌亲情、追念先贤的新时代,这样的写作是很有意义的。但由于年代久远,了解的事实有限,写作中,记叙、议论、抒情时就不免凭空编造,缺乏真情,因此写作之前设计一些情境交流的活动就显得十分必要。笔者和自己的教研团队尝试,安排学生寒假期间走访家族聚居地,了解家族的历史,采集人物故事,提炼家族精神,以"慎终追远 寻根筑梦"为主题,进行家庭访谈,在此基础上进行《致我的前辈》的写作。由于抓住了最能展现家族文化的春节契机,学生能够有时间、有机会搜集较翔实的资料,对"我的前辈"这个写作对象有较充分的情感交流,因此最后的成文显得真实而饱满。唐朝著名诗人白居易说过:"文章合为时而著,歌诗合为事而作。"语文也只有与时代接轨,跟现实世界联系,在生活中运用语文知识,提升语言能力,语文核心素养才能得到真正的有价值的培养。

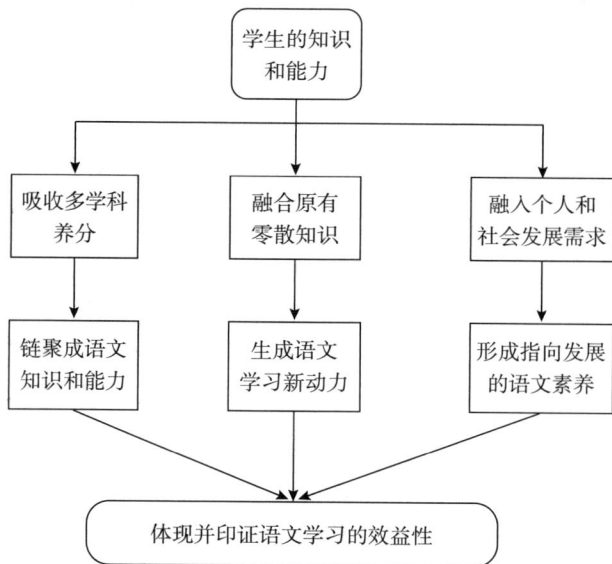

语文学用共构生成途径

二、成长生命

学用共构是一种理念,贯穿于语文教学听、说、读、写各环节中,它直接推动了语文从接受到运用、从知识到能力的转化过程。然而,知识有多寡,能力有高低,人们获取知识和能力终究是为了更健康地生活,拥有更完善的生命。为此,语文教育应该以构建良善的生命作为自己的使命,自觉地在教育教学中融入生命构建的意识,发挥更大的化育人心的作用。

作为母语教育的载体,中学语文课本选入了大量经过时代淘洗而流传下来的经典文章,它们所表达的道德标准、精神意志,是中华文明流传并延续发展的智慧所在,是中华儿女精神上的遗传密码,是赋予生命的精神养料。语文教育的任务是帮助学生寻找传统文化与现实生活的契合点,探讨民族优秀文化与社会进步的内在联系,寻求自我生命的力量,建立自己的精神高地,从而构建成长的、积极的人生。

"成长生命"的语文教育观在具体实施中,应注重以下"三心"的培育:

(1)真心。真实、诚恳是一种忠于自我、追求良知的态度,它是语文教育的起点。教育家陶行知说过:"千教万教,教人求真;千学万学,学做真人。"所有的教育都应在"真"的基础上建立和生成,语文教育尤甚。课文中的经典能够启发人、教育人,是因为它们都是作者用自己的心血写成,融入自己真实生命体验的优秀作品,所谓"字字皆血泪,十年不寻常"。国破家亡、沦为阶下囚的心灵伤痛,使李后主的词脱去奢靡秾丽的脂粉气味,转为深沉纯真的抒情,"以血而书",抒发家国之恨和人生之悲,开辟了"眼界始大"的一代词风;杜甫"致君尧舜上,再使风俗淳"的伟大志向,使得他的诗作真实反映社会面貌和时代风云,被称为"诗史";在与不如意的人生抗争、调解中,苏轼用或苦闷、或激愤、或旷达的抒发,真诚地表现乐观大度的生命观,将文学创作推上巅峰。我们学习优秀的文学作品,是在与作家诗人们进行心灵的交流。同样,反观自己的表达与交流,也应以真诚为本,反映自己的生活和思想。陈日亮老师在《我即语文》中说,语文教育是"以心契心,以文解文,以言传言"的过程,在与作者、文本、自我的对话中生成语言的学习和运用。如果没有来自心灵的真实对话,没有诚恳的表达,再优美的文字,再娴熟的技巧,也是虚有其表、徒劳有害的。

(2)省心。"省心"即省察内心。有人说文学是做人的学问。那么,语文也是帮助学生完成生命意义的一门学科。如果承认人的不完美,我们就会省察文学作品中思想情感的局限性;如果确定时代是在不断发展的,社会是在不断变化的,我们一定不会照搬书中的处世方式和思想观念。语文是靠文字传达生活和生命意义的,教学中,要引导学生分析语言,领会思想情感,在审慎思考后,把握取舍。对于自己的生命表达而言,人生中,我们面临进取与退守、和谐与冲突、自由与约束、个人与家国、生活与生存等各种选择,每一种选择都不是一目了然、非黑即白的,而需要我们根据时代的需求、个人的处境做出判断,找到出路。在语文学习中,学生很容易被作者的才情和文字打动，由崇拜作家而吸收其价值观，对现实生活产生了不必要的困扰。因而，在语文的教育中，思辨能力的培养不可或缺。只有经过思辨的思想，才是理智的；只有经过省察的心灵，才能构建真正意义上有价值的生命。

（3）良心。"良心"是指被现实社会普遍认可并被自己所认同的行为规范和价值标准，是人们对自己行为的是非、善恶和应负的道德责任的一种稳定的自觉意识。教育的目的在于培养人，而这个"人"，首先应该是一个被现实社会的价值观普遍认可的人，他的所作所为，应该符合社会的道德规范；其次是一个有自我行为规范和价值标准的人，他有自己的理想和价值取向。而教育的作用是帮助学生在现实的社会价值观的观照下，去寻求和构建生存发展的方向与行为准则，最大化地发挥个人才能。良心的教育将社会、时代与个人的价值紧密结合在一起。在悠久的文化传承与发展中，具有中国特色的良心教育成为延续千年的教育共识。《孟子·告子上》："虽存乎人者，岂无仁义之心哉？其所以放其良心者，亦犹斧斤之于木也。"《四书章句集注》："良心者，本然之善心。即所谓仁义之心也。"明确指出良心教育是积善兴仁的教育。党的十八大报告提出，把立德树人作为教育的根本任务。在现实的教育中，立什么德，树怎样的人，是每一个教育工作者应该明确的基本点。以中华优秀文化为底色和本色，融合新时期的核心价值观，帮助学生认清自己的特点，树立与时代共进退、同社会共荣辱的价值观，是当今立德树人教育任务的关键。语文是中华民族优秀文化的载体，是中华儿女的精神家园。语文课程在继承和弘扬中华优秀文化和社会主义先进文化中，具有不可替代的作用。叶圣陶先生曾经说过，所有的课都应当是政治课，所有的课也都应该是语文课。在发展语文学科核心素养中，少不了思想品德和语言文字素养的教育，学生核心素养的发展既是基于学科又是超越学科的。语文教育，既要研究本学科的教学，又要关注学生心灵家园的建设，培养学生与时代共俯仰的胸襟和气度，构建健康向上的生命气质。

"学用共构，成长生命"，近些年来笔者以此理念引领教学实践，常感慨收获不同于以往的教学。学生学习方法更加灵活自主，知识掌握更加整体系统，表达交流更加合理妥当。由于学用共构，学是为了用，用又促进了学，学与用时时更新与补充，学生学得扎实牢固，而指向生命意义的课程构建，又让师生在语文学习中走得更远、更大气。

在语文教育中，笔者常感教育理念的更新之艰难：既要解决当下语文教学的问题，改良语文学习的方式，养成良好的习惯，又要时时关注社会和时代的变化，深入学生心灵状态和个性特点，不断调整策略和方法，付出十足的耐心。当然，最需要改进的还是教师自己：将当下的知识放进学生知识和认知体系中，在恰当的时机做及时的点拨，时刻关注学生的基本能力和关键品格的养成，给予学生合适的教法和指导……如此种种，不仅需要教师的学养和格局，更需要放低姿态与学生共同学习实践的勇气。

　　总之，教育的意义在于唤醒人的智慧，把学生培养成真正意义的人。在教育现代化语境下，我们要让学生在学校里爱学习、会思考、能创造，发挥自己宝贵的天赋，做一个满足社会需要、适应时代发展、实现个人价值的合格人才。"学用共构，成长生命"，笔者认为，这是负责任的新时代语文教育观。

本立而道生

——阅读主旨与阅读教学有效性关系之探究

　　阅读是什么？有一种说法认为语文包括阅读，所以阅读是语文听、说、读、写形式中的一环。但是，在一个信息快速流通的时代里，我们每天都必须通过阅读获取生活所需的信息，它应该是人们求生存、解决生活问题的一个非常重要的手段和工具，它还是一个人扩大视野、认识世界、发展思维，获得个性化审美体验，从而丰富人生的过程。会阅读的人往往通过阅读来自我总结、自我学习、自我提升，所以阅读是超越语文的。阅读教学应该帮助学生建立一条阅读的途径，丰富学生作为"大写的人"的血肉，逐渐建构自己的高尚生活的意义——笔者认为，这是阅读教学的"本"，语文教师只有确立这个根本的阅读教学目的，才有可能采取行之有效的教学手段，帮助学生更好更有效的阅读，成为自己生活中不可缺少的养料，这是阅读教学的根本之"道"，是为"本立而道生"。

一、中学阅读教学中存在的问题

　　在现实的语文教学中，我们发现阅读教学的效果并不理想，主要体现为以下几点：

　　(1)阅读教学阶段性安排目标不明确，学生的阅读缺乏有序的引导。

　　阅读教学是要有计划的，这计划来自课程标准的规定，来自每个阶段学生的心理、生理特点对文本有可能的理解力，也来自教师自身的阅读能力。所以，一篇文章，由于学生年龄段的不同，理解的内容、程度是大可以不一致的，但在现实的操作中，我们很遗憾地发现一些脱离学生实际的阅读教学设计，很多的设计没有考虑到学生的理解水平，或是太艰深或是太浅易。例如，初中学生学习《孔乙己》(人教版)，教师往往围绕孔乙己的性格、造成孔乙己悲剧的原因等方面设计教学的过程，而到了高中学习《祝福》(人教版必修三),教师的课堂教学内容仍旧是"造成祥林嫂的悲剧是什么""从祥林嫂的外貌、语言中看出祥林嫂的性格特点",阅读的要求没有随着学生年龄的增长、理解力的加强而进一步提高,那就是对阅读教学序列性的认识不够清晰。对一篇小说在内容、情节、性格上的把握,是浅近的层面上要求,对于十四五岁的初中生来说,是适当的;可是对于十七八岁的高中生而言,他们的人生航程即将开启,理解能力和知识的储备也日渐丰满,应该在更高的层次上解读小说,他们应该解读出小说中的人物命运是否由其自身的因素造成的,他们的人生命运与自己的关系是什么,作为社会中的人,我们该如何从这些经典人物中获得自己的人生经验,更好地发展自己……在高中阶段教授《祝福》时,教师应引导学生,说说祥林嫂除了回鲁镇,除了捐门槛,是不是还有另一条出路? 我们如何不做21世纪的"祥林嫂"? 因此,不同的年级赋予课堂的设计是不一样的,否则阅读教学要么让人难以理解,要么让人感觉是"老调重弹",没有新意,极大妨碍学生阅读文本的兴趣,阅读教学的有效性也无法显现出来。

(2)师生共同探讨读本的时间有限,学生的阅读能力没有很好的构建。

现代社会生活节奏快,信息量大,如果对每一篇文章、每一个文本都进行深入细致的挖掘,显然太过奢侈。中学生尤其是高中生,一周安排4节或5节的语文课,在这有限的时间里,还有文言文、古代诗歌、作文等模块的教学任务需要完成,更何况高中的课文普遍偏长,有时候一节课都未必能把一篇文章的大意梳理清楚。在这样的教学情况下,教师只好强调快速阅读,要求学生一目十行快速浏览,而学生往往看完之后什么也不记得。教师在要求学生阅读之前没有阅读要求的引领,更没有学习方法的指导,所以最后快速阅读失败,教师不得不通过延长绝对的阅读时间来获得教学上的一点进步,阅读的效率难有保证。

(3)考试是阅读的主宰,教师是课堂的主人,学生处于被动阅读的状态,没有真正自我的表达与理解,没有自我选择,更无从谈起"立自己的精神主体"。

每个人对于同一个读本感受是不同的,如在《红楼梦》阅读中,对于贾宝玉,你可以觉得他一会儿爱姐姐、一会儿爱妹妹而鄙视他为"花心大萝卜",你也可以对他不好好学习"四书五经"、不求上进而发出"败家子"的感叹,你也可以因为他毫无城府而把他引为知己,甚至你可以因为不喜欢整部《红楼梦》而暂时把它束之高阁。但在现实教学中,我们对学生充满了强迫,明明没有心灵体验、没有共鸣,却逼着学生精读,考题精确到"刘姥姥一进大观园凤姐给了多少银子"这样的细节,这不是抹杀他们获取知识的主动权吗?阅读本是"一千个读者就有一千个哈姆雷特"的事情,由于我们对分数的追求、对进度的追赶超越了对学生心理体验的重视,因此我们的阅读教学往往是"一千个读者只允许有一个哈姆雷特",而且这"一个哈姆雷特"还是教参或者是教科书编写者规定的!阅读是需要真诚的态度的,哪怕是很幼稚的观点,那也是学生心灵真实的写照;阅读也是需要选择的,每个人都会根据自己的爱好、自己的修养、自己的需求主动地靠近读物,构建起自己想要的生活价值观。可悲的是一切听从于主宰学生的考试和主宰考试的考官们,阅读的有效性又何从谈起呢?

阅读教学只是为了一些知识点的积累,一些皮毛的细节识记,这样的盲目学习,把本来丰富有趣的文本阅读教学,变得死气沉沉,学生越发觉得语文没用,而语文老师也只能唉声叹气。

这就是长期以来阅读教学的普遍现象,这些现象表明:我们的阅读教学脱离了阅读的根本。那么,如何确立这个阅读根本,进而探索出一条提高阅读有效性的教学之道呢?

二、探索阅读教学的有效途径

笔者认为还是应该回到教育之本上,进行教学和考量。

什么是教学之本呢?

17世纪著名的教育学家夸美纽斯对于学校教育的根本和教师的职责曾经说过:"学校是造就人的工场",教师"应该耐心去打开潜在学生身上的知识泉源",教与学的根本就是让学生通过学习,领会生活的道理和规律,并自觉地转化成自己的生活经验。

所以,我们的阅读教学之本,应该是学生真正需要怎样的生活经验的引领,他们应该怎样从文章中获得自己的体验,这些都是教师应该在语文教学中时刻提醒自己需要完成的使命。探索这些引领学生的手段,是语文教学尤其是阅读教学不应忽视的"教学之道",只有这样,才能使提高阅读有效性这样的口号落到实处。

阅读教学的出路在哪里呢?

首先,应该明确阅读如同摄影绘画,需要"取景",需要选择。我们应该告诉学生,大千世界精彩纷呈,我们不可能一一体会,同样,一篇底蕴深厚的作品,我们不可能把所有内容都讲一遍,必须抓住自己需要的东西、最能打动自己的东西。鲁迅先生说，一部《红楼梦》"单是命意，就因读者的眼光而有种种；经学家看见《易》，道学家看见淫，才子看见缠绵，革命家看见排满，流言家看见宫闱秘事……"我们应该允许每一个学生从自己的兴趣爱好出发，从文本中选取自己所喜欢的内容，进行细细的揣摩与品味。喜欢写诗的人，不妨从香菱学诗的经历中悟出一点写诗的道理；喜欢生意的人，一定会对刘姥姥抓住机遇，从贾府中捞到创业基金由衷赞叹；喜欢金石古玩的人，应该会细细研究贾府中的摆设；研究服饰的人，也能从人物的每一个细微的穿着装饰中获得知识……我们不一定都要求所有的学生都步调一致地朝着"四大家族，联络有亲，一荣俱荣，一损俱损"的大方向上领会文本，因为再深刻的内涵如果不是自己感受的，都不一定是真实有效的。随着社会生活发生巨大的变化，经典文章的阅读意义还可以得到有效开拓。如果我们尊重学生的选择，或许我们就会发现有些认识是超越前辈的。例如，学生读完《项链》之后，有的学生从路瓦栽夫人戴的是假首饰中得出"永远别迷信有钱人"的结论，有的学生从玛蒂尔德借自己买不起的东西还不保管好的教训中体会到"穷人永远别去借超出自己偿还能力范围的东西，借了就要确保万无一失"，还有的学生从路瓦栽先生在丢失项链以后还能关心体贴爱护妻子，为妻子闯的祸去一个铜板一个铜板挣钱的行为中，感受到了"坚信上帝给你关上一道门时总会为你打开一扇窗，要懂得珍惜拥有的幸福"……每个人所选择的角度都不同，但得出的道理因为是自己的感受而显得精彩无比，并且与社会生活紧密联系。在当今社会贫富悬殊、追求物欲的风气中，这样阅读《项链》是很有意义的。好的文字背后都有场景，如果某个场景、某个细节能打动某个读者，则这场景和细节必是与其生活相联系的。所以，阅读教学要尊重学生的选择，尊重他们从文本中获得的真实体验，而不是轻易地从教参出发，判断学生读得是否精准。

其次，阅读的效果是有宽度、深度、力度之分的。对于这"三度"的把握，在以往的教学中或多或少地被忽视，至少没有好好总结。有的人从文本阅读中扩大了视野，了解了许多自己以前并不明白的道理，他可以从《一个物理学家的教育历程》中发现原来认识自然世界的角度是可以多样的，可以从《张衡传》中看出古代的太史令的职责不仅要记录"人事"，也要上观天文下晓地理，也可以从《论语》中看到为人处世的原则……这样具有宽度的拓展性阅读，可以丰富学生的人生体验，为他们探索人生以及未知世界提供新的养分，对他们将来开创事业也许还有启发作用。我们的阅读教学不必因为这不是考点而忽略对于文本宽度的引导，因为阅读究竟不是只为了语文考出好成绩，它还肩负着开拓知识与创立理想的使命。

阅读又是有深度的，所谓的深度就是指读者对文本的内心触动，对人性理解的深度。好的文学作品总是触及心灵的，所谓的"文学即人学"，文学作品对于人性开发的深度直接决定了读者阅读时所立的人格魅力的高度。高中学生的思想正在逐步地从感性走向理性，许多感性的内容通过阅读是可以感受到的，而理性的深度就需要教师引导他们进一步提升。曾经人教版高中《现代诗歌散文选修》一书中选用了史铁生的《合欢树》，许多人都被其中的母亲深深打动，觉得母亲很不容易，对孩子倾注了大量的无私的母爱，让史铁生走出了阴影，换来了新的生活。由于作者写的真实有感情，许多同学在课堂上情不自禁地流下眼泪，但如果只是考虑母爱，显然有些读"浅"了。所以，笔者在此基础上提问：既然是表达"母爱"，作者为什么不把题目拟为"我的母亲"，而是用了"合欢树"？让学生明确合欢树是个富有意味的形象，它让人想到"母亲虽然去世，但是她的爱是永恒的，生生不息"，更能够想到母亲的人生价值是怎样在一棵树的形象中得到表达与升华的，最后让人思索生命的意义。这样的思考由形象到理性，笔者认为，作为高中的阅读教学是应该时常训练的。

当然，阅读的目的是要将前者的"宽度"和"深度"转化为最终的"力度"。读了一篇文章，能够从中吸取营养，联系实际，思考自己的人生得失，转化生活中的不利因素，化被动为主动，这是阅读的力度的体现。在《雷雨》教学中，许多学生认为周朴园无疑是个可憎又可怜的人，他有过大胆自由的爱情追求，但他最终又做了无情无义的"负心汉"，结局是家破人亡，孑然一身。留下这样的感触显然是还没有完成从"宽度""深度"到"力度"的转化。试想，生活中的爱情悲剧不少，虽然没有惨到周朴园的程度，但是也都给恋爱的双方带来许多遗憾，有多少人从周朴园的悲剧中得到一些对于爱的启示呢？带着这样的问题，师生又开展了进一步的讨论，形成了新的共识：爱情太自私，只是索取，留下的只会是伤害，害自己，也害别人。学生们用从阅读中获得的生活哲理时刻警醒自己，是不是能够提升人生的感悟，进而处理好生活中的人和事呢？

高中教育是学生成长很重要的阶段，是世界观、人生观初步形成的时期，是未来发展自觉选择的时期。高中阶段的学习不仅要使他们掌握知识，更重要的是让他们规划自己的人生。所以，在阅读教学中，教师应当时常关注学生的感受，注重从"宽度""深度""力度"上去提炼并升华它们，让它们符合时代的要求，成为学生成长发展的新动力。

　　总之,中学语文阅读教学担负着构筑学生"精神家园"、重塑学生"个体人格"、净化学生"灵魂世界"的重大使命。阅读教学是学生、教师、文本之间对话的过程,阅读与鉴赏应充分调动生活经验和知识积累,在积极主动的思维和情感活动中,获得独特的感受和体验。所以,尊重学生的感受,引导学生化文本的阅读为生命的体验,是阅读教学中应该紧紧把握的"根本",在这个基础上所实施的教学之"道"才有意义,才能做到有效。

贯通古今情，情动而辞发

——高中古代诗歌教学之我见

在高考语文试卷中，分值只有 9 分的古代诗歌题是老师和学生皱眉的题目之一，因为复习中用时多，收效甚微。其实，从高一开始，古代诗歌教学就是语文课堂的"主打歌"，按照正常的进度，进入高三总复习以后，在复习古代诗歌鉴赏方面就要花去学生一个多月的时间，可是，一轮复习下来，学生们还是没法透过诗歌考题的"重重迷雾"，获得所期待的成绩。在这个高考分数证明学习程度的年代里，古代诗歌鉴赏成了高中学生学习语文的瓶颈，一些原本对古诗有兴趣的学生也不免发生厌倦，这究竟是怎么回事呢？

要回答这个问题，我们不妨看看高中学生们在古代诗歌上所受的教育基础是什么：在小学阶段，学生们的诗歌教学还是停留在"解释字词，背诵默写"上。初中的教学在此基础上增添了对诗歌感情的把握，所以从全国各地市的中考试卷来看，初中的古代诗歌考查部分除了考背诵，还增加了一些课内诗歌内容主题的鉴赏。由于诗歌文本来自课内，是老师授课的重点，这样的考查看似有些能力的测试要求，但学生的学习基本上还是停留在"背标准答案，考标准答案"的基础上，所以谈不上真正的古代诗歌鉴赏能力的检查。进入高中以后，考试大纲明确要求诗歌鉴赏的考查要在识记、理解和分析综合的基础之上能对所给的古代诗文的形象、语言及表达技巧进行赏析，对文章的思想内容和作者的观点态度进行评价。而这些诗歌又是课外的；这在中学语文阅读能力上是属于最高层级能力的考查，这样的考查对于习惯了初中教学的学生来说，是很难适应的。

一、高中学生在学习古代诗歌中的问题具体表现之分析

一是无法理解诗歌的内容与主题。由于诗歌是借用形象表达感情的，语言又具有凝练性，学生学习现代诗歌时就已经不太好明白，更何况是解

释古代诗歌呢？再加上古代诗歌中还有一些存在于古代社会的习俗与文化，今天的人们已经远离了这样的社会，如果没有一定的引导，要走进古代诗人的世界是有难度的。

二是对于古代诗歌鉴赏中的内容和手法的概念模糊不清，如课堂上老师问的是"景物的什么特点"，而学生却用"动静结合，以景衬情"之类的写作手法来套答案，结果是"辛勤耕耘颗粒无收"。

三是诗歌学习见效慢，于是产生了厌倦心理。不可否认，如今的学生学习是很功利化的，只要是能够快速地获取高分，就愿意花大量的时间和精力。而古代诗歌在高考中的分值并不大，相当于理科卷子中的一道选择题而已，很少有学生愿意在一道"性价比低"的题目上花费太多的时间。但古代诗歌又恰恰需要慢慢品味，反复涵泳，只想通过几节课程的学习，几道题目的练习，就能把古代诗歌鉴赏题"搞定"，几乎是天方夜谭般的神话。所以，学生由畏难到厌倦，再到吃力不讨好，最后如同走进死胡同般地学习，其结果也就可想而知了。

学生的"不开窍"与教师急功近利的教学心态也有一定的关系。从高中一接触古代诗歌起，我们的教师就迫不及待地在读读背背的基础上，为学生总结了各种"答题技巧"，分析了林林总总的"解题步骤"，把意境意象的知识急于灌输给学生，把情景交融、反衬对比之类的表现技巧贯穿于教学和考试的始终，似乎学生能够在一个单元或者一个模块学习以后就能够掌握古代诗歌的全部，就能够在考场上得胜而归了。曾听过同行上过一节公开课"涉江采芙蓉"（人教版必修一），教师在课堂上大量陈述"兰花""江水""芙蓉""荷花"等意象的意义，引用古往今来的诗人们是如何用意象表达感情的，然后把这些带有意象的句子从原诗中肢解地演示出来，把一对同心离居的夫妇那痛苦叹息的交鸣，演变成了枯燥机械的意象复习课，如同撒了一地的零件，使得原先对诗歌还存有的几分好感在这样的"掉书袋"般的诗歌鉴赏课中丧失殆尽，这样的课学生怎么会喜欢，又怎么会发自内心地爱上诗歌？17世纪捷克著名的教育学家夸美纽斯说过："不论哪种语文，对它的完整和细微的知识的讲解是很不必要的，如果有人要去达到这个目的，那是荒谬和无用的。"高中阶段是学生培养健全人格、发展个性、提升人生境界的重要时期，如果我们的诗歌教学只是停留在文字表面形式的学习上，不触及诗人和学生的心灵世界的贯通，没有通过深刻理解作者所表达的意思、抒发的感情，与作者进行心灵的沟通、碰撞，又怎能将对诗歌的认知和理解转化为正确的信念、健全的人格？这样的诗歌教学有何积极的意义呢？

教不得法，学无兴趣，笔者认为这是当今高中古代诗歌教学中亟待解决的问题。

二、高中古代诗歌的教学出路

要知道高中古代诗歌的教学出路，我们应该回归到诗歌的本质去看。

无论是中国诗歌还是外国诗歌，无论是古代诗歌还是现代诗歌，诗歌的本质是不会变的。好的诗歌无非是"感其况而述其心，发乎情而施乎艺也"（赵缺《无咎诗三百序》），也就是说诗歌的本质在于抒发情感，表达人类的喜怒哀乐，并以此体现人类社会生活和情操志向，是一种阐述心灵的文学体裁，虽然它在表情达意的时候，需要成熟的艺术技巧，有一定的音节、声调和韵律的要求，有丰富的意象，有含蓄蕴藉的表达。但是，没有感情作为基础，又谈何诗歌的创作？同理，如果我们的教学没有从把握诗歌的感情入手，去理解诗人创作的过程，那些让人晕头转向的评析鉴赏是否在隔靴搔痒呢？

那么，如何启动学生与古代诗人们的情感共鸣，从而也由"情动"带动"意涌"，从而"辞发"，说出自己的心声呢？

古代诗歌的鉴赏，首先要疏通字面的意思，还原历史背景，沟通时代信息。古代诗歌的教学不仅是文言字词的教学，更应当是还原历史风貌、人情世态的教学，是一个还原情感的工程，这是让学生与诗人产生情感共鸣的基础。曾经有学生对张籍的《秋思》中的"复恐匆匆说不尽，行人临发又开封"中的"开封"理解成了今天河南省的一座城市，于是"临发又开封"就成了行人临出发了又回到开封，与诗人的原意相差很远了。在这样的不从文本出发，强不知以为知的解读下，要想走入诗人的心灵世界就很困难。由于历史的隔阂，诗歌中所反映的地理面貌、世俗风情与现在相比都有了很大的变化，科技的发展、社会的变更又让感情的表达方式与今天的人们很不相同，如今互联网、手机电话铺天盖地地走进现代社会，人们很难理解家书对于游子的意义。所以，正确理解诗歌的内容不单单是对句子意思的翻译，而且是站在古人的历史坐标中思考问题，还原诗歌中的内容，才能叫准确地理解古人的思想情感。

其次，古代诗歌也是文学作品的一部分，对于古代诗歌的鉴赏也应该遵循文学作品鉴赏的规律。鉴赏文学作品要有情感的投入，诗歌也必须如此。没有情感投入的"鉴赏"，往往是对作品内容的冷冰冰的复述与介绍；

没有情感投入的"鉴赏",一定会把原先有血有肉的诗歌解读成骨肉相离的"庖丁解牛"。鲁迅先生曾经在他的《诗歌之敌》中说道"诗歌不能凭仗了哲学和智力来认识",教师在教学的时候不能成为"诗歌之敌"。如果我们在鉴赏《秋思》看到"又开封"的时候,不仅要想到"封"是"封闭(信封)"的意思,更要体味到在外谋生与居家享亲情的矛盾纠结心情,里面既寄存了多少自己对家人的思念与牵挂,又寄望了多少自己对纠结心情的挣脱,因而"家书一封抵千金"。只有将感情投入并定格在这个巨大的情感背景中,"临发又开封"——诗人这个举重若轻的细节所体现的诗的技巧和深沉的人性关怀才能被学生所欣然接受。所以,只有用心与心的交流与碰撞,才能擦出感情的火花,才能有精神世界的相同,才能够帮助学生将对诗歌的认知、理解,转化为正确的信念、健全的人格,达到生命的升华。

最后,古代诗歌的鉴赏教学,应该启发学生联系自己的生活,寻找触动自己心灵的东西,使学生的心充满感动,这样,新情入旧诗,进行创新,赋予诗歌新的时代生命,这是古代诗歌根本的教学法。

记得在带领学生鉴赏《迢迢牵牛星》的时候,笔者先介绍了《古诗十九首》所在的年代,由于东汉末年社会的动荡,门阀制度的限制,许多文人无法实现自己的理想与抱负,因此在《古诗十九首》中较多地表现了夫妇、友朋之间离别之情和读书人的失意之感,这是《迢迢牵牛星》的时代背景。在对字面意思稍加疏通之后,笔者问学生们:"依你们看,这首诗歌要表达些什么?"有的学生从织女的形象分析,说是表现了一个勤劳善良的女子对丈夫的思念;有的学生从神话故事的含义推理,说是表现了封建婚姻制度对人性的束缚,男女爱情的执着又不得在一起的痛苦之情;而有个学生的发言却使笔者击节赞叹,他认为这个女子就是作者的写照,诗人像"河汉女"一样的勤劳忠贞,有着出众的才华和纯洁的品性,却始终得不到朝廷的赏识,虽然"河汉"是"清且浅"的,"相去"也不太遥远,但是,他依旧无法实现自己的理想,所以他难过失落,又不能明说,只能借这女子的形象来表达自己的悲伤叹息。课后笔者问他是怎样想到的,他说,其实当时是想到了自己,觉得自己就是那个"河汉女",进入高中以后,原先在初中做班长的他始终没有在新集体中找到原先的优越感,虽然努力了,但还是没有得到认可,心中常有失落感。所以,看到这首诗,想到了它的作者,再想到中国古代诗歌中"美女"喻"才郎"的传统,就得出了这样的结果。这样的移情入性,换位思考,才是真正做到了有效的诗歌鉴赏。

南北朝时著名文学理论家刘勰在《文心雕龙·知音》中说:"夫缀文者

情动而辞发，观文者披文以入情，沿波讨源，虽幽必显。"诗人们的创作是由情而发，情动而辞出，我们的诗歌鉴赏课是不是该由"情"入手，探寻诗人心灵的足迹，在此基础上理解诗和诗人，是否更容易达到事半功倍的效果呢？

由此看来，在古代诗歌鉴赏课上，教师应以情感的分析为主导，调动学生的学习关注性，启动学生与诗人的情感共鸣，从而获得美的体验。贯通古今性情，以古为范，引导学生追求高尚情趣，提高道德修养，是语文教师应该努力完成的教学任务。

基于直觉体验的高中古诗深度教学探索

——以《短歌行》教学为例

《普通高中语文课程标准(2017年版2020年修订)》在课程目标中强调：语文教学要增强学生形象思维能力。让学生在语文学习中"获得对语言和文学形象的直觉体验；在阅读与鉴赏、表达与交流、梳理与探究活动中运用联想和想象，丰富自己对现实和文学形象的感受和理解，丰富自己的经验与语言表达"。语文活动中的"直觉体验"，多借助表象，在有限的资源下，对语言和形象表现的情境做出自己的猜想、预设与想象，其感受往往是"只可意会不可言传"的"默会知识"。波兰尼的"默会知识"理论告诉我们：默会知识虽然不可言说，但它一直在推动那些可言说、可传播的知识发展，并且是"显性知识"的源头和方向。"默会知识是自足的，而显性知识则必须依赖于被默会地理解和运用。"对文学欣赏来说，直觉思维未必精确，然而，普通的读者对文学作品的欣赏与品析，都从直觉感知开始。语文课程的文学教学，若能在学生直觉思维基础上，调动学生各种已有知识，将来自直觉的感知清晰化、系统化，就有可能达到深度学习的成效。这就启发我们，在教学上，既要关注理性分析、确定性把握，也要尊重并积极利用学生直觉体验，鼓励学生对自己认知进行加工，使直觉感受秩序化、结构化，促进学生对学习内容的深切感悟。

受知识基础、时代背景、人生阅历限制，学生对古诗的理解往往面临各种障碍，学习过程自然会出现很多困惑。然而，处于困惑阶段中的学生，他们有些"莫名其妙"的发问，往往是他们直觉感知的产物。这些发问，也许缺乏实质性的认识价值，但有可能是通往深刻的理性认识的触发点。这一点，往往得不到教师重视。新课程提倡主动、探究学习，并在课标中明确提出语文教学应关注学生的直觉感受。但是，在现实课堂教学中，教师面对学生提问，常常被学生的问题困扰：学生为什么会这么说，为什么会这么问？如何引导并推进学生探索活动，帮助学生探究作品的意蕴，"丰富自己对现实和文学形象的感受和理解"？如何从学生的直觉体验出发，将学习材料、课程资源进行整理和加工，引导他们进行"连续不断的经验改组或改造"，使教学成为一种推动力，帮助学生形成有价值的经验？笔者尝试以人教版必修二《短歌行》教学为例，阐述自己的一些探索，以求教于方家。

一、抓住直觉，充实意蕴

直觉体验在诗歌鉴赏中往往体现为主观想象。杜威在《我们怎样思维》一书中指出："想象中的偶然事件与一系列事件的某些事件是具有某种连续性的，它们首尾一贯，被一条连续的线索贯穿起来，处于千变万化的幻想之流和有意识地导出深思熟虑的结论之间。"高中生的某些个人想象或许有些稚嫩，甚至还可能"不可理喻"，但在教学中，教师若能找到某些事件或场景，与诗歌的内在意脉相联系，尽可能使学生的思维流动起来，教师通过质疑发问、比对取舍，发掘这些问题背后的合理性，并与学生一道对这些合理性进行检验、完善，加以利用，就有可能引导学生逐渐把握诗歌的主题，最终得到正确的认识。

以此，笔者在《短歌行》教学中，一位学生突然叫了起来："老师，曹操是不是很色？"

这是个棘手的问题。以往针对类似问题，笔者往往采取听而不闻的逃避方式，一则觉得这无厘头的发问，多是学生故意捣蛋；二则教师自己也的确难以应对。但是，若设身处地从学生视角思考，青少年期的学生，对男女之情的关注，乃至敏感，也属情理之中。所以，笔者便没有再采取鸵鸟政策，而是接过话茬，追问：

"为什么会这样说呢？诗歌哪些句子让你产生这样的联想？"

"从他用的典故上看。《诗经·郑风·子衿》诗中，责备男子不来与自己相会，表达的是女子对男子的强烈思慕之情。曹操作为一代枭雄，胸有大志，要体现自己渴慕人才不错。但为啥用一个小女生单相思的诗句呢？这爱慕男子和思念人才分明是两种感情呢！"

的确，民间故事及演义小说中，确有一些对曹操贪色性格的描述。从《世说新语·曹操劫新妇》篇中曹操少时劫人新妇之丑事，到《三国演义》中因勾搭张绣婶子痛失爱子曹昂及大将典韦之狼狈，的确都反映其有贪色的一面。教师考虑到这些因素，也就能尊重学生的发问，不但不会觉得学生在"捣蛋"，也不会觉得这问题来得突兀。

如何引导学生从"曹操很色"的直觉感知升华到对《短歌行》的理性认识，即体悟到"曹操招纳贤才、建功立业的强烈愿望"呢？

在教学中，笔者采取接过话题，引导讨论的积极应对策略。在与学生展开的讨论过程中，笔者引导学生联系诗末的"周公吐哺，天下归心"一句，启发学生从诗歌整体意脉理解把握诗意，有效地排除了学生对《子衿》用典的"贪色"误读。随后，笔者又有意提到曹操曾三次发布《招贤令》，提出"唯才是举"的人才政策。《招贤令》明确指出只要有治国用兵之术，即使"不仁不孝"也"得而用之"。《短歌行》可以看作是诗歌体的《招贤令》。诗文有别，《招贤令》是公文，行文直白，严谨；《短歌行》是诗歌，则着重在于抒发情感。作者用诗抒发自己情感，能体现自己招徕人才的诚意。

这样，课堂讨论氛围越来越融洽，有学生联系"青青子衿，悠悠我心"后面的"纵我不往，子宁不来"两句，提出《短歌行》在情感的表达上比《招贤令》似乎更为急切、热烈，还能读出对天下人才不信任自己的委婉的责备。学生进一步提出，《短歌行》是不是在写作背景上还有更多被人们忽略的隐性因素？这时，又有学生提出猜想：本诗的写作是不是跟赤壁之战有关呢？毕竟赤壁一役，曹操实力大损，战役前后的心态，对诗歌情感表达不无关系。

经过教学引导，学生提问已从"很色"的直觉感受上升到对诗歌情境的具体感知。当然，讨论中学生提出的一些新问题，需要借助历史等其他学科知识方可解答，这正有利于实现新课程提倡学生在跨文化、跨媒介的语文学习思路，可以开阔学生视野，推动他们在更宽广的空间发展各自的语文特长和个性。那么，何不尝试调用历史知识，运用信息化手段来共同帮助学生还原写作情境，更好了解诗歌的主题呢？

调动学过的历史知识并参考曹操的生卒年月，学生明确：赤壁之战是建安十三年（公元 208 年），曹操当时已经 53 岁。当时他离统一天下似乎只有一步之遥，踌躇满志的他自然是有不平凡的气度。可究竟是在赤壁之战之前呢还是之后呢？有学生用电子设备搜索，其中山东大学中文系教授张可礼先生在《三曹年谱》中以"抒发延揽人才之激切愿望，盖与《求贤令》作于同时"为据，将创作时间定于建安十五年（公元 210 年），得到大部分同学认可。如此推测，曹操极有可能在赤壁之战失败之后退回北方再图大业而作。那么，"青青子衿，悠悠我心"一句中不仅呼唤天下人才，也抒发大好年华即将过去而功业未成的紧迫感。这样的解读，还原作者的形象气质和人生背景，在意蕴上比"很色"，甚至一般地理解"招徕人才"更进了一步，上升到对作者情感抱负的理性思考，指向了更丰富的意蕴，也引导学生进行知识的合理探究。

叶圣陶先生在《语文教学二十韵》中说："作者胸有境，入境始与亲。""入境"需要学生的好奇心引发直觉感受，激起学习的兴趣；通过提问、猜想、搜索、判断等方式，对直接体验进行改造，揣度诗人"心中之境"，还原"历史之境"，从而进入"文学之境"。这期间需要教师提供材料，适时点拨，将学生的好奇心指向有目的、增长知识的探究；引导学生调动自己的知识积累，通过涵泳、参考、比较，将知识活化，转化为对作者的"胸中之境"的理解，好像置身时代风云之中，亲历历史事件，亲身体验其中复杂深沉的情感，"将困惑的、混乱的、不一致的情境，改换成清楚的、有秩序的、令人满意的情境"，还原作者写诗时的真实情境，不断完善自己对诗歌的体味。

二、加工直觉，迁移提升

杜威反省思维理论认为："教育在理智方面的任务是形成清醒的、细心的、透彻的思维习惯。"只有理解了的知识才能称之为知识。直觉思维往往是零散的、轻率的、模糊的，还不能形成领悟性的、明确化的显性知识。面对直觉思维，若能不断回忆、迁移相关知识，整理出合乎逻辑的结果，直觉思维才能构建出知识和能力。

在讨论《子衿》用典手法时，有学生感觉出这个典故用得很好。他认为，《子衿》表达少女对青年男子热恋的情怀，爱慕之中有强烈的呼唤，交往之中又有分寸的拿捏，这种感情让他联想到曾经学过的《诗经》中《关雎》和《氓》的句子，指出从"窈窕淑女，寤寐求之。求之不得，寤寐思服"的君子之恋，到"不见复关，泣涕涟涟。既见复关，载笑载言"的少女情怀，无不表现出对情人的思念，单纯真挚。曹操用爱情来类比招贤纳才的愿望，能形象地表现感情的强烈程度。《子衿》里少女的思慕对象是"年轻的有才学的读书人"，而在周代进入官学读书的目的是成为担负起天下责任的君子，这就比《关雎》和《氓》有了更进一步的含义。曹操想要招纳的不正是"子衿"这样的人才吗？作者招贤纳才，用热烈的情诗来表达，很别致，也很吸引人。

这位学生能够联系旧有知识，进行回顾与综合，初步架构起对用典这一写作手法的认知。在此基础上，笔者进一步指出，凡诗文中引用过去有关人、地、事、物之史实，或有来历有出处的词语、佳句来表达某种愿望或情感，而增加词句之形象、含蓄与典雅，或意境的内涵与深度，称为"用典"。

《短歌行》运用"子衿"的典故,使直白强硬的"招贤令"变得含蓄深沉,增强了诗歌的感染力。

在直觉体验基础上,教师改变平面灌输的教学方式,帮助学生从自己经历的知识中去发现并建构知识,在自我发掘的同时,及时加以引导,将碎片化的感觉转化为关联性的意义理解,加工成有序化、结构性的知识,从而引导学生养成深度思考的习惯。

三、丰富直觉,预见未知

学习不仅是学生建构知识、提升能力的过程,还应是"体验社会情绪、情感,进行积极正向社会化的重要活动"。深度学习理论认为:只有进入知识发现发展的过程中,才能感同身受,体会到作者强烈的思想情感,体会到所学内容在学科发展及人类历史发展中的重要价值,也才能体会到教学内容对个人精神成长的意义。当学生在古诗学习中获得了意义,他便具有进一步扩充经验的手段,包括别人的经验以及在空间和时间上离他遥远的经验在内。所以,在学生直觉感受、主动涵泳、精细提炼的基础上,古代诗歌教学还应指向更丰富、更深远的审美价值的追溯,自觉思考所学习的内容在传统文化中的地位和作用,将外在的知识内化于己,提升文化欣赏的品位。

课堂上,面对《子衿》的用典,学生们被少女真诚的情意所打动,也被曹操能从恋情联想到招贤的才情所折服。这让人想起在文学评论中"原型"意象的理论,每一个原始意象里都有着人类精神和人类命运的一块碎片,都有着在我们祖先的历史中重复无数次的欢乐和悲哀的一点残余,并且总的来说始终遵循同样的路线。《短歌行》中出现的少女思慕郎君的"企慕情怀"也是属于这一具有民族"集体无意识"固有情感的文化现象。若能够在高一学习中联系以往的诗歌积累,将个人直觉体验提升为对社会化合理诉求的认识,对学生建立学习经验,投入到未来的诗歌鉴赏活动中,无疑获益良多。于是,教师带领学生回顾了关于"企慕情怀"的诗句。《诗经·蒹葭》中"所谓伊人,在水一方",描绘的是男女双方被水相隔而难以相会的情境;《楚辞·山鬼》中"怨公子兮怅忘归,君思我兮不得闲",女神深情等待不得而怅惘;曹植《美人篇》里"佳人慕高义,求贤良独难",更是把貌若天仙、吐气如兰的美女的思慕情怀与贤臣希望得到理想君主的重用巧妙关联,为后代诗歌创作开辟了新的境界。这些男欢女爱、思慕等待的情境出现,不是偶然的、单一的文化现象，而是世代经验的记忆，打上时代、民族的集体经验的烙印，如同遗传基因一般保留在文学作品里。今天，读起"青青子衿，悠悠我心。但为君故，沉吟至今"，我们既感受到春秋时期少女对君子的思慕，也能体会到魏晋时代有抱负的君王对贤才的渴求，可能也会触发我们对美好理想、高尚品质的追求。

古代诗歌的深度教学，应该借助千百年来民族文化的历史积淀，辅助一首诗的学习，从直觉感受、个人体验，上升到集体情感的认识，由当下学习经验推动新的经验建构，这是呼应新课标精神，高中古诗教学应该进行的积极探索。

四、总　结

深度学习要求学生经历由具体到抽象的转化，从局部到整体的概括，由微观到宏观的提升，同时又要由抽象到具体，运用新的经验解决具体的问题。这就要求教学贵在接纳并呼唤学生参与。学生勤思好问，教师及时引领，相机点拨，并能适度拓展。古代诗歌教学，离不开字词梳理、形象感受、主旨探究，在新课标背景下，我们需要重视学生的阅读和鉴赏的起点，鼓励他们说出自己的直觉感受，引导学生逐渐走入文本；在联想、想象、比较之中，分析、鉴赏诗文的内在含义；在探究作者的创作意图中，主动梳理文化现象，继承和发扬文化传统；在文学鉴赏中，培养高尚的审美情趣。在此过程中，教师应该将学生个体直觉巧妙地利用起来，把思辨、推理引入学习，让学生从过去的经验中提炼出合乎逻辑的知识，不断丰富完善原有经验，并不断以此开辟新的知识。

从直觉感受出发，激发新的思考和判断，锻炼思想，从而引导学生主动学习、探究学习，达到深度学习，以推动学生语文核心素养的形成，这是新课程背景下古诗教学应有的作为。

让小说站起来

——新课程标准指导下高中小说教学设计的原则

  小说，是与诗歌、散文、戏剧并列的文学四大样式之一，是以文学为主要学习内容的语文所必修的一个内容。作为情节曲折、人物鲜明、主题集中的文体，小说曾经广受师生的偏爱。许多人说起自己当年的语文课，总爱津津乐道于课本中的经典小说，读小说甚至成了语文学习的代名词。然而近些年来，语文教学却越来越不待见小说教学，尤其是在高中阶段。

一、高中语文小说教学之现状

  选入高中语文课本的小说篇幅长，人物多，情节复杂，需要花费大量的时间耐心品读，然而在"一切为了分数"的功利化的教育环境中，小说的学习满足不了学生学习的目的：不能在有限的时间里提升自己的学习成绩和成绩排名。课前预习小说不热心，课上阅读小说不耐烦，学完小说后一知半解，这便是学生学习小说的现状。

  学生不给力，那么教师又如何呢？

  在 2017 年以前的语文高考中，文学类文本阅读和实用类文本阅读的考查是选做题，大部分学生知难而退，而选择文本相对简易、语言相对平实、分数相对容易获得的实用类文本。对教师来说，既然大部分学生选择不考小说，那为啥要花费大量精力去认真教呢？各校高中语文公开课的篇目统计显示：诗歌散文重头戏，作文文言凑热闹，而小说的教学课冷冷清清，甚少人选。这从一个特定的角度反映出了教师对高中小说教学的冷淡态度。

  然而，2017 年以后的考试将文学类文本改成了必考题，"指挥棒"让一线的师生不得不重视起小说的教学。重新被重视的小说教学应该教什么呢？有的教师围绕着小说三要素进行备考，以为这是以一当十的保全计策；有的教师把目光转向先期透支大学课堂上的知识，从叙事的角度、小说的结构、小说流派等文艺理论上力图找到突破口，然而边操作边困惑——这是教高中生呢，还是教大学中文系的学生……凡此种种，各种套路上场应急。2017 年全国语文高考，在赋分为 14 分的小说《天嚣》的阅读考查中，福建省平均分为 6.93 分，低于全卷得分率，让人觉得准备的套路都用不上。这以后的高考中，从老舍的《有声电影》、阿成的《赵一曼女士》、鲁迅的《理水》到海明威的《越野滑雪》，每一年的高考小说阅读题都让师生感受到出题者的"不友好"，精心准备的各种应急套路都用不上。这未尝不是一件好事，也许这就是"指挥棒"的作用，它让我们沉下心来，反思这些现象产生的根本原因和教学基本规律，同时引导学生在长久而扎实的学习中下功夫。

笔者认为，首先，语文教学的重心偏离了，失去了该有的定海神针；其次，教师面对高中小说教学出现的新情况，应对的教学设计原则尚未厘清；最后，不论师生都要遵循认知渐次进化的规律。

二、语文教学的重心——培养学生的语文核心素养

《普通高中语文课程标准（2017 年版 2020 年修订）》明确指出：语文教学培养学生的语文核心素养。何为语文核心素养？王宁教授曾经说过：语文核心素养"是学生在积极主动的语言实践活动中构建起来的，并在真实的语言运用情境中表现出来的个体言语经验和言语品质；是学生在语文学习中获得的语言知识与语言能力、思维方法和思维品质，是基于正确的情感、态度和价值观的审美情趣和文化感受能力的综合体现"。语文核心素养的 4 个方面：语言建构与运用、思维发展与提升、审美鉴赏与创造、文化传承与理解。我们还可以提炼出，"学生""积极主动""真实的语言运用情境中的""个体"等以学生为主体的教学意识。

新课标把语文素养分解为 4 个方面，是以语文课的时代性和民族性为基础；而突出学生自己积极主动的、个体化学习的意识，又是对以往教学中过分强调知识技能训练的纠偏，将课程的重心从学科本位回归到学生身上，挖掘学生的潜能，让学生多方面地提升自己，以适应时代的要求。

这是教育本质的回归，更是新时代高中小说教学设计依据的总原则。

小说的教学应在这个总原则基础上确立针对性原则来设计教案、组织教学，对以往的教学内容和教学方法做一些调整和变化。

三、高中小说教学设计的原则——尊重个性，精准教学

（一）尊重学生个性

语文在新时代育人中的任务，特别是针对个性特点的育人，是教学设计的着眼点和活力的源泉，更是激发学生学习的原动力的钥匙。

小说是一种包罗万象的文学体裁，表现生活的广度和深度、语言运用的丰富性和形象性、人物塑造的典型性和复杂性，加上情节结构的多元性共同交错，形成了小说阅读的精彩性：每一个读者在阅读小说的切入点可以不同，每一个读者在小说中的体验可以有所侧重，每一个读者从小说中获取的对生活的经验和知识的理解可以有所区别，当然每一个读者在小说中获得的审美鉴赏和创造也可以有所差异。所谓"一千个读者就有一千个哈姆雷特"，全班50名学生就有50种小说文本的读法，50种的理解。在新时代的语文教学中，小说是很符合当今学生的认知心理的：喜欢涉猎新奇广泛的世界，喜欢探求人性的秘密，分享自己阅读的体验，也想有点发表自己对世界的认知，甚至想学一点小说写作的技巧，将自己心中的故事说给大家听。小说在体裁上天然具有的优势对学生是有吸引力的，如果我们能充分地从时代的要求和学生成长的需求出发来设计小说的教学，从内容到教学侧重点上围绕学生个性特点进行取舍，小说教学中的困境应该能有所缓解。

（二）尊重小说个性

立足每部小说自身的个性特点，从教学重点到内容结构，灵活调整教学方案。

（1）应该教学生读懂各种小说构成的基本元素。小说应该学习的是作者在写作中的匠心，学习小说特有的写作方式。小说自它诞生的那一天起，与民间的"说书"脱不了干系。为了吸引读者，它要靠情节、形象、布局来吸引读者，使其欲罢不能，一读为快。小说家们为了达到说好故事的效果，发明了数不胜数的小说写作方法，从虚实相生到对比映衬，从象征主义到双线结构等，不一而足。每当一种写作方法产生时，就有一种新的叙事方法的产生，这是作家不愿意复制他人、重复自己的努力使然，也是使小说具有经久不衰的魅力之所在。不愿意了解小说写作的技法，不愿意补充新

的小说知识，就无法在小说阅读中体会新的乐趣。选入高中语文必修五的《林教头风雪山神庙》小说，学生普遍反映在初中时学过，情节都记得，已经没啥可学的了。可如果我们在教学时，将教学重点置于"双线结构的学习"上，让学生在林冲不断"提刀上街找人而不得"的情节中，想象高太尉、陆虞候等一干小人密谋加害林冲的场面，学生无疑对"逼上梁山"的主题有更深刻的了解。假若小说没有文学的技法和语言，就成了说教的空壳，文学也就成就不了文学。

（2）应该教学生学会处理写作技法和主题的融合。优秀的小说家不是为技法而技法，技法的背后，有作者鲜明的写作态度。《红楼梦》里的诗词歌赋、人物判词，既是对性格情节的暗示，也是对命运走向的叹惋；《变形记》里的人变成了大甲虫、《聊斋志异·促织》里的人变成了蟋蟀，都有着作者对黑暗现实的抨击，对尊重人性的呼唤。

在小说的教学中，只为了学习技法而讲技法，或者是把技法和主题分开而教，"开口便见喉咙，安能动人？"小说的教学陷入呆板和说教的羁绊中，这样的教学既违背了小说创作的常识，又达不到小说教学的目的，是值得我们警惕的。

（3）应该教学生从小说回溯读懂现实世界中人的处境。小说是对俗世生活的还原，是心灵的勘探、生命的写实。如果说诗歌是重于抒发诗人个人的情感，那么好的小说就是对时代生活的表现，是对那个时代最生动的、最有血肉的那段生活以及生活中的细节的表达。小说家们在讲述人物故事的时候，往往借助典型的场景，抓某个事件的横断面，通过人物的各种刻画，写出一个时代里的人的处境和命运，给人以强大的吸引力和感染力。在以往的小说教学中，我们往往带领学生站在批判者的立场上看待人物命运及其时代特征，这样的课堂阅读方式和学生的生活体验是断裂的，学生很难对这些作品产生亲和力。然而，优秀的文学作品之所以是经典，是因为可以一读再读；之所以要选入我们高中语文课本，是因为其不仅叙述的是这一个或一群人的遭际，而且在于它们有能映射读者心灵的力量。所以，我们在读《祝福》的时候，既看到了新文化背景下的江南农村鲁镇依旧思想保守，又看到了祥林嫂屡遭生活打击要突破苦难命运的艰辛无力，而这样的无奈寂寞之感，作为一个社会个体的人何尝没有感同身受过？我们在读《变色龙》的时候，既觉得奥楚蔑洛夫为了一只小狗在执法上出尔反尔的行为是可笑的，可我们也看到了集权社会下小人物的生存悲哀，不阿谀逢迎，不见风使舵，如何获得生存的资本！即便是反映封建社会大家庭悲剧的《红楼梦》,时代已经久远,但一个家族繁华过后的衰落似乎也印证了人们经常发出的"眼看他起朱楼,眼看他宴宾客,眼看他楼塌了"的感慨,让人不禁思考兴衰命运的本质,为自己的人生探寻新的途径和方法。所以,小说的学习,应该是一场生活的旅行,让师生在其中逐渐走近生活的真相,体会人生所有可能的样貌,以便对未来的生活有所告诫和准备。

(三)尊重时代个性

时代是有个性的,应该教学生融合自己和时代个性,透过小说这个"指月之手"去追求多元化的理想精神世界,做心智健全的人。如今的世俗社会,"人们的注意力正在被更实惠、更便捷、更快餐、更市场、更消费也更不需要智商的东西所吸引"(王蒙)。小说的教学应该引导我们的学生细细品味真实的人生,领会生活的质感,不要过早地陷入时尚、物欲的泥淖。小说是作家对灵魂世界的探索,是对人类精神的发现。不是所有的新鲜离奇的故事都能叫真正有价值的小说,那些堪称经典的乃至选入中学语文课本的小说,都具有作家对生命意义的探求,对理想精神世界的向往。在《老人与海》中,桑地亚哥老人悲剧性的故事,不仅让我们感叹天意弄人,也为老人的"知其不可而为之"的勇气所鼓舞,更为文中的名言"一个人可以被毁灭,但不能给打败"所震撼,这让人联想到中华民族历史上从填海精卫、逐日夸父等神话英雄到孔子、屈原、司马迁等文化精英们身上可贵的品质——虽然人生艰难、个体渺小,也要有奋斗、抗争的勇气;读《故乡》,我们和"迅哥儿"一起为农村的凋敝、人心的隔阂而伤感,但小说结尾处的"世上本没有路,走的人多了,也便成了路",激励了多少人在苦闷彷徨中积极地、脚踏实地地去走人生的道路;在《最后一课》中,韩麦尔先生对小弗朗士说的"亡了国当了奴隶的人民,只要牢牢记住他们的语言,就好像拿着一把打开监狱大门的钥匙",已经成为语文老师教育学生学习祖国语言的经典名言,因为这朴实的话语里包含着人类不愿屈服的灵魂以及反抗外来侵略的钥匙。由此看来,小说的阅读跟诗歌散文的阅读一样,应该看到文字背后站立的作者的形象,他的胸襟和见识,他的境界和视野,以及他对黑暗的抗争,对堕落的警觉,对现世的关切,对道德的守护。在这些见解和视野中,我们看到了人类共同的价值观,古往今来人们的共同追求。对于刚刚成年的中学生来说,这无疑是一笔巨大的精神财富。

四、遵循认知渐次进化的规律——实事求是，规划长远

承认学生认知水平有差异，进行差异化教学，才能体现从个体到群体的教育公平；遵循循序渐进的认知进化规律，不急功近利、拔苗助长；有序地制定教学目标，规划教学内容。同时教师认知也应进化，应提升教师培训水平，减少低水平的繁复工作，让教师心放下、头抬起，先让教师站起来，才有站起来的小说教学。

周国平说："语文教育的使命，就是为培养文化上有根的人。"在小说的教学中，引导学生体会作家对生命意义的探索，对人生大道的肯定，从而在他们的心田里播下善的种子，洒下爱的雨露，摆脱庸俗欲念，让小说以及一切优秀的文学作品，伴随他们心灵世界的成长，这才是有意义的语文学习。

总之，小说是文学园地中内容最丰富、最有时代生活性的一种体裁，它记载着希冀和奋斗，还有对于生活、对于人生的无限爱惜与珍重。正如王蒙说的："它们延长了记忆，扩展了心胸，深沉了关切与祝福，也提供给所有的朋友与非朋友，唤起各自的人生百味。"

让小说从纸上站起来，带给学生崭新的小说教学课，这实在是一次次难忘的精神旅游，也是一次次精神家园的回归。

体感庄子的"冷热"　探求语文之德

——《无端崖之辞》教学反思

　　工作以来,笔者一直在探寻:语文教学的意义是什么? 这些年来,笔者逐渐将语文的教学意义归结为"引导探求语文之德",其内涵精要为阅读、表达、生活。语文教学的规律告诉我们,语文学习离不开阅读,语文教育是要通过阅读文字,让学生学会接受知识、了解人情、反观内心,从而学习优秀的语言表达方式,构建一整套属于自己的语言表达方式,以融入自己所处的生活环境,让合适的语言表达方式在生活中或浅近生动,或深刻透彻,或严谨周密地表达自己的思想和情感,所谓"在需要的时候说恰当的话"(叶圣陶)。一个善于阅读的人,是善于理解生活并体谅他人之心的人;一个善于得体表达的人,是善于与人相处、圆通处世的人。而能够这样阅读与表达的人,在社会生活中应该是有着构建美好生活能力的人,是一个具有现代意义的丰富而快乐生活的人。如果这样,语文也就有了帮助学生实现美好生活的可能。

　　在笔者所体会的"语文之德"中,"阅读领会"是构建知识和体验情感的基础;"善于表达"是学生学语文需要掌握的入世的生活手段和工具;"好好生活",是根据现实条件实现良好的生活状态,是语文教育乃至一切学科教育的目的和归宿。如何践行培养"语文之德"呢? 笔者想以教学研讨课《无端崖之辞》来探讨。

一、选　课

　　选课立足于积极探索实现"语文之德"的途径作为自己的责任和担当,立足于为学生提供真正良好的教育资源。

　　2017 年 6 月高考一结束,笔者所带的高二年级就进入"准高三"阶段,这学期的教学进入尾声,正在教学中的高中语文选修教材《先秦诸子散文选读》所剩的课文寥寥无几。先秦诸子的思想深刻而有内涵，其中有无穷的语文宝藏，尤其是庄子的散文，特别是《无端崖之辞》，正是庄子内在价值观和超然生活境界的最好语文表达，是当今越来越个性化的学生群体必须学会的"善于表达"的范例。

二、分　析

《无端崖之辞》的教学，笔者直面不少难点：首先，学生心理接受的难点。近年来的高考语文文言阅读倾向考人物传记，这样说理生动形象、寓意丰富深刻的哲理性文言散文，高考中基本被"慈善"的命题专家拒之卷外。同时，对于即将踏入高三的学生而言，他们会不会认为这样的选修课不过是修个学分应付了事呢？如果学生的学习态度不够端正，怎么会对文本有兴趣，上课专注投入呢？其次，文章理解的难点。该文文言现象比较偏僻生疏，理清楚字面的意思已是不易，还要透过字面的意思了解深意，不仅学生觉得难，连老师上这样的选修课也都"畏而远之"，教学难度可想而知。此外，还有社会实用性难点、教程时间短难点、教改突破的难点等。

三、教学设计

（一）先确立教学重点，把准一节课的主体大格局

虽然有前述难点，但不能一下子钻入难点出不来，在教学策略上，应先确立教学重点，获得力量和态势的优胜，再攻坚克难。具体是：在学生上完必修五《逍遥游》的基础上，学会用庄子的思想，理解其他选修课里庄子的文章，体会庄子寓言故事的深刻含义，感受庄子散文想象奇特的特点；以庄子的思想，缓解激烈的社会竞争给当代年轻人造成的巨大精神压力；学会接受个性特点和群体特点的差异性，学会理解和包容功利化主流的另一种个性化思想。

（二）教学难点的突破

上述难点应在课文的内容、编者的用意、学生的学情、课标的要求中寻找备课的依据和教学的突破。

《无端崖之辞》由 10 篇庄子寓言组成，编者把它们从各自的文章中选

出来,是要告诉我们庄子的"至人无己,神人无功,圣人无名"的绝对自由的精神世界。本文在庄子单元的第一篇,其他篇目为《鹏之徙于南冥》《东海之大乐》《尊生》《恶乎往而不可》等。这些篇目都是长篇章的,是为了让学生了解庄子思想体系中的某个方面而做的教学安排,突出引导学生理解的是庄子的思想。而本文把寓言故事单独列出来,笔者认为编者的意图是让学生能够走进形象化的描写中,借故事来走近庄子及庄子的精神世界,所以本文的教学应该跟庄子单元中的其他篇目有所区别。"无端崖之辞"一词选自《庄子·天下》:"庄周闻其风而悦之,以谬悠之说,荒唐之言,无端崖之辞,时恣纵而不傥,不以觭见之也。"所谓"谬悠之说,荒唐之言,无端崖之辞",即为"迂远的说教,荒唐的言论,无头绪无边际的言辞"。一个"无端崖"道出了人们对庄子寓言的最初印象:无实际意义的,无边无际的想象,没有由来的不合逻辑的"无用"之辞。然而不合逻辑的无用之辞怎么就流传千年而深入人心呢?在"无端崖之辞"的背后是不是包含了最朴素的真理、最温暖的规劝呢?

从课文安排看,必修五里学生已经接触过庄子的《逍遥游》了,从学习效果看,学生喜欢庄子,是因为他无边无际的超绝的想象,而对于庄子的不断超越俗世境界的表述不太理解,对于绝对逍遥的自由精神世界更是不解:这样的无名、无功、无己的状态对自己要踏入社会有何意义?也曾有学生发问:既然这么超越了,还要读书考试做什么?

《无端崖之辞》是庄子寓言的集合体,它们用想象、夸张的寓言故事强调了庄子对"道"的推崇,对个人自由精神的向往,对大境界的追求。与同时代孟子的"仁政"、墨子的"非攻"、韩非子的"法治"都有明显的区别,他的学说让人深入思考的是自我价值的实现,有着鲜明的个性解放的自由主义色彩。这样的思想内涵无疑是和今天的时代精神十分合拍的,学生们学习并理解庄子的精神,对于提高他们的思想境界,以便更好地看待生活是十分有益的。

然而本课的题目是"无端崖之辞"而不是"庄子寓言",就意味着庄子的寓言不同于我们常见的寓言,庄子的寓言故事与先秦其他诸子的寓言故事相比,以虚构的情节取胜。从"匠石斫垩"到伯昏无人的"不射之射",故事中充满了常人难以想象的情节,具有抓摄人心的力量,让笔者对情节难以忘怀,进而思考情节背后作者寄寓的道理。值得一提的是,庄子的哲学思想是"齐万物",与自然物我合一。这就使庄子的寓言能不忌荒诞,大量运用拟人的手法,他的寓言里,不仅禽兽会说话,连"混沌"这样的抽象事物也会开口说话。所以，从语文价值的角度看，庄子的浪漫主义写作手法为他表达自己的思想又打上了鲜明的印记，使得庄子的哲理神采飞扬，恣意畅快，充满灵气。

"文道合一"，形式与内容相统一，才共同铸就了庄子散文和寓言的独一无二的特点。

（三）教学方法的设计

①注重必修与选修的结合，温故知新，复习必修五《逍遥游》，用庄子的思想（而不是其他诸子的思想），来感受庄子寓言中所体现的精神世界。②布置预习。要求：A. 朗读并疏通课文的实词、虚词和特殊句式。B. 就自己所喜欢的一两则，说说寓意并联系实际谈谈自己的理解。C. 对于本文中不解的内容提出疑义，课堂进行讨论。③教师在预习的基础上，选择3篇寓言加以细解。

四、教学实施

（1）连接必修与选修课程。内容上，通过回忆《逍遥游》的"至人无己，神人无功，圣人无名"的境界，师生共同概括，真正的逍遥精神是对"俗念""荣辱""物欲""功名"的摒弃，以"乘天地之正，御六气之辩"的方法，遵循天地的自然之道和人性的天然禀赋，才可"以游无穷"，从而在精神上获得绝对的自由，心灵上获得真正的解放。思想艺术上，通过回忆庄子《逍遥游》《庖丁解牛》的写法，理解"无端崖之辞"：所谓"谬悠之说，荒唐之言，无端崖之辞"，即"迂远的说教，荒唐的言论，无头绪无边际的言辞"，表现在本课中即寓言和想象、夸张的运用。

（2）针对学生对文章理解的难点和社会实用性难点。参考学生的预习作业状况，学生对《匠石斫垩》《无射之射》《凿窍浑沌》的故事多有疑问，集中体现在：①一个那么微小的"垩"，需要用"斤"去"斫"吗？是不是小题大做了？②什么是"不射之射"？箭没发出是叫"射"吗？③"儵忽"为"浑沌"凿窍，让他开化，使他进步，不是一件好事吗？他为何不受教化而死呢？

从这些疑问看，学生没有从庄子学说的本身出发，带有很强烈的"现代意识"，即从自己主观的想法来读文本。虽说古人离我们遥远，汉人董仲舒对《诗经》的解释也说过"诗无达诂"的话，对传统经典没有通达或一成不变的解释，但我们在文学欣赏中要尽量从作品本意出发，在最贴切了解作者思想的基础上,才能对作品有属于自己的解释。

所以,针对这些问题,笔者带领学生在课堂上重点讨论了:①如果那么小的一个"垩",郢人听任匠石运斤斫之,说明了什么?②伯昏无人为什么说列御寇"是射之射",他的局限究竟在哪里?③儵忽二帝原是为了报答浑沌之德,但是好心办坏事的原因是什么?

明确通过问题的讨论,我们应该理解:①斫垩本为小事,但匠石运斤而斫,体现的是高超的技术,而郢人听而斫之,既是对匠石的充分信任,更是内心充满自信与安定。庄子以两位高手在"斫垩"上互相彰显所形成的"奇迹",来说明自己与惠子的关系,并对失去惠子这样心灵竞合,又互为成就、可堪任对手的朋友的别样的忧伤。②射箭的目的是让体魄强大,射中敌人。列御寇射箭是"措杯水其肘上,发之,适矢复沓,方矢复寓""犹象人也"。列御寇的射箭已经超出了射箭的本身,带有炫耀卖弄的意思,他心中挂念的是"我",脱离了射箭的本来意义,庄子以为这就被自我所束缚,于是让伯昏无人以"不射之射"来教育他,让天下时刻挂念小我的人尽快从中摆脱出来。不射之射,射的是自己的心、自己的私欲与杂念。③儵忽的好心是从自己的角度出发揣度别人的,没有问问浑沌愿不愿意,而且即便浑沌愿意,"开窍"是不是符合浑沌的本性,或者一下子开了"七窍"是不是太快而最后导致了"好心办坏事"呢?

这个教学步骤的安排,就是以庄子自由思想体系中悠然处世的手段和思考方法,引导学生分模块欣赏体验,为学生在功利思潮的大背景下,开一扇能自由呼吸的窗户。

(3)针对教程时间短的难点和教改突破的难点。在课堂上,教师积极引导学生思考,通过朗读课文、正音正字、掌握文言翻译中的各种寓言现象等环节,并且通过关键语句的分析,大体理解了3篇故事的寓意。值得高兴的是,一些学生在联系实际说体会的时候,能够从生活实例出发来谈认识。例如,郑凯同学在说到好心也要符合事物发展的规律时,举了给小狗吃巧克力最终使它生病的例子,对"儵忽开窍"做了最好的诠释。有同学在讲到"不射之射"时联系到自身在考场上发挥失常,固然因为自己基础不扎实,但对考试得失心重,心里在意考试的结果而忘记了学习知识本身的乐趣,给自己带来了不必要的负担。而练就强大的内心,心无旁骛的学习是自己学习庄子寓言后最大的体会。

五、教学效果

首先，庄子的寓言用故事告诉我们如何做到真正的精神上的自由，所谓的"无己""无功""无名"是跟我们的个人的生命质量有关系的生活观，而不是空洞的、虚无缥缈的、不可操作的理论。

其次，庄子的寓言故事与战国时期的孟子寓言、韩非子寓言不同，他的故事是奇特的、极端的、常人无法想象的世界，但是在"无端崖"之中说的是最真切的生活道理和智慧，也是对"无道"的世间最辛辣的讽刺与最温情的规劝。吴文英这样评说他："庄子眼极冷，心肠极热。眼冷，故是非不管；心肠热，故悲慨万端。虽知无用，而未能忘情，到底是热肠挂住；虽不能忘情，而终不下手，到底是冷眼看穿。"

最后，教师通过付出心力的引导，让学生或踮起脚尖，或蹲下来切入庄子寓言，找准庄子寓言的真情实意，有技巧、有方法地实现思想自由，让学生在必修课《逍遥游》的基础上，确实达成超越俗情的思想升华。

六、课后反思

课后，参加听课的老师普遍认为，本课在教材大结构的处理上，针对教材难易点，有许多值得借鉴的地方。例如，能注意选修课的特点，由必修进入选修，使学生对教材有亲切感；能重视学生的学习状况，让学生体会庄子的"性情"；能将庄子寓言的内容与学生的实际生活结合，让诸子百家等传统文化思想的传承不只是停留在课文中，而是用自己的思考与未来的实践丰富它们、发展它们，这些都是可圈可点的。

但也有的老师认为，课堂上学生的阐发不够，有些环节还需多加引导，"无端崖之辞"背后的寓意谈得不够"入味"，有的学生对庄子寓言的深刻意义领会不深、不透。而笔者的想法是：对"无端崖之辞"的真正意义教师自己也是个"无端崖"求解的过程。先秦诸子的思想尤其是庄子的思想，许多有造诣的大家研究了一辈子也不一定完全参透，我们怎能要求 17 岁的高中生完全理解呢？记得汪曾祺先生在回忆他在昆明教中学时，案头常常放一本《庄子集解》，他说他极感兴趣的是其文章，至于他的思想，"不甚了了"。文学大家如此，我们对学生的理解能力是不是也要包容些、耐心点？

作为一节选修课，也有不得不说的遗憾：课时太短。一节课由预热、了解、进入、互动、提升等步骤组成，短短 45 分钟难以步步开展，课堂上时时要"掐点"完成教学，而学生在课堂上的思想碰撞、讨论过程中的意外生发，是无可预估的，所以就有些需要拓展的教学环节因受课时的限制而无法很好地实施。作为选修课，在课时的安排上，是不是可以有更多的灵活性，如安排两节连课呢？

本课的教学还有些意犹未尽的地方：庄子的学说内容和表达的方式不是横空出世的，看似"无端崖"，实际上有对前辈哲学家们的继承和创新，有对当时诸子百家的批判和借鉴，它对后世中国思想史、文化史、文学史有着极其深远的影响。而本课在教学中这方面的引发还比较欠缺，在未来的教学中应更有"系统意识"，把对一个作家、一部作品的理解放入历史文化的背景中，力求语文学习的大格局、高境界。

总之，我们今天要求孩子们学习两千年前哲学家们的"无端崖之辞"，是让他们在多变的社会思潮中获取人生智慧，笃定正义，安身立命于道义之上。倘能如此，笔者以为达到了教育的目的，都是有意义的学习，都是探求"语文之德"的精髓。

花草传情，化育生命

——花草意象及美育意义探析

"水陆草木之花，可爱者盛蕃。"千百年来，在中国古人的精神世界里，花草是不可避免的存在。花草的习性、形态、色味给人以各种美好的联想与想象，这使得它们很早就进入中国人的审美视野，成为人们表达情感的媒介，寄托精神和理想的爱物。花草是与诗人共同生活的亲人，是高兴时一同欢笑的伙伴，失意时倾吐苦闷的知音。所以，谈到中国文学的诗意，必定离不开花草树木。

一、花草美丽，寄托情意

早在《诗经》《尚书》《周易》等中华元典中，就有了大量的对于花草的描述。"蒹葭苍苍""逃之夭夭""杨柳依依""绿竹猗猗""有条有梅"等，均引自《诗经》，成为今天人们耳熟能详的常用成语和典故 。花草在《诗经》中的表情达意作用大抵有两类：

（1）作为抒情的背景，用以渲染环境，烘托心情。如《蒹葭》：

> 蒹葭苍苍，白露为霜。
>
> 所谓伊人，在水一方。
>
> 溯洄从之，道阻且长。
>
> 溯游从之，宛在水中央。
>
> 蒹葭萋萋，白露未晞。
>
> 所谓伊人，在水之湄。
>
> 溯洄从之，道阻且跻。
>
> 溯游从之，宛在水中坻。
>
> 蒹葭采采，白露未已。

所谓伊人，在水之涘。

溯洄从之，道阻且右。

溯游从之，宛在水中沚。

在深秋的清晓，露珠都凝结成了霜花。在水的那边，芦苇丛茫茫苍苍又茂密繁盛，晓风中飘忽不定，凄清中静默，心上的人儿在哪里呢？芦苇丛里一片冷寂，似乎加深了人心里的伤感与惆怅。水边的一株株不起眼的蒹葭，既像是在安慰着等待佳人的有情人，又像是在牵动他的思绪伸向更不可捉摸的未来，朦胧、迷茫、缥缈，极大地增强了抒情效果。

（2）作为人物出场的背景，衬托人物的形象。如《淇奥》：

瞻彼淇奥，绿竹猗猗。有匪君子，如切如磋，如琢如磨。瑟兮僩兮，赫兮咺兮，有匪君子，终不可谖兮！

瞻彼淇奥，绿竹青青。有匪君子，充耳琇莹，会弁如星。瑟兮僩兮，赫兮咺兮，有匪君子，终不可谖兮！

瞻彼淇奥，绿竹如箦。有匪君子，如金如锡，如圭如璧。宽兮绰兮，猗重较兮，善戏谑兮，不为虐兮！

在弯弯曲曲的淇水的岸边，碧绿的竹林袅娜成片。竹林里走出了女子所爱慕的君子，他衣着华贵，谈吐不凡，态度庄重，胸怀宽广。这清清流水边上竹林，修长幽静，映水和鸣，越发衬托起君子如绿竹般清俊的外貌、高雅的气质、潇洒的风度。这样的男儿，如同一股清流，让人心也跟着清澈敞亮起来，怎能让人忘怀？在文学作品中，出场时的背景不同，人物的形象就会展现不同的风貌。绿竹青青苍苍，清爽飘逸，与青年才俊的俊朗秀颀的丰姿融为一体，增添了姑娘对君子的赞美之情。

蒹葭、绿竹，本是自然界最普通、最常见的植物，但是由于它们外在样貌、习性等方面的特点，给人联想的意味很多。例如，蒹葭的柔曼妩媚，与少女的优美多情相似；它的单薄纤细，让人多生怜爱之情；它的卑微又柔韧，给人不卑不亢的联想……绿竹也是如此，它的色泽让人产生愉悦清新的感受，而一个品德高尚、禀质卓异的君子给人的喜悦之情也与此一致。诗歌语言讲究含蓄、形象，联想的成分越多，诗歌的回味就越隽永。草木的特性，为诗歌的抒情增添了神秘的、多情的风貌，使得诗意更加充沛，给人审美的体验也更丰富。

也许是由于诗人们发现了草木含情对表达情感的特殊作用，渐渐地在诗人笔下，草木经过有意识的加工，化成了诗人自我志向、品格的代言人。其中，最早体现这种意识、对后世产生深远影响的当属屈原。在《离骚》中，他化身为美人，"既滋兰之九畹兮，又树蕙之百亩"，亲自栽种兰花蕙草；他"朝饮木兰之坠露兮，夕餐秋菊之落英"，喝的是木兰花上的露珠，吃的是秋菊的花朵；他"扈江离与辟芷兮，纫秋兰以为佩"，用香草作为身上的配饰；他"朝搴阰之木兰兮，夕揽洲之宿莽"，早晚与美好的事物作伴。在他的笔下，香花异草衬托了美人纯洁高雅的气质，也表现出作者自我修养的美好品德，不愿与世俗同流合污的志向。据统计，《离骚》中一共使用了44种香草。其中，重复使用频率最高的是木兰、秋菊、荷花、蕙兰等。由于影响深远，这些香花美草日渐走入中国人的审美世界，成为士大夫精神生活向往的高标，也常常是品行高尚的象征。

在古典作品中，写景寓情、托物言志已经成为诗人寄托情感的必修手段。在古代诗文的欣赏中，若是关注到花草对美好情感的委婉表达，就可以有一条捷径走入情境，展开丰富的联想，获得更加美好的阅读体验。例如，在学习《古诗十九首·涉江采芙蓉》中，主人公"涉江采芙蓉，兰泽多芳草。采之欲遗谁？所思在远道"，字面上写的是抒情主人公在水边采了朵芙蓉花，想要送给心上人，心上人在远方，见不到他而失落惆怅。然而，我们进一步想，送给心上人的爱情物件可以很多，比如送一件贵重的首饰，或者一件漂亮的衣服，或是一种好吃的食品，这样，即使在远方，也能通过驿使捎去。而芙蓉花既没有实用的价值，又不容易保存，并且到处都有，如何就成为千古名篇了呢？这是因为古典诗歌中，有意味的形象价值大于实用物品的价值。因为花儿不容易保鲜，所以它鲜艳开放的瞬间是无法用金钱来购得的，这也正如人的青春，转瞬即逝。然而在这美好的年华里却不能跟自己所思念的人在一起，这种美丽的忧愁又可以用多少钱能抵消？再者，芙蓉花长在"兰泽"边，在清水中洗涤过，干净单纯，让人感受到青春男女纯洁美好的情感，这是金钱能够买到的吗？如果我们还能想得更远一点，屈原曾"制芰荷以为衣兮，集芙蓉以为裳"来表明自己荷花般高洁的修养，那么此时对荷花动情的主人公是不是也一样有着这样的品性和修为呢？在对"荷花"意象的联想分析中，我们发现，"荷花"实在是一种经过诗人精心提炼过，有着丰富意蕴的形象。由于花草的自身本性，加上前代诗人的创造，使得这朵并没有多少实用价值的小花，在文学史上开放得特别优美，以至于后代的文人不断创造性地歌颂它的清雅纯洁，出现大量优秀的作品，成为民族文化中优秀的经典。

二、花草为媒，感受诗意

感物抒怀、托物言志，是东方审美文化有别于西方审美文化的主要特征之一，这在松、荷、菊、兰等许多花草中得到了充分体现。感情细腻的中国古人，给身边的花草树木都赋予了人的一片真情，并通过它们，净化人们的内心世界，推动人格的塑造，关怀生命的意义，升华出人生境界之大观，这些花草也就具有特殊的含义。以中国人喜欢的"花中四君子"为例，梅花象征坚毅与报春，兰花象征淡洁素雅，绿竹象征刚直有节，菊花象征淡泊明志。初学古诗文，若对这些意蕴缺乏了解，就不能明白为什么在中国古典诗文中出现那么多吟咏花草的诗歌，当然也不能准确把握诗歌的情感。而青年学生在学习古诗文的时候，由于课业繁重，常常将古诗文的学习定格在背诵默写、完成古诗文鉴赏作业上，而对于其中的深意不能深入品味，使得古代诗歌的学习变得味同嚼蜡，非但没有美的体验，反而心生厌倦，这就背离了学习的初衷。

那么应该如何改变这样的窘境呢？

在读诗时，应该打开我们记忆的宝库，从自己所学过的、见识过的古典诗歌里找到同样意象的诗歌，仔细涵泳品读，在比较、区别、辨析中，发现诗人在其中既有继承又有发展的慧心写作，从而获得读诗的喜悦。例如，同样以梅寓情，王维的《杂诗·其二》中写道："君自故乡来，应知故乡事。来日绮窗前，寒梅著花未？"以游子的口吻询问故乡的人，游子离家在外，不免思念故乡和亲人。然而，作者不直接询问，也不点名思念的人是谁，而是询问精致的雕花窗户下，那棵梅树开花了没有。看似平淡无奇，但是，绮窗下的梅花，让人想到窗中之人，进而联想到游子曾经在家中与亲人共赏梅花的清新脱俗的画面。关心亲人，从寒梅花开这一小事入笔，把对故乡、对亲人的眷恋和回忆之情，表达得含蓄蕴藉，又深厚质朴，令人回味无穷。无独有偶，北魏诗人陆凯对友人的思念与祝福也是借用一枝梅花来表达的。他在《赠范晔》中写道："折花逢驿使，寄与陇头人。江南无所有，聊赠一枝春。"作者与友人远离千里，难以聚首，只能凭驿使来往互递问候。"逢驿使"，说明是一种不期然的遇见，见到驿使就想起友人，就顺手折一枝梅花借以问候，这本已经让人觉得天真有趣。而"聊赠一枝春"，如同神来之笔，让人眼前顿生春到江南，梅绽枝头的美好图景，又更体会出诗人在致意中透着的深深祝福和殷切挂念。"折梅寄情"举动虽小，但作者的怀友之情，通过为世人熟知的象征高洁情操的梅花表达出来，将本是抽象的感情表达得具体可感，富有情趣。在王维和陆凯的诗作中，没有华丽的语言，但是有了一株小小的梅花，一个思梅，一个寄梅，使得画面灵活生动起来，感情的传递朴实而自然，让人不仅感受到花美味香，更感受到深长的情意。我们在品诗的时候，若能时时对照联系鉴赏，就能渐渐让心感动起来，细腻起来，就能渐渐领会诗歌抒情的小小技巧，找到破译情感的密码。

三、花草寄情，涵养生命

当然，古代诗歌的学习不是只为了破译感情，诗歌教育的作用是通过品读和鉴赏，感受诗歌中的语言美、音韵美、人情美，从而提高人的审美能力。然而，我们不能忘了，诗歌还有教育人、化育人的功能。中国古代文化很重视诗歌对人的品德、气质的培养作用，孔子曾说："《诗》三百，一言以蔽之，曰：'思无邪。'"学习《诗》三百篇，是要使人归之于正，这也是诗歌发挥教化作用的最早出处。在纷繁复杂的世界里，让诗歌走进世俗的社会中，让它陶冶情感、洗涤心灵，去发现美好、完善生活，是诗歌学习在当今社会的价值体现。我们在欣赏花草寄情诗歌的同时，能情不自禁地从花草入手，更好地感受生命的价值和意义，并且用以改善我们的生活和处世的方式。曾经有个卖花的老太太对笔者说："养花是最安全的事情，所有紧张的人际关系，在一束花面前都会轻松起来。"花草是人类最善良的朋友，它们只是给予美好，而没有索取。在花草面前，人的精神状态是安逸的，人与人的竞争态势似乎也松弛下来。人类也许早就发现了花草的这个秘密，于是在东方的古典意象中，有大量的花草成为诗人们吟咏的对象。而在西方，几乎各种花都有各自的花语。巧妙地运用花语来表情达意，已经成了当代人生活中不可或缺的交际手段。所以，我们在跟学生一起欣赏吟咏花草的诗歌时，不妨将诗歌的意象知识与生活方式联系在一起，借以提升生活的品质，提高审美品位，表达生命的真实。夏天，当我们对着一池荷花时，不妨也吟咏周敦颐的《爱莲说》，在荷香清韵中感受"莲之出淤泥而不染，濯清涟而不妖"的纯洁高尚的品质；在寒冬腊月，也折一枝红梅，想象这也许是陆游笔下的驿外断桥边傲然开放的那枝孤梅，也许是陆凯曾经赠给友人的春天，或许还是《红楼梦》里薛宝琴在银装素裹的琉璃世界中身怀红梅的惊艳亮相、青春少年的韶华胜极的盛宴……在母亲节、重阳节、教师节等特殊的日子里，不妨学学古人，花草传心意，"聊赠一枝春"，这样就将古诗学习的意义跟现代人的生活方式相联系,既传承了优秀的文化,又创造了生活的美丽诗意。

总之,语文的教学应该是伴着美好的,与生命的成长紧密联系,古代诗歌鉴赏更应如此。学习古诗,不仅要学习主题、情感、写作手法,更要学习古人创造生活之美的智慧,让它也成为我们终身受用的财富。

学完归有光的《项脊轩志》,学生们对结尾句"庭有枇杷树,吾妻死之年所手植也,今已亭亭如盖矣",深有感触,有的说,说明妻子去世很久了,作者对她很思念;有的说,因为是妻子手植的,有睹物思人、物是人非的感慨。小吴同学在放学后给笔者递了张纸条,上书:"枇杷树结果是成双成对的,所以有夫妻恩爱、感情和睦之寓意;枇杷的果实是呈椭圆形的,寓意是家庭美满幸福;并且,枇杷树年年结果,有事业进步的含义。相比这三者,作者啥都没有,所以,他既怀念过往的美好生活,又有一种寂寞失落的惆怅。"

笔者认为,这些花花草草的生命,一定是从作者的笔下走进了孩子的心里,成了他们生命的一部分。

时代豪情与雄健生命之呈现

——由《白雪歌送武判官归京》想到的

在古代诗歌中，边塞诗以其雄浑的意境、开拓的胸襟、豪迈的气势、朗朗上口的音节，受到了学生的青睐。可是，在诗歌复习中，教师往往把边塞诗的诗意归结为建功立业的抱负志向，思念家乡亲人的痛苦，怀才不遇的伤感等，而诗歌是诗人心灵的产物，是无法用一两个简单词语概括起诗人复杂情感的。如果我们承认人与人之间是有区别的，一百个作者就会有一百种对边塞的所思所想。因而，面对边塞，诗人的表达也是个体而多元的。岑参的《白雪歌送武判官归京》就是一首这样的诗歌：

北风卷地白草折，胡天八月即飞雪。

忽如一夜春风来，千树万树梨花开。

散入珠帘湿罗幕，狐裘不暖锦衾薄。

将军角弓不得控，都护铁衣冷难着。

瀚海阑干百丈冰，愁云惨淡万里凝。

中军置酒饮归客，胡琴琵琶与羌笛。

纷纷暮雪下辕门，风掣红旗冻不翻。

轮台东门送君去，去时雪满天山路。

山回路转不见君，雪上空留马行处。

在背诵《白雪歌送武判官归京》时，吴礼团同学有了疑惑："忽如一夜春风来，千树万树梨花开"好是好，但是总感觉跟全文的基调不搭。这句诗前面是"北风卷地白草折，胡天八月即飞雪"，后面是"散入珠帘湿罗幕，狐裘不暖锦衾薄"，那是一种寒风凛冽，飞雪连天，阴冷潮湿的塞外景象，而"忽如一夜春风来，千树万树梨花开"中，"春风""梨花"给人一种热闹、欣喜的氛围，是不是太欢快了一点？若是说前后有先抑后扬的关系，那么从这首诗歌整体的抒情来看，作者明显是写对武判官归去的依依不舍的心情，以及自己的惆怅失落之意。

那么,如何理解这句诗的格调与全诗的诗意的不符呢?

的确,"忽如一夜春风来,千树万树梨花开"是神来之笔,它将飞雪比作梨花,既写出了雪的纯白之色泽,又表现了雪花的妩媚清丽之姿,加上"千树万树"的修饰,表现了雪景之盛大。"忽如"一词的运用,突出了来自内地的作者对八月飞雪的极其惊异的心理特点。但是,作者如何写出这种好奇感呢?把冬天里凝结雪花比作了被春风吹开的梨花,用和煦温暖的意象来形容冰冷凛冽的事物,不仅让我们看到了作者的"好奇心",也让我们感觉到了作者心里的暖意,更让读者探寻:为什么作者在这冰天雪地里送别友人会产生温暖的春意呢?

这句诗究竟是神来之笔还是破坏整体风韵的"败笔"呢?有一个问题需要明确,本诗从哪里看出作者的愁绪呢?是不是就从"散入珠帘湿罗幕""狐裘不暖锦衾薄"的细节描写以及"纷纷暮雪""愁云惨淡"等暗淡凄凉的塞北风光的描写,就判断作者在诗歌中表现的是愁绪呢?更进一步说,是不是一到送别就是依依不舍、悲伤惆怅呢?换句话说,是不是一写边塞就跟贬谪流放相联系呢?

要从诗歌的整体情境去感受、判断。诗题为"白雪歌送武判官归京",表明诗歌描写的环境是"雪景";"送武判官归京",暗示诗歌主题是送别,并且武判官是归京,给人联想是从艰苦的边疆回归繁华的朝廷,这的确是令人羡慕的境遇。对离别伤感、对友人羡慕的情感解读未尝不可,但是,这首诗歌中体现的离别之情又显然不同于其他的离别诗作,要辨别这种不同,在学习古代诗文中,走进诗人当时的情境与历史背景,对帮助我们理解诗意是有好处的。

而从唐朝的时代背景和作者的个人经历来看,这首诗歌的情感自有其独特之处。

陈铁民《岑参集校注》谓此诗"天宝十四载八月作于轮台",其时岑参任安西北庭节度使判官,武判官应为其幕府同僚。唐朝初期,武力强盛,不仅统治了新疆,其领土还一度扩张到中亚。为了统治西域边疆,有效管理众多少数民族,唐朝效法汉朝建制设立都护府,以"抚慰诸藩,辑宁外寇"。为了维持边军在北庭的驻扎,唐朝除了岁发壮丁为戍卒,还在当地大兴屯田,唐玄宗时期驻军、屯田的规模日益强大,出现了"禾菽弥望"的景象。当时,唐朝的节度使拥有绝对的地方政权和军事的自主权,到北庭都护府任节度使判官,不是"低就",更不是"流放"。边疆虽然苦寒,但是,在此地都护幕府做事,毕竟代表了强大帝国的威势,时代的风貌不可能不对作者产生影响。史书记载,岑参曾经两度赴西北边塞,时间长达 6 年,边塞生活体验之丰富,为历代著名诗家所仅有。与其他诗人相比,他别有"好奇"的思想性格,他的边塞诗里更多体现了对新奇浪漫生活的爱好,对奇伟壮丽风格的美学追求。在这首《白雪歌送武判官归京》中,作者描写的寒冷阴湿、"瀚海阑干"、"愁云惨淡"的漫天盖地的冰雪,都表现了边塞极其艰苦的环境,但是,风雪在作者看来是如同"春风梨花"般飘逸,送别时"胡琴琵琶与羌笛"组成的合奏音乐洋溢着欢快的气息,而被大风扯住的红旗即使是被凝固得"冻不翻",鲜艳的色彩在皑皑白雪的世界里显得分外夺目,暗示了军营里不畏艰难、以苦为乐的激昂乐观的情绪,让人感受到边地战士的阳刚之美和作者心中的豪迈之气。这既是当时军营风貌的反映,也与作者健朗开放的性格一致。

在这样的背景下,作者为武判官送行。"轮台东门送君去,去时雪满天山路。山回路转不见君,雪上空留马行处。"在"雪满天山路"的广袤背景下,作者目送武判官骑马东归,山回路转,武判官的身影在山路尽头渐渐消失,只在雪地上留下了一道长长的马蹄踏过的痕迹。雪景的描写和离情的抒发,在结尾处交融结合,留下深长的韵味。背景是空阔浑茫的,感情是深沉厚重的。但这份离情,由于以西域独有的异地风光为底色,掺入送别之人的乐观开朗的性格,就使离别之情多了份与众不同的个性化的色彩。

关于送别题材,与岑参同时期其他诗人的创作也一洗送别诗悲凄感伤的基调,呈现出强烈的时代精神。王勃的《杜少府之任蜀州》:"城阙辅三秦,风烟望五津。与君离别意,同是宦游人。海内存知己,天涯若比邻。无为在歧路,儿女共沾巾。"同是送别,作者并没有伤心落泪,执手相看,而是用"海内存知己,天涯若比邻"互相宽慰,因为对于"宦游人"而言,其志不应在小处,而要把目光放远,去实现人生更大的理想。与岑参同为边塞诗人的高适也有一首有关边塞的送别诗《送李侍御赴安西》,诗中写道:"行子对飞蓬,金鞭指铁骢。功名万里外,心事一杯中。虏障燕支北,秦城太白东。离魂莫惆怅,看取宝刀雄。"友人远赴安西军幕,诗人与之送别,不抒发离别的伤感,而是劝怀着离情的友人切莫惆怅,多看看腰间的宝刀,激发起在万里边塞立功的雄心壮志,去实现自己的理想抱负。所以,"送别"这一题材,在初唐,由于有"实现理想、建功立业"的时代主旋律为背景,即便是有惜别,也显得豁达洒脱,体现一种开放的气度。

《白雪歌送武判官归京》写雪,有凛冽冰冷,但更有明丽生气;写离情,有依恋不舍,却一洗惆怅伤感。这是在气概豪迈、昂扬奋发的时代背景中的一个健朗慷慨、好奇天真的诗人,融合真情与奇景、个人性情与时代精神的佳作。

诗歌的欣赏需要比较,一比见性情。为了更好地理解岑参诗中的雄奇奋发的精神风貌,我们不妨将此诗与范仲淹的《渔家傲·秋思》进行对比:

> 塞下秋来风景异,衡阳雁去无留意。四面边声连角起,千嶂里,长烟落日孤城闭。

> 浊酒一杯家万里,燕然未勒归无计。羌管悠悠霜满地,人不寐,将军白发征夫泪。

这首词里,从塞下秋天的"风景异"写起。大雁飞往衡阳,是典型的秋景,但"无留意"一词,突出了边地的寒冷、艰苦,连鸟儿都不愿意留下,但就在这荒凉的边塞,将士们却坚守边疆,保家卫国。这里的"异"突出的是萧索、冷清。而《白雪歌送武判官归京》的"异"表现为边地"八月飞雪"的奇观,突出的是惊奇、讶异之情。"忽如一夜春风来,千树万树梨花开",更是对这种雪景的浪漫主义的想象与描写,皑皑白雪之下,本应是寒冷与清苦的,但在作者看来是观赏春天的梨花开放,充满活泼跳动韵致。"四面边声连角起,千嶂里,长烟落日孤城闭",军中的角声响起,带动边声随之而起,显得空旷而壮阔,也有些单调与凄凉。尤其是后两句,"千嶂里,长烟落日孤城闭",强调的是在层峦叠嶂中,城是"孤"的,是落日照耀下,炊烟和暮霭笼罩下,早早关闭的城门,强调了城池的坚固,但"落日""长烟"给"孤城"渲染上了一层苍凉的色调,"闭"字,更是突出了严防死守的一种状态。而《白雪歌送武判官归京》中,也写音乐,"中军置酒饮归客,胡琴琵琶与羌笛",突出的是乐器的丰富,乐声之繁盛,也暗示了气氛之欢快热烈。在情境的对比中,我们可以看见,《白雪歌送武判官归京》是开放的,《渔家傲·秋思》是封闭的。

在抒情中,这两首诗歌都涉及"归"的主题。《渔家傲·秋思》的思归而不得,是因为"燕然未勒",抗敌的大业尚未实现,所以将士们就不能去计划归家的事情。"悠悠霜满地",用羌管之声表达战士们思家、忧国的情绪,"霜满地"不仅指天气的寒冷,也暗示内心的凄凉伤感。"人不寐,将军白发征夫泪",人思家愁苦,夜不能寐,将军白发苍苍依然还在服役,年轻的士兵卫国戍边为何还要落泪?在"悲"的同时,又有忧、有怨,甚至有愤愤不平,以守为主的战略,使得将士们在边疆没有军事的主动权,只能久住在塞下而不能与亲人团圆。这是一首边塞军人之歌,也是一首悲壮的英雄之歌。这首诗很容易让人联想到宋代在军事上的孱弱,建朝初期防止武人做大的军事目标，使得国家军队的最大作用在于维持内部稳定，这样的军事制度下，《渔家傲·秋思》充满了军人的忧愤之情就不足为怪了。这也就是我们在读唐朝边塞诗与宋朝边塞诗感受不同的地方

总之，一个时代的风貌会在当时的诗词歌赋中得以显现，因为人是离不开时代背景而独立思考抒发感情的。《白雪歌送武判官归京》充溢生命的战士的豪情，既是诗人天资禀赋使然，亦是时代风貌在诗中的体现。

由"形"到"意"的生命张力

——由"孤鹜"意象所想到的

　　《滕王阁序》是一篇将叙事、写景、抒情融为一体的赠序。这篇骈文因饯别而作,却略叙宴会之盛,由地及人,由人及景,由景及情,步步递进,写出了登阁所见之景,因景而生之情。作者善于运用灵活多变的笔法描写山容水态,把读者带入身临其境的审美境地。景物描绘中充满了色彩变化之美,远近错落之美,上下浑成之美,虚实相映之美,使读者对景物有具体的感受,又引导读者开拓视野,展开联想,登临山水,视通万里。

　　《滕王阁序》在唐代已经脍炙人口,被称为"当垂不朽"的"天才"之作。"落霞与孤鹜齐飞,秋水共长天一色",更为历来论者所激赏。秋日傍晚,雨后的天空,乌云消散,落日的霞光映红了天空,野鸭迎着霞光一起飞翔;澄澈的江水和辽阔的天空连成一片,一望无际,广阔无涯。

　　作为写景名句,这两句究竟好在哪里呢?首先,句式工整,音韵和谐。上下句字数相同,结构一致,对仗工整,而且不仅是在上下句互相对仗,两个分句内部也各自对仗,如"落霞"对"孤鹜","秋水"对"长天",使得4种景象密集组合,生动形象,紧凑凝练。其次,动静结合,栩栩如生。上句"落霞""孤鹜"的飞动,相映生辉,是为写动;下句"秋水""长天",天水相接,浑然一体,是为静景;上下句结合一起,动静相宜。再次,色彩绚丽,光彩奇异。青色的天空,湛蓝的江水,火红的晚霞,高飞的孤鹜,互相映衬,明媚壮丽,令人遐想。最后,空间广大,层次分明。彩霞是自上而下,孤鹜是自下而上,上下和谐,并且由近及远,孤鹜飞进水天深处,壮观开阔。

　　据说,当年王勃前往交趾探望父亲,路过南昌,正逢都督阎公重修滕王阁,大宴宾客,请人作文。阎公原本对年少轻狂的王勃,大有不敬之意,但听到家人报上的"落霞与孤鹜齐飞,秋水共长天一色"两句,顿时大惊,连称"天才",主宾言欢。神奇的故事,为《滕王阁序》和这两句诗增添了佳话。

　　从语言的结构、写景的技法来分析这两句诗,自然是可圈可点。有人说这两句诗并不是原创，是王勃借鉴模仿他人而来。庾信的《马射赋》里说："落花与芝盖齐飞，杨柳共春旗一色"，王勃改了几个名词套用了名句而已。然而，模仿的句子比原句更为出名，这是为什么？

因为这两个句子，不仅生动形象地表现了壮美绚丽的景致，更是在描绘景物中，体现出了"精""气""神"。

在文句中，作者有意将孤鹜放在辽阔的天光秋水之中，天地是如此之大，而孤鹜在这样的天地之中，显得既渺小又特别孤单。然而它又与彩霞齐飞，让人感受到一种奋发向上、不可阻挡的力量。值得注意的是，"鹜"这个形象在表意上的作用。在高中语文必修五（人教版）的课下注释里，将"鹜"解释为"野鸭"，然而，在"落霞与孤鹜齐飞"一句中，这只野鸭应该是飞得很高的，有气势的，这显然跟我们想象的生活中的野鸭也有所区别。有意思的是，在前文"鹤汀凫渚，穷岛屿之萦回"一句中，也有"野鸭"的形象，课下对这一句的注解是"鹤、野鸭止息的水边平地、小洲，极尽岛屿曲折回环的景致"，但作者称这些野鸭为"凫"，不是"鹜"。那么，同为"野鸭"，"凫"与"鹜"有何不同呢？"落霞与孤鹜齐飞"为何不写成"落霞与孤凫齐飞"呢？

在汉语里，有"凫趋雀跃""凫居雁聚""凫短鹤长"等成语，在这些成语里，"凫"要么是在地上快跑，要么就是群居在一起，跟"鹤"比起来，还有腿短的笨憨样子，跟高飞的样子很难相匹配。另外，在与其他汉字的组词中，"凫"也常跟水边或者低地在一起，如"凫水""凫藻""凫伏"等。作为一种水边的禽鸟，"凫"有一种安逸、舒服、快乐的神态。这样意思在古诗文中也常见，如温庭筠的《商山早行》：

> 晨起动征铎，客行悲故乡。
> 鸡声茅店月，人迹板桥霜。
> 槲叶落山路，枳花明驿墙。
> 因思杜陵梦，凫雁满回塘。

在这首诗中，作者极写游子早行的寒冷凄苦，在结尾处，想到昨晚的梦境，在梦中，他看见了凫雁欢腾嬉戏，落满了蜿蜒曲折的池塘，以"凫雁满塘"之热闹、温暖的画面，反衬早行的孤单凄冷，形象地表达了早日回家与亲人团聚的心情。所以，"凫"在古代诗文中，经常以群居的形象出现，表现一种舒适、欢快的意趣。在《滕王阁序》中"鹤汀凫渚，穷岛屿之萦回"亦是强调"凫""鹤"止息的状态，意在体现作者登上山顶，俯视所见的山川之寥廓与安详，为下文写景蓄势。

而"鹜"呢？似乎很少有安静、祥和的时候。在汉字组词中，"趋之若鹜"是用野鸭子成群跑过的样子,比喻很多人争着追逐的样子。"鹜"还常跟"鸡"组合在一起,如战国时期屈原《卜居》:"宁与黄鹄比翼乎？将与鸡鹜争食乎?"比喻小人互相争名夺利。晋人庾翼用"家鸡野鹜"将自己的书法比作"家鸡",王羲之的书法比作"野鹜",比喻不同的书法风格,也比喻世人喜爱新奇,厌弃平常事物,似有不平之气。"鹜"比起普通的鸭子来说,多出一些"不安分""好争夺"之意。《说文》中"鹜"字的本义是"舒凫",即飞行舒迟、驯扰、不畏人的家鸭,毛氏云:"可畜而不能高飞曰鸭,野生高飞曰鹜。"在作为餐桌美食或者自然意义上的"家鸭""野鸭"来说,"鹜"与"凫""鸭"区别不大。可是,在诗词中,由于有了前代文人的创作经验,"鹜"字在"落霞与孤鹜齐飞,秋水共长天一色"给人的联想与想象可谓丰富。傍晚时分,本是群鸟归家的时候,这只野鹜既没有伙伴,也没有回家,却在落霞的余晖中,奋力地、独自地向水天一色的尽头飞去;霞光下落的状态与孤鹜高飞的姿态形成了反差,让人看到了这只野鹜昂扬向上的态势;在蓝天碧水的广大空间里,又使得它的形象显得更加渺小,但是这也扩大了它翱翔的范围,让人感受到它自由、无畏的精神力量。总之,秋水长空和落日晚霞的衬托,凸显了这只孤鹜的独特气质。它保持了野鹜家族恣肆不羁的野性,又摆脱了同类庸碌无为的俗气。它是孤独的,但也是无畏的、自信的、洒脱的、矫健的。"落霞与孤鹜齐飞,秋水共长天一色"之所以被奉为写景的精妙之句,不仅在于写景手法的精湛,更在于写景中,彰显了一颗蓬勃之心。由于赋予景物以自己的心意,因此"落霞与孤鹜齐飞,秋水共长天一色"一句,体现了强有力的生命张力。

秋水横天,天接秋水,分不清哪里是天,哪里是水。中国人崇尚写意,讲究留白。空阔辽远的空间,加上潇洒不羁的孤鹜,让人不禁浮想联翩。读者会很自然地将这只"孤鹜"和王勃的身世处境联系起来。王勃,字子安,是隋末大儒王通的孙子,也是唐初著名诗人王绩的侄孙。出身书香门第,从小就受到良好的教育,自幼聪慧好学,《旧唐书》说他6岁会写文章,"构思无滞,词情英迈"。年未二十,应举及第,授朝散郎。沛王李贤邀请他担任王府修撰。王勃才思敏捷,文笔极佳,重金请他写诗作文的人很多。由于出名太早,涉世不深,加之年轻气盛,恃才傲物,于是,他很快遭遇人生的第一次打击。当时诸王喜好斗鸡,王勃写了一篇《檄英王鸡》,本是为了助兴玩笑,未曾想触动了高宗最敏感的神经。在封建社会中,因立储夺权而发生的惨祸时常发生,并以唐朝为盛。高宗认为王勃此文"离间诸王",将他赶出了王府。在友人的帮助下,他谋得赣州参军之职,任职期间,因私藏并擅自杀害官奴,而被除名。这次大祸,宣告了王勃仕途的终结,甚至还连累了他的父亲,其父王福畤因为儿子犯罪,被贬为交趾令,远谪南荒之外。王勃前往交趾探望父亲,路过南昌,在长江边上,参加了滕王阁上的重阳宴会。面对壮美山川、满座宾朋,感到人生短暂、盈虚有数,他要抓住可能的机遇,东山再起,重塑人生。落霞中,兀自展翅的那只孤鹜,何曾不是作者的写照呢?虽然身处逆境,沦为鸡鹜般的普通人,然而,他不甘沉沦,不屑与庸碌之辈为伍,孤身一人,走向远大的天地;虽然面对生活的不公平,他也有怨言,也有牢骚,但他没有消极,而是主动迎击,寻求转机;在座的虽然是德高望重、文武兼备的时代精英,但王勃毫不怯懦,自信勇敢地写出了洋洋洒洒的《滕王阁序》。他坚信,虽然个人的能力有限,但在雄健开放的盛世大唐,一定还有广阔的天地让一个有抱负、有能力的年轻人去施展一身的才气。王勃,活出了激情,活出了热血,活出了属于这个时代的年轻人的精、气、神。

此时,落霞、孤鹜、碧水、蓝天,都成了王勃用以抒发内心气象的特有意象,很难说作者登上滕王阁看到的就是这几样景物。意象,一定是经过作者筛选的,能够反映心中意趣的物象。与其说是作者在滕王阁看见了这般壮美雄浑的景象,毋宁说是他为了一展壮气而臆造出了眼底山水。在"落霞与孤鹜齐飞,秋水共长天一色"的描写中,这些意象成了作者内心世界的外化。王国维在《人间词话》中说:"以我观物,故物皆著我之色彩。"说的正是王勃的胸中气象,赋予了自然景物的大气华美,做到了物我合一,山水有情。

由此笔者联想到,文学是多么神奇,它与其他艺术形式如绘画、音乐不同,它无色无声,不具有感官上的刺激,仅凭十几个文字、五六个意象就能感动你、激发你。作者的思想、情感、才华赋予了文字以自己的性格和气质,使得无情的物质世界有了生命的意志,而这种生命意志又被读者的想象力和情感力所捕捉、所扩大、所感动,形成更阔大的境界和思想,意象、作者、读者共同创造并形成了文字的张力之美。所谓"言有尽意无穷",说的就是这样的效果吧。

王勃写此文的时候是 27 岁,正是年少轻狂之时,似乎有大把的青春可以从头来过,有无限的可能去开拓进取。今天,我们读诵此文,也会被文中的青春意气所感染。我们喜欢"落霞与孤鹜齐飞,秋水共长天一色",不仅喜欢的是山水美景,更喜欢的是自由不羁的灵魂,和我们曾经同样自信走过的青春。

深度背诵进学养，读写结合促成长

——对语文学习中记诵作用的思考

在语文的学习中，背诵课文名篇名段可以起到帮助学生规范语言、提高语感和提升语言文字运用能力的作用。选入中学语文课本的文章代表的是本民族的先进文化，对其中优秀的内容耳熟能详，出口成诵，也是语文教学在传承和弘扬优秀文化中应有的担当。

然而在中学语文教学尤其是高中语文教学中，课文背诵成了令师生头疼的学习任务。其主要原因是：高中语文课文篇幅较长，内容也较初中的课文更难更复杂；学习的任务重，高中学生每天要上 8 节课，每门功课的课后练习按照半小时计算，也要回家做 4 个小时，文科的学习，也需要大量的识记与阅读，因此背诵课文需要的时间无法保证；相比其他学科的记忆，语文的课文背诵默写要求高，不能进行提纲式的复述，需要的是一字不差的严谨；尴尬的是，需要付出较多学习时间的语文课文背诵默写，在高考试卷的考查中仅设置 5 分！从功利化的评价标准看，课文背诵实在是一项费时多、收效慢的学习项目。所以，有些学生干脆放弃语文背诵，认为不如多做两道理科的题目，在高考中赢得更好的成绩。

背书的效益性不高是事实，然而考量一项学习任务的标准不能仅停留在高考的成绩上，这已是共识。在学校教育中，学生通过背诵经典文字，可以提升语言表达能力，提高语言的鉴赏和审美能力，为进一步提高文化素养打下坚实基础。语文学习，绝不可能因为学生的学习任务重、高考赋分低就削弱对背诵默写的要求。所以，《普通高中语文课程标准（2017 年版 2020 年修订）》将原先指定的背诵篇目由 64 篇提高到 72 篇，在提倡核心素养建设的高中语文教学中，显示出其更突出的位置。

如何才能让学生重视起背诵？如何才能让学生真正爱上背诵？这应该是我们在实际教学中突破的瓶颈。应该看到，学生不爱背诵，背诵的效率不高，跟教师的教学引导不到位有密切联系。

《普通高中语文课程标准(2017年版2020年修订)》对语文课程的性质表述是："语文课程是一门学习祖国语言文字运用的综合性、实践性课程。工具性与人文性的统一,是语文课程的基本特点。语文课程应引导学生在真实的语言运用情境中,通过自主的语言实践活动,积累言语经验,把握祖国语言文字的特点和运用规律,加深对祖国语言文字的理解和热爱,培养运用祖国语言文字的能力;同时,发展思辨能力,提升思维品质,培育社会主义核心价值观,培养高尚的审美情趣,积累丰厚的文化底蕴,理解文化多样性。"

课文的背诵是语文学习中不可或缺的一项学习任务,通过背诵,可以使学生积累言语经验,在多读多背中,把握语言文字的特点和运用的规律,并提升思维品质和审美能力。背诵的意义无须赘述,然而如何教好背诵却没有得到应有的重视。在教学中,我们往往遵循古人所说的"读书百遍,其义自见"的观念,强调熟读,让其不待解说,而自晓其义。语言的学习在于熟记熟背,在反复运用中形成语感,养成习惯,这在语言学习的初始阶段,往往可以起到事半功倍的效果。然而,语言的运用又是复杂的,尤其是在中学以后,语言的学习越来越多地参与到思维的构建、审美的提升、语言规律的提炼上,背诵若还只是停留在"其义自见"层次上,学习的意义就显得浅显。况且,学习经典的目的是建构更好的自我,若只是重复前人的智慧,做课文的"复读机",甚至"印刷机",这样的背诵自然得不到学生的积极响应。高中语文课文背诵若要取得更大的成效,需要在"深度背诵"上下功夫。

所谓的深度背诵,是从文本的语言形式、篇章构成、文体特征出发,通过背诵,让学生在实践性、综合性的学习中,发现、提炼语言文字的运用规律,学习领会表情达意方法,将其作用于语言运用实践中,进而提高语言文字表达能力,提升核心素养。深度背诵从原先的文本识记为主过渡到以学生的个体发展为主,其主要宗旨是,背诵是为了构建自己的学习能力,学习的内容包含语言素养、思维习惯、美学观念,与文本阅读、写作训练一样,都是为了形成语言运用的关键能力和必备品格。让背诵默写从低阶的记忆训练参与到思维、鉴赏的高阶能力提升上,背诵默写的学习才能得到学生的重视,其在高中阶段的意义才能得到彰显。

如何才能做到深度背诵,提高识记的准确性,提高语文学习的效益呢?

(1)随文识字,形义结合,在准确理解和运用中,提高对文本的认识,巩固所学的知识。文章是以字、词、句、段合成的整体,是作为经典选入课本的,其中一些有争议的字词的选用,往往经过多个版本的反复比较、选择,慎重采用编者认为最优的版本。如李白的《闻王昌龄左迁龙标遥有此寄》中"我寄愁心与明月,随风直到夜郎西",有的版本写成"我寄愁心与明月,随君直到夜郎西",初中语文课本采用的是"随风直到夜郎西",仔细琢磨,"随君直到夜郎西"语意上并未不可,然而,由于是"遥寄"此心,心也跟着杨花飘飞,以风助力,让人感受到情义的绵长,作者心情之殷切。同时,"随风直到夜郎西"承接"我寄愁心与明月"一句,心寄予月,月又随风,给人连绵不断的奇幻之感。所以,"随风直到夜郎西"更有诗歌的韵致与情味,优于"随君直到夜郎西"的表达效果。"风""君"之辨,无关乎背默的准确度,但关乎对诗歌情味和作者写作风格的理解。再如人教版高中语文必修二《劝学》中,有两个句子,常年困惑着师生。"假舆马者,非利足也,而致千里"与后文的"不积跬步,无以至千里",两处的"致"与"至"有何不同?从《古汉语常用字字典》上查阅,它们都有"到"的意思。那么,这两处为何不统一用字,给教与学行个方便?许多学生为了不写错,只好死记硬背,然而,与内容没有关系的记诵技巧,并不能给学生带来有用的知识,这样的记忆是无效的。在 2020 年高三复习的时候,有个学生猜想,"不积跬步,无以至千里"的"至千里"有比"假舆马者,非利足也,而致千里"进一步的意思,他认为"积累跬步"的终点是"至千里",而"致千里"并无这样的意味;并且他还比较了"格物致知"中的"致"似乎有"使……获得"的意思,由此推出"假舆马者,非利足也,而致千里"中的"致"也有"靠着车马,使人到达千里之地"的意思,那么,"致"就比"至"多了一层使动的意思,而且"至千里"靠的是自己的"积跬步",字面上也讲得通。更重要的是,"致千里"和"至千里"是两层意思,前一个是借助外力,后一个是自我到达,这很像是学习的两个阶段递进的过程,起先是要靠向别人学习,后来是靠自己积累反省,后一个阶段是对前一个阶段学习的升华。这样的分析,有比较,有琢磨,从一个字的分析到句意的深度把握,再到作者篇章结构的梳理,试问,经过这样的学习和思考,学生还会写混这两个字吗?后来,在福建师范大学文学院林志强教授开设的训诂学讲座中,也提到了"致"与"至"的区别,从字源上看,"致"的反文旁在汉字中表示放牧的鞭子,所以"致千里"有"外力使之到达"的意思。这一次又从文字学的角度证实了学生的猜想,让他感到汉字的奥秘、古人写作的精确,因而对语言文字产生了更浓厚的兴趣。所以,在背诵教学中,不必觉得咬文嚼字太费事,如果对错别字手足无措,至少说明我们对文字了解得太浅,对语言琢磨得不够,从而改进教与学的方法,提高学生的素养。

（2）由篇章结构入手，理解文本的体式特点，进而把握文本的主题和写作特色，以背诵带动学生语文学习整体能力的提升。高中语文背诵课文普遍篇幅较长，适当结合篇章结构、文句修辞的分析，不仅有助于记忆，也能由一篇文带动一类文、一群文的学习，达到触类旁通、举一反三的学习效果。李白的诗歌以豪放飘逸著称，并以七古见长，学生在学习中十分喜爱其诗歌中体现的浪漫恣肆的情怀，但是，在背默中往往不尽如人意，窜句乱字现象时常出现，问学生原因，说是"李太白是谪仙之人，说话天真浪漫，不讲礼法，哪里有什么规律可循"。李白诗歌想象丰富奇特、瞬息万变，但不等于说他的写作不讲章法。拿《蜀道难》第一段来说，作者以"危乎高哉！蜀道之难，难于上青天"开头，先写"开蜀国"的时间之邈远，用一个夸张的"四万八千岁"和峨眉巅鸟道来正、侧面表现蜀地与外界隔绝的状态；接着以"五丁开山"的传说极写"开道"的艰难与人力的伟大；紧承前文，继续描写蜀道的高与险，以"六龙回日"的想象体现蜀道的"高"，以"冲波逆折"写其"险"，并以"黄鹤""猿猱"都不得过来侧面体现蜀道之难；接下来，作者又用"青泥何盘盘"领起在蜀道上艰难行走的描写，极写"蜀道之难，难于上青天"。如果在教学中，教师有意识地对作者写作思路进行梳理，并且以"开国""开道""过道""行道"等提示语导入对文意以及写作手法的理解，学生的背书就不会太困难，并且在背书中，对诗人的写作目的、表现手法、创作风格都有更进一步的领悟。杜甫诗歌《登高》被称为"古今七律第一"，从章法、句法到字法，历来为诗家共叹，几乎有褒无贬。若能够在背诵诗歌的时候，对律诗写作的"起承转合"之结构、韵律对偶之格律、物象意境之拓展、情景交融之意境、个人家国之慨叹都有所感受，那么，由一篇《登高》的背诵，可以理解杜甫诗歌雄浑开阔、沉郁顿挫的风格，诗人忧国忧民的情怀；进而，我们也可以进一步体会律诗写作的章法、格律的特点，并在背诵中感受情景交融对于表情达意的作用。这些内容，无论是从思想上还是写作上，都是古代诗歌创作的优秀传统，是民族优秀文化的精华。我们通过《登高》这一首诗歌的学习，可以感受一位伟大诗人博大深沉的写作风格，也可以更好地理解律诗写作的特点，为学生进一步自主鉴赏古代诗歌打下良好的基础。而背诵对于加深文学艺术理解，以期未来进一步的发展，都有着推动和促进作用。

（3）背诵与写作相结合，以背诵带动写作，以写作促进背诵，在背诵中提升学生运用语言文字的能力。背诵的更高远的目标在于运用。语文的工具性、人文性特点,决定了语文学习的效果要在生活实践中得到检验。通过背诵,我们不仅要向作家学习行文布局、遣词造句的方法,更要将书中精华融于自我的抒发,提升思维品质,提高写作素养,化纸上的阅读文字为"我"之性灵抒发,这样,背诵的效益将大大超越课内的学习,建构起学生真正的语文素养。人教版必修一《纪念刘和珍君》课后第三题,要求联系上下文品味语言,背诵课文第二、四节。鲁迅先生的文章语言精警,思想深刻,感情充沛,编者设计背诵练习的意图,希望学生在反复地朗读中,体会语言背后的深意。但是将这些语句一字不差地背诵下来的确有些难度,尤其是它们不在高考必背篇目中,学生和老师都无法真正重视起来。然而,从高一写作训练的角度出发,这些精妙警辟、饱含感情的语言,对于由初中刚刚升入高中的学生,是有提高认识、提升写作水平的意义的。高一学生的写作训练以复杂记叙文为主,比起初中的记叙文,高中复杂记叙文要求叙议结合,在记叙中写得深刻,进一步养成字斟句酌的习惯。作为一篇叙议结合散文的典范,《纪念刘和珍君》无论从语言上,还是思想感情的表达上,对学生来说,都是极好的学习的范例。所以,如果在熟读这两段文字中,适当引导学生进行仿写,对生活中所发生的事件进行评述,带动他们在记叙事件的同时,发表自己的看法,表达自己的情感,平铺直叙的文风将得到较大改观。例如,半期考复习前,欧阳同学在他的仿写作业中写道:

真的学霸敢于直面压轴的大题,敢于正视繁杂的运算。这是怎样的哀痛者和幸福者?然而分数又常常为学渣设计,以作业的堆积,来洗涤旧迹,仅使留下淡红的勾叉和微漠的成绩。在这淡红的勾叉和微漠的成绩中,又给人暂得教训,维持着这似学非学的"努力"。我不知道这样的"努力"何时是一个尽头!

我们还在这样的成绩中努力着;我也早觉得有复习的必要了。离半期考只有两个星期了,恐怖的家长会快要降临了罢,我正有复习的必要了。学业繁忙,诸位,恕我告辞!

这段文字来源于对自己得过且过的学习生活的反省,仿用了《纪念刘和珍君》中第二段的文字,运用了对比、反复的写法,既写出了对自己学习状态不满的自嘲,也有在自责之后行动的决心,读来真实又亲切。而林德浩同学仿写的这一段,却写出了对生活的思考:

真的男人,敢于直面无尽的恐惧,敢于正视无穷的困难。这是怎样的不屈者和拼搏者!然而好处又常常为幸运者设计,以天生的优势,来超越他人,仅使留下微小的机遇和平庸的选择,在这些微小的机遇和平庸的选择中，又给人以希望，维持着这似好非好的世界。我不知道这样的世界何时是一个尽头！

模仿经典写作的作业，让学生在背诵、写作中尝到了甜头，而作为教师，更欣喜地看到了学生将一件复杂的事件有条不紊地展开多维叙述，层层递进地发表自己的看法，在模仿中，思维和写作水平都得以提高。《纪念刘和珍君》的第四节回忆刘和珍遇难的惨象，揭露执政府卑劣凶残，表达自己的悲愤心情，是一段写作难度较大的叙议结合的文字，如果我们把这段文字的背诵目的，看作是获得考试时的背默分数，相信广大师生只会把背诵重点放在最后一节上，而前文对于段祺瑞政府卑鄙险恶行为的揭露当成了解一个历史事件般的阅读，可以适当将其引入仿写练习，引导学生处理好叙述与议论之间的关系，在不断调整语言的过程中，提升自己的看法，表达自己的感情。这样的语段背诵，由一发而牵全身，或许会带来语言建构、思维提升等多方面的进步。方光贤同学在他的仿写中，以当年发生重庆公交坠江事件为对象，写了一段这样的文字：

> 我在前日傍晚，才知道重庆一公交坠入长江的事情，次日便得到噩耗，说车上十五人无一生还，而原因是一位大妈坐过站与司机争执。但我又对于这些说法竟至于颇为怀疑，我向来是不惮以最坏的恶意，来推测社会各色人等的，然而我还不料，也不信竟会有人由于一己私利使十四个人错过后半生。况且那原本拥有幸福生活的十五人更何至于无端在冰冷长江水中无法喘息呢？

> 然而即日证明是事实了，作证的便是公交车中的黑匣子，而且又证明着这不但是素质的缺失，简直是社会的病态，因为不仅有一人的自私还有多人的漠视。

> 但在真相被告知前，正常行驶小车的女司机已被网络暴力搜索了一整天，说她是"杀人凶手"；

> 但接着又有责任全在于司机、责任全在于女乘客的斥骂。

> 惨象，已使我目不忍视了；流言，尤使我耳不忍闻。我还有什么话可说呢！我懂得当代社会冰冷无爱的缘由了。漠然呵，漠然呵！不在漠然中爆发，就在漠然中死去。

当背诵遇上仿写，借由仿写反映真实的生活状态，提升自己认识水平的时候，学生们就会自然地把背诵经典名段当作是学习语文必需的作业，认真对待，绝不马虎了。通过背诵经典，让学生自发爱上经典，向经典学习语言组织的技巧、行文结构的安排、修辞表现的方法，更好地表达对生活的思考和自我情感,将一项看似简单记忆的作业转化成学生多维素养的训练,这样的背诵让语文学习有了源头活水,灵动有生气。

在印刷术普及之前,人们接触经典的机会有限,记诵典籍成为保存经典的一种方法和手段。科举制度明经科考、以文取士,又使"手抄义疏,口诵集解,心熟笺注"成为读书人晋身之路上必备的技能。在网络技术四通八达、信息知识大爆炸的年代,人们可以轻而易举地获得想要得到的知识,背诵经典往往成为学生最不喜欢的训练。然而,拥有信息,并不等于有了财富,拥有知识,也不意味着拥有智慧。背诵经典可以让学生更好地领会文字之美和结构之巧,由泛读书到精熟书,由理解书中大义到自我人生智慧的提炼和表达。在今天的语文学习中,背诵默写连接了阅读与抒写,它让学生吸收前人所创造的优秀文化并进行自我创造,是学生发展自己言语人生、建构精神家园的有效途径。

一部作品,一本经典,有可能对一个人的发展变化留下深刻的印象,让他在每一个前进的重要时刻想起书中的某一句话、某一段文字。这样的经典,在真实的意义上成了他人生的导师,不断地成为一种力量,引导他前进和向上。

背诵经典的本质,不是一场重复性的"记忆"。阅读经典,应该是作品、作家与读者的一次生命的相遇,是读者用记诵充分吸收作品的精华,踏上自我成就的创造发现之旅。抛开"背诵在高考中占分不大""记诵在今天已经成为学习负担""背诵是机械的死记硬背"这样的功利化成见吧,用记诵来加深文本理解,精进学问,增厚学养,升华人生,使语文学习达到事半功倍的效果。人们常说,人生最好的状态是"以出世之心做入世之事"。今日的记诵,有一天会在我们或表达、或交流、或思考、或成长的时候派上用场,相信那时,我们会有一种"蓦然回首,那人却在,灯火阑珊处"的喜悦!

从按要求写作到生命个体的表达

——新时期考场作文之思考

作为"高考第一大题"，作文的重要性自不必说，赋分为 60 分的高考作文题，对于语文成绩乃至高考总分都起了决定性的作用。曾几何时，高考作文被称为是"戴着镣铐的舞蹈"，"戴着镣铐"意味着写作的不自由，"舞蹈"又要兴之所至，既要有高超的表现手段，又要充分表达自己的感情。由于写作受制于主题、体式、评分标准和评分者的喜好，学生不能随意发挥，在写作时不免"战战兢兢、如履薄冰"，生怕自己在审题上偏题、写作的内容和表达的语言不合评分者的口味而无法获取高分或者基本分，因而写得中规中矩，不敢越过雷池一步。然而，写不出自己的特色、人云亦云的作文，也很难说得上是"舞蹈"，有时候，"整齐划一"起来，连作文的表情，一招一式都如出一辙，像是在做广播体操，哪有舞蹈的洒脱、自如和愉悦？这样的作文，学生写起来乏味，教师读着反胃，更不用说是有生发、有美感了。所以，如何突破考场写作模式，写出自我的个性风采，成了当下写作教学亟须改进的任务。

一、高考写作之复杂情境：命题新样态

2015 年全国新课标 1 卷"女儿举报父亲高速公路上打电话"一文，跟以往的作文命题有了很大的区别。以往的写作文体虽说是不限，但是无非在议论文、记叙文、散文老三样中选择，大部分同学以议论文作为主打，因为写作程式相对固定，行文结构、语言、节奏经过训练都已经十分熟练，只要不离题，拿下 45 分以上的分数不算太难。然而，本次写作要求写一封信，在这个手机、电话基本普及的社会里，写信渐渐脱离了当代人的生活，许多学生长到 18 岁，没写过一封像样的信，写信的格式也是在复习中以应用文的形式进行复习，没想到会在作文中出现。文体上已经难为了写作人，而

写作要求中,可以在小陈、老陈和相关方面三者中选择一个对象,也很让学生为难。以往写作角度单一,如果有选择,几样事物之间不必产生太大关联,如福建省 2008 年高考题,在"咖啡、茶和白开水"三者中寻找一种饮料,说说自己喜欢的理由就好,这 3 种饮料既可以看作是相互联系的,也可以是独立的,学生只要表达自己喜欢的理由,就可以完成写作的任务,写作的自由度很大。而此次作文,小陈因老陈在高速公路上打电话屡劝不听才向交警部门举报,小陈、老陈和相关部门三者是相互关联的,如何在关联中找到自己最喜欢、最熟悉的写作点,还要权衡、比较;更难的是,提取什么样的观点才是正确的、不偏离本次写作中心的,让出题者和评卷者都满意的?从小陈的角度分析,父亲高速公路上打电话存在着违规的问题,从安全和文明行车方面考虑,举报父亲是一种正义之举,然而,父亲毕竟是自己的长辈和亲人,举报让人想到有违孝道的六亲不认,从人之常情上讲,不应该支持;从老陈的角度来看,高速公路上打电话肯定违规,但没有急事,谁也不会在女儿多次提醒下还屡劝不改,而女儿的一纸状书无疑是雪上加霜,如何在安慰老陈的同时又指出他违规的错误,考场上的学子也是会想得"脑壳疼";从对于相关部门之一的民警来说,他们只是履行了责任,对老陈依法进行处置,在警方的微博上进行披露并引起大讨论,动机是正确的,但是,做法上对陈家父女有可能造成二次伤害……每一个方面都可以有多重的立意选择,而每一个选择从学生考前整理的写作素材来看,很难套得进去,因为这是一个复杂的情境设计,在选择其中一个观点的时候,势必要关联到对其他各方做法进行评价,仅站在一方的某一个观点上议论,会使观点有失偏颇。

　　这道作文题可以说是高考作文考查的分水岭,比起以前的作文,多了具体的任务(要求),人们称之为任务驱动型作文。从此以后,高考作文都有了话题的多元性和情境的明确性。就拿全国 1 卷说吧,如 2017 年要求考生从 12 个"中国关键词"中选择两三个来呈现自己所认识的中国,写一篇文章帮助外国青年读懂中国。"中国关键词"的选择充分尊重学生的选择,但"帮助外国青年读懂中国"就意味着对写作对象、目的的限制,需要考生在写作时进入这个情境之中。为外国青年介绍自己的国家,那么,既要真诚介绍,又要注意分寸感,还要注意外国青年的话题禁忌和他们对中国的关注点,以达到写作交际的目的。2018 年高考作文题要求考生根据从2000 年到 2020 年中国所发生的大事以及实现民族复兴伟大事业的蓝图,以"追梦•圆梦"为主题,写一篇感想,想象这篇文章装进"时光瓶",留待

2035 年开启,给那时的 18 岁的青年人读。写作中,可以在所提供的材料中选择自己所喜欢的内容,展开对"追梦·圆梦"的认识,畅想未来,但是对于写给 2035 年的 18 岁年轻人,就有了情境的限制。2035 年关乎中华民族伟大复兴的中国梦的实现,今天坐在考场上追梦的年轻人就是未来担负这份伟大历史责任的主力军,他们的心胸抱负是随着时代一起成长并壮大的,考场上,他们必须认识到自己是中国梦的参与者、创造者。他们在这篇文章里,应该要想到自己的理想和责任,对未来的憧憬和期待,并且还要联系当下的实际,以及 18 岁的青年身上所具有的共同的担当意识,这样,既符合审题的要求,又能够使文章的主题落到实处。2019 年高考要求写作的是关于"劳动"的演讲稿,2020 年要求根据管鲍之交的史料,从齐桓公、管仲、鲍叔牙 3 个人中任选一个角度,写一则班级辩论赛的发言稿。由此看来,近年来的高考的作文,基本的思路是设计一个情境,给学生一个相对多元的话题,在多种角度的权衡比较中,要求学生根据题意和自己的个体感受,做出判断,并完成规定的交际语境的写作。从防押题角度上看,设置了一定的任务,可以尽量杜绝套题抄袭现象,提高了选拔性考试的信度和效度;从培养核心素养的角度看,尊重语文学科工具性的特点,强调学习语言是用语言这个工具去思考、交流与表达,同时又兼顾人文性的特点,在写作中可以考查立德树人育人方针的落实。因此,带有一定情境的任务驱动型作文写作,能够灵活、综合地考查学生语言运用的能力,并且尊重学生个体表达的意愿,对学生的思维能力尤其是审辩式思维的培养具有一定的导向作用,因而逐渐成为近几年高中作文训练的主要形式。然而,在一篇 800 至1000 字的篇幅中,既要考虑到内容的完整性,又要兼顾写作要求的完成度,还要注意"引、议、联、结"的写作结构,在考场有限的时间内,对学生来说是一个较大的挑战。

二、一线教师之应对措施:策划新套路

经过无数一线教师的实践和总结,任务驱动型作文的写作渐渐也被总结出了新的经验。

一般认为,任务驱动型作文,由材料、引导语和要求 3 部分组成,遇到此类文章,考生对任务应有明确认知,在审题过程中,学生应有意识地标注如下 5 个任务指令:作者、读者、话题、写作目的、文体。首先,不同的写作主体其视角、口吻必定不同。例如,2019 年全国第 2 卷"百年强国梦"一文,

规定写作主体是"青年学生当事人的身份",要完成的是"1919 年 5 月 4 日学生集会上的演讲稿""2019 年 5 月 30 日收看'纪念五四运动 100 周年大会'后的观后感""2049 年 9 月 30 日写给某位'百年中国功勋人物'的国庆慰问信"等 5 个任务中的一个,"当事人"的身份,意味着考场上的考生要对自己的身份进行确认。1919 年、2019 年、2049 年的当事人,其时代背景、生活状态、语言风貌会有不同的表现,在行文过程中牢记自己的身份,对于身份背后的经历与心态要在文中有所设计并加以体现。其次,学生需要明确自己的读者是谁,面向不同的读者,论说的侧重点必定不同。在 2015 年高考第 1 卷"女儿举报父亲高速公路上打电话"一文的作文材料里,学生所面对的读者是"小陈""老陈""其他相关部门"等,对小陈应该陈述的是"情与法"的协调问题;对于老陈应该是既有对遵守交规的规劝,也有对妥善处理家事的劝慰;对于相关部门则是在履行职责的同时要有人文关怀的建议。所以定好自己的读者,才能有的放矢,论题鲜明。再次,学生要明确这篇文章的写作文体。根据材料,近年来出现的文体有书信、辩论稿、发言稿、演讲稿、倡议书、颁奖词等,各种文体都有其相对应的要求,但都应该逻辑思路清晰,有理有据。这些经验的总结,为学生审清题意、规范写作很具有指导意义,尤其是带有权衡选择任务的材料作文,在有经验的老师训练下,体现出逻辑严密、条理清晰、深入浅出的特点。例如,2015 年全国 2 卷:

> 当代风采人物评选活动已产生最后三名候选人。小李,笃学敏思,矢志创新,为破解生命科学之谜做出重大贡献,率领团队一举跻身为国际学术最前沿。老王,爱岗敬业,练就一手绝活,变普通技术为完美艺术,走出一条从职高生到焊接大师的"大国工匠"之路。小刘,酷爱摄影,跋山涉水捕捉时间美景,他的博客赢得网友一片赞叹:"你带我们品位大千世界""你帮我们留住美丽乡愁"。这三个人中,你认为谁更具风采?请综合材料内容及含义作文,体现你的思考权衡与选择。

这是一道典型的权衡选择类任务驱动型作文题。围绕"最具风采人物"这个大主题,呈现出 3 种并列的选项,这 3 个选项没有正误优劣之分。其思维流程是:①分析不同选项各自的含义。由题目中"矢志创新""破解生命科学之谜""国际学术最前沿"等关键词,可以看出,小李的风采体现在"潜心学术,造福于未来"上;"爱岗敬业""变普通技术为完美艺术""大国工匠"等词,可以提炼出老王代表的是"立足平凡,化技术为艺术,实现不平凡人生价值"的新时代大国工匠的风采;而小刘则是用自己的劳动寻找美、发现美并与人分享美的"美的使者"，3名候选人在现实生活中，各具人生的价值和意义。②根据写作任务做出考生自己的选择和判断。③论述选择理由，论证自己的观点。由于要在3名候选人中做权衡比较，因此文章的写作需要遵循一定的流程，体现出论证的周密性，如先提出观点，开启全文；接着肯定其他两个的合理之处；然后提出最具风采的那一个，并从2至3个方面加以论证，论证过程中注意采用例证、对比论证、因果论证等方式；最后，重申论点，结束全文。从写作层面说，这样的写作思路安排十分巧妙，周全地完成了写作的任务，既提出自己的观点，也在权衡之中让另外两个观点为阐述自己的观点而服务，体现了考场作文的写作智慧，对于应付权衡选择类的作文十分有效。照着这样的模式进行此类作文的写作，学生上手快，写作水平也得到很快提升。

然而，作文尤其是议论文的写作一旦形成模板，就存在重复操作、惰性思考的弊端。近些年来语文教师对学生作文里的"诚然……但是""揆诸斯言""毋庸赘言"之类的词语并不陌生，这既标志着写作者开始学会权衡的思考问题，但也使权衡选择类的作文陷入了僵化复制的怪圈。试想，一篇给材料的权衡选择类作文最多3个选择的观点，从材料中提取的关键词也有限，从观点到写法都越来越趋于雷同化。没有独到的见解、深远的意境、个性化的阐述，作文的发展等级得不到提升，更重要的是，作文看似一个人语言能力的表现，其实更是思想水平、情操抱负的体现，模式化的写作不仅对语言的建构帮助甚微，对思维品质和胸怀襟抱的养成也没有积极的作用。该如何在已立论正确、语言准确、论据恰当、讲求逻辑的基础上再进一步，让学生的写作水平更上一层楼呢？

由教育部制定的《普通高中语文课程标准（2017年版2020年修订）》对语文课程的基本理念表述是："坚持加强语文课程内容与学生成长的联系，引导学生积极参与实践活动，学习认识自然、认识社会、认识自我、规划人生，在促进学生全面而有个性的发展方面发挥应有的功能。"学生在掌握了立论、论证、逻辑等有关写作方法和技巧后，还要在思想认识上进一步磨炼，让文章体现出时代的特点，以及个人在时代风云际会中对自己的人生、前途、命运的思考，以时代的生气和个人的生命去开拓出作文的新天地。唐代著名诗人白居易曾说过："文章合为时而著"，不同的时代有不同时代的生活和理想，它们融入并作用于处在时代浪潮中的每一个个体，给他们的思想打上了烙印，并推动着他们的生活，甚至决定了他们的命运走向。如果我们的学生作文在权衡、选择中，忽略了时代背景下对个体人生的思考,那么写作依然陷入被动、机械操作之中,缺乏应有的活力与朝气。

三、抒发生命之灵性:开启新气象

我们常说考场作文是"戴着镣铐的舞蹈",笔者更想把镣铐卸下,还原学生本真的生命表达。考场的作文虽说有一些限制,但是哪一篇不跟学生的学习与生活、积累与感受紧密联系呢?虽然并不是每一个学生都做过"举报父亲开车打电话"的事,但是在今天,理智和人情、文明与守法这样的矛盾不断在生活中出现,困扰过每一个当代青年。作为学生,只要稍加联想,调动自己的体验和思考,就能写出真情实感的文章来。"追梦·圆梦"是中华民族在新时代的主旋律,每一位中国人都有身处期间的个人奋斗目标及历史责任感,作为 18 岁的青年,既要为这个伟大理想而努力,也应该站在更远的未来去回望今天所做的一切的意义。所以,给 2035 年的 18 岁青年写一封信,可以让考场上的青年省视自己的行为,并为未来个人价值观的实现思考更明确的方向。考场作文的结构、写作流程可以有人教导,但是,每个人对自己的生活理解是各不相同的,对于自己在社会洪流中的使命和价值也有不同的选择,与其说他们在考场上权衡怎么选择哪一种话题更适合自己来写,不如说他们也在选择自己认可的生活方式和生命意义。作为教师,应该在写作训练中有意识地提高学生的认识水平,将时代、历史的主题与个人的生活、理想结合起来,鼓励、引导他们表达出真实的自我,让考场的作文真正舞出自己生命的健康与美丽。

有一篇作文的题目是这样的:

> 几个同学聚在一起谈论传家宝。小张说,他家的传家宝是一个明代的青花罐,有年头有故事。小杜说,他家的传家宝是爷爷抗美援朝纪念勋章。小程说,她家把"忠厚传家久,诗书继世长"的祖训当传家宝。
>
> 你认为什么样的传家宝更有价值?请综合材料内容及含义作文,体现你的思考、权衡与选择。

传家宝是一个家族中最有价值、最值得子孙世代拥有并传承的事物。这则材料中的明代青花罐、抗美援朝纪念勋章、"忠厚传家久,诗书继世长"的祖训有它们各自的指代意义和价值。明代青花罐有金钱价值和收藏价值,抗美援朝纪念勋章意味着荣誉,祖训代表的是家族对人格修养的重视。这 3 个传家宝并列排出,似乎有一定的写作暗示,选择祖训做传家宝,至少在选材立意上，要比前两者境界更高一些。然而我们从生命的意义上去拓展话题，就会感受到这些传家宝都有极高的价值。瓷器是中华民族对世界文明了不起的贡献，代表了中国人的聪明与智慧。深究明代青花罐的来历，每一个中华子孙都会为这样的创造感到自豪：与土地打交道的古代先民烧土成陶，让随处可见的泥土成为生活中不可或缺的碟碗罐瓶等生活用品，又找到瓷土，提高烧结温度，制作出一件件精美的瓷器。这些瓷器不仅是提高了使用强度的生活用品，而且还是精美的艺术品。它们有光泽，有色彩，有玉石般的音响，是我们的祖先用自己的双手和智慧赋予了平凡的泥土以神奇的生命。更有意义的是，描绘青花的原料产于波斯，中国人将西亚的艺术运用于自己发明的瓷器上，体现了我们祖先兼容并包、锐意进取的气度。将青花罐身份、来历进一步诠释开来，我们才能将青花罐的象征意义具体化，从而更加彰显它作为传家宝的意义。2020年纪念抗美援朝70周年，在面对新冠疫情以及严峻国际形势的情况下，谈论抗美援朝的意义对于青年学生就特别重要。1950年中华人民共和国成立不久，在中美经济和军事实力悬殊的情况下，中国人民志愿军义无反顾，跨过鸭绿江，以巨大的勇气和意志，用鲜血和生命保家卫国，维护世界和平。抗美援朝牺牲了将近20万的志愿军战士，他们的功勋应该被共和国铭记，永远流传。更重要的是，在这场战争中，中国人明白民族的自尊自强，要靠自己一刀一枪，拼出性命去获取。毛主席说："人是要有点精神的。"抗美援朝的勋章，传承的就是这样的无所畏惧、敢打敢拼的精神。在今天，国际局势风云变化，中国在走向民族复兴的道路上受到多重阻挠，在看似和平的世界格局中，"金融战""贸易战""科技战"等没有硝烟的战役无时无刻不在打响，作为21世纪的年轻人，生活在优越的物质生活中，很容易消磨斗志，得过且过，用先辈的精神，鼓舞士气，迎接时代挑战，抒写自己生命的价值，这是这枚勋章所给予的更深刻的含义和价值。"忠厚传家久，诗书继世长"，出自北宋文学家苏轼所写的《三槐堂铭》，它告诫世人应当仁厚忠恕，饱读诗书，不断进步，这样的家族定会繁荣兴旺，长久不衰。祖训能够成为传家宝，是因为其中蕴含做人修身的朴素哲理，经过历史和现实的反复证明，对于个人的健康成长、家庭的和睦幸福，以及家族的兴盛绵延起着积极的作用。如果学生还能挖掘平时在阅读中所积累的家训文化，进行进一步引申和开拓，或许能将家训文化揭示得更加感性。在《论语》中，有孔子当面训诫儿子孔鲤"不学诗，无以言；不学礼，无以立"，"趋庭""鲤对"成为佳话；三国时期政治家诸葛亮的《诫子书》中，"静以修身，俭以养德"的教诲，已经超出了他训诫的范围，成为许多人用以自我期勉的座右铭；后世的《曾国藩家书》，不仅仅是写给亲友的书信，还是读书治学的经验之谈，一个思想家对世道人心的入微体察，也是一位谋略家对修身勤政的殷勤忠告，在曾国藩的指引下，曾氏家族培养出一大批优秀人才，一个世纪以来，更是让无数人从中受益；学生在初中阶段课外必读的《傅雷家书》，字里行间充满了一位博学、睿智、正直的学者傅雷对儿子傅聪的细致的关心和教诲，从学问到艺术修养，从生活细节到人生态度，让傅聪得到积极的教育，而傅聪的成就与修养，证明了家训文化的重要性。祖训中有长辈为人处世的智慧，其内容几乎涉及个人、家庭、社会生活的方方面面，在对子女的教育中，祖辈的生存智慧得以传承，祖训沉淀了一个家族的生命史。个人的生命终是短暂，但有了家族的延续，就可以延长生命的长度，增加生命的厚度。而一个个家族的存在和延续，才有了中华民族生生不息，历久长存。从生命的意义上说，祖训是延续着中华民族的血脉，是中华民族几千年优秀文化的精髓，而以祖训作为传家宝，继承的不仅仅是祖先的传统，更是中华民族优秀的传统，作为中华儿女，有责任、有义务世世代代传承并发扬下去。由此看来，3种传家宝各有其非凡的意义，如果学生课外有积累，生活有思考，生命有感发，何来"镣铐"束缚写作呢？

写作训练的目的，终究不是让学生戴上各种镣铐枷锁表现自己在语言能力和技能上的小聪明，而是让学生抒发自我生命和人生的体验，是升华理想与境界的手段。任务驱动型作文写作，要明确写作要求，完成写作任务，但不能被指示的任务限制住，使流程、格式限制学生语言的表达，让机械化的写作程式大行其道；要拓宽学生的思路，唤起学生内在的写作兴趣，让他们真切地走进情境之中，真实地表达自己生命的体验、独立的思想、精神的追求。

扬起生命的欲求，凸显灵动的生命，尊重自由的表达，让学生在运用语言的同时，彰显思想的光芒，构筑精神的殿堂。考场作文，愿你舞出生命的精彩！

以人为本，贵在立诚

——重读《叶圣陶语文教育论集》

随着信息时代的到来，知识以几何级态势爆炸性地增长，传统的单一的、区块化的语文教育模式越来越不能满足学生综合素养的发展需求，以个人发展和终身学习为主体的核心素养教育模型，取代以学科知识结构为核心的传统课程体系，已经成为全社会的共识。而长期以来，知识的本位化、教育的趋同化使得传统的语文教学体现为以学科知识的传授为核心，形成以升学率为最终效益的课程观，语文教育的基本操作无外乎教师的灌输式教学和学生的重复性记忆。在新的教育背景下，语文教育的困惑表现在：语文教学的主要任务是什么？教学的落脚点应在何处？语文教育的效益该如何体现？

新的课程标准在课程性质与基本理念、核心素养和课程标准、课程结构与内容、学业质量与考评等方面做了纲领性规划，在具体实施上，还有待充实与完善。在这种情况下，重读《叶圣陶语文教育论集》，我们不仅佩服叶老对语文教育高度的前瞻性，也同时发现这本书具有实际操作的可行性，对自己今后的教学是有指导和参考意义的。

（1）教育理念上，叶老提出了"运用在乎人""贵在验诸身"的原则。语文教学的任务是教会学生学习和运用语言文字，让学生能够"触处引申"，举一反三。所以，语文应该教学生能阅读，会交流（包括口语和书面）。在教学实践中，学生已掌握的知识和已会的能力就少教些，学生感兴趣的、有疑问的、生活中需运用的知识与技能多教一些，这本不应有疑惑。可是，我们在教学中，往往"教着教着就忘记了为什么而教"，过多地纠缠于名词术语等知识点的考查，过多地将应试技能作为教学的重点，即便是多阅读多写作，出发点也是"为了提高成绩"。这样的做法，罔顾学生学习的起点和需求，将本是活泼泼的文本肢解成了干巴巴的应试模块，将本应"立诚"为务的交流表达演绎成程式化的当代"八股文"。诚然在高考指挥棒的挥舞下，如此做来实不得已，但教师的自觉学科教学意识、育人责任，应时时被唤起，须时时想起叶老叮嘱的"阅读和写作的知识必须化为技能，养成习惯，必须在不知不觉中受用着它，才是真正的受用"(《〈文章例话〉序》)。今天提出语文核心素养，引导学生在真实的语言运用情境中，开展自主的语言实践活动，积累语言经验，把握语言文字的特点和规律，培养运用语言的能力，与叶老的主张一脉相承，并且，这几年，高考的情境化语言运用与交流的考查范围逐渐扩大，分值增多，"为运用、为发展"的语文教学理念将愈加深入人心，并得以推广。

(2)在开展教学活动上，提出了切实、具体的方法。在《叶圣陶语文教育论集》中，叶老提出的建议不仅实用，而且有针对性。例如，对于古典文学的教学，叶老提出抛弃"旧式教育的古典主义和利禄主义"，不能像利禄主义那样死记硬塞，专做模仿迎合功夫，而应该采取参考、分析、比较、演绎、归纳、涵泳、体味、整饬思想语言等方法，获得真知真能(《认识国文教育》p89)。在《〈精读指导举隅〉前言》中，对精读习惯的养成从预习(包括通读全文、认识生字词、解答教师提示的问题)到练习(包含吟诵、参读文章、应对考问)，都指出了细致的做法和明确的考量标准，促进学生养成良好的学习习惯。我们可以由此想到，在新课标背景下，群文阅读已经成为语文核心素养的培养手段，是扩大阅读量的好方法。可是，群文阅读与精读文章的关系是什么？怎样筛选参读文章？从哪些方面参读？如何尊重学生的兴趣点？这些问题，在群文教学开展时，往往不能得到妥善处理。在《叶圣陶语文教育论集》的"参读相关文章"一节中，叶老以夏丏尊先生的"阅读什么"的演讲词中提到的《桃花源记》为例，从文学史、哲学思想、文体写法、作家传记等方面带动一篇文章的知解与领会，既扩大了精读文的广度，也挖掘了深度。对于不同学力和兴趣的学生，参读文章各有不同，然而促成人人养成阅读的好习惯，这又是形成核心素养的有效途径。长期以来，语文教学方法千姿百态，有照搬旧式教育的，有拿来国外经验的，有"以练代教"的，有满堂灌输的，然而学理不探究，教法欠严谨，语文教育是在黑暗中瞎摸索，而叶老从语文教育的规律出发，给出的建议不由得使人信服。

(3)提出"立人"的语文教育观。理念的提出、方法的实施，若不考虑人的因素，都不是基于人道主义的教育。《叶圣陶语文教育论集》虽然是叶老著作的合集，但对"人"精神世界、情感认知、行为养成等的关注，无不贯穿始终。他认为，"文章不是茶余饭后的消遣写成的"，而是"自己有了一种经验、一种意思，觉得它和寻常的经验、寻常的意思不同，或者比较新鲜，或者特别深沉，值得写下来，作为生活的标记，必须向一些人倾吐"（《〈文章例话〉序》），所以写文章应该是"为需要而写"；阅读文章应从想象、捕捉情味、研究考察等多种方法贴近作者的心境，做到"作者胸有境，入境始与亲"（《语文教学二十韵》）。由于关注到人的情感和认知的理解，叶老的语文教育观表现出很强的人本意识，提出无论是写文章还是交际，都要"为看的人着想"（《改变字风》p132）。在表达交流上，叶老提出文章要反复修改，要做到"确切而畅达"；在口语交际中，不要使用容易产生理解偏差的书面语或同音词，写字不要潦草……一切都体现了对对方的尊重与体谅；在外在形式上，体现的是对语言文字运用的严谨作风，本质上关注的是语文对学生养成内在素养、行为习惯的积极作用。作为一个语文教育名家，叶老还在文章中多次叮嘱语文教师，写作文应"立诚"为本，在定期命题作文时，要拟能让学生写出"平日所积蓄的"题目，面对学生的作文，标准不宜过高，但要积极引导，不断培植，渐渐使他们养成"将积蓄化为充实而深美的文字"的能力（《论写作教学》p437）。这使笔者联想起当今的作文教学，我们常觉得学生习作要么立意陈旧、穿凿附会，要么结构混乱、语言贫乏，我们也给学生提供诸如"经典时评"之类的范文，从立意到修辞都悉心讲解，希望他们能很有效地提高作文水平，但结果让人失望。因为写作要有学生自己的领悟，需要自己"动天君"，揣摩与修正，更重要的是，需要写作的欲望，为自我的表达和生活需要而写。本末倒置的写作，培养的无非是考试的机器。大量的平庸之作浪费了学生和老师的精力，既让人厌恶写作，也不利于健康优美的人格的塑造。作为一名语文教育者，我们应该深刻反思自己的教学行为，从源头上多思考自己的教学目的，引导指向学生终身受益的良性的写作。

叶圣陶先生的这本教育论著，给笔者的启发良多。在教育实践中，我们应当像叶老学习，实事求是，以诚立本，从语文教育的特点出发，不断寻找教学新思路，探求语文教学的规律，从而解决学生的学习需求。

第二篇

教学设计的探索

让生命滋养生命：教学设计新追求

固定平常的状态下，语文教学设计应该是怎样的呢？它应该是以大纲为依据，分析教材在学生语文学习中的地位和作用，设定包含知识点和能力点的教学目标，设计适合学生学习的教学手段，在课前预习—课堂教学—课后延伸中对知识和能力进行学习。在现实的语文教学中，这样的思路得到了广大教师的认可，并在教学实践中取得了较好的效果。

然而，语文教学的最终目标是什么呢？是学习了更多的写作技巧，还是多读了几篇文章？是追求某个阶段成绩的提高，还是为了养成终身求知的能力、树立安身立命的标准？

语文是母语的学习，它不可避免地需要学习语言组织、篇章结构的技巧。但母语的特殊性，又使语文不可能只是语言和篇章知识的机械学习。况且，学生每天以中文与人交流，用中文参与学习与认知，用中文思考并表达情感，可以说，中文直接参与了学生精神生命的建构。所以，学生学习语文，不仅向课文学习语言知识和谋篇布局，更应该学习如何表达自己的生命的体验、生活的思考、精神的追求。

不管教科书的选文如何选择、组合，语文离不开经典文本的学习。这些经典作品包含了民族的、传统的优秀文化，是人类了解自己、认识他人的结果。由于抒写的是自己的求知、好奇、审美的经历，因此它坦诚、热情，不断追求自我完美与升华，它既吸收前辈的智慧又不断创新，在作品中凝聚了心灵的智慧，创造着精神的高度。从文化的意义上说，语文学的是精神生命的升华与创造。

课文的教学设计不应该忽视生命意义的构建。学生所面对的学习任务是学识的精进和品性的完善。优秀的文艺作品之所以有力量，在于它们在道德上的力量。然而，语文和哲学、历史等其他社科类科目不同，它不直接说大道理，它把道理藏在形象里、技巧里，在文字的外相下深藏作者的灵智。所以，文本的生命意义不是一眼就能望穿的，需要教师引导、提醒。

在以往的教学设计中，我们往往忽视了文本中作者对生命意义的探求，在教学中，强调的是知识点的掌握，能力点的运用，对于文本在精神力量上的引导没有加以重视。荀子《劝学》中说："神莫大于化道，福莫长于无祸。""神"是指微妙的事理、高深的修养；"化道"是指受到熏陶而使气质得到改变，这是学问的最高境界。既然教师的职责是教书育人，就切不可眼里只有书而少了人，不可只有知识和学问的传授，而忘记了修养和境界的追求。

在语文教学中，最令人陶醉的也最有成就感的意义莫过于以生命滋养生命了。在文本学习中，应该如何做到这一点呢？笔者认为可以有3种思路鉴赏文本：一是设想处在作者时代的评价，二是立足当代实际的评价，三是推理未来的评价。这样，我们可以既发现作者的先进性和局限性，也能思考调整自己的定位和价值的需求，并对未来有积极的建设意义。

语文的意义更多的是在自我的教育。当学生在文本中接触到了智慧的、高尚的、真诚的生命，自然就会跟过去的自我进行比较，在比较中如梦初醒，这不也是调整自己、发现自己、升华自己了吗？

<u>案例一</u>

《师说》教学思考及教学设计

从为文之道到生命之道

——《师说》教学思考

　　《师说》编入人教版普通高中课程标准实验教科书《语文》必修三的第三单元——古代议论性散文单元中。与《寡人之于国也》《过秦论》的议论治国得失道理不同，《师说》和《劝学》一样，是讨论关于学习之道的散文。在单元提示中，编者明确本单元的学习目标是："琢磨文章的立论方法，注意其严密周详的论证逻辑，以及由此产生的说服力量。同时还应当有点质疑问难的精神，大胆提出问题，探究问题，从而提高思考能力和议论能力。"

　　按以往的教学思路，文言教学以"言"为主，主要是因为高中的文言文学习要求较之初中更加深入，在疏通文义的基础上，需要对文言现象做进一步积累，在语言构建上，需要扎实掌握并灵活运用文言知识，为独立读懂传统经典打下基础。《师说》不乏一词多义、古今异义、通假字、文言句式、词类活用等文言现象，如果将教学重点放在这些知识的归纳整理上，从功利考试的目的看，短期之内，是会有可喜的成绩回报的。另外，此种教法，教师也省心，毕竟这是一篇传统老课，备课资料、课后练习甚至现成教案都大量存在，不需要费太大力气。

　　然而，对于学生的学习来说，这样的教学安排因小失大。其原因是：①本文篇幅短小，文言现象并不复杂，教师稍加点拨，自己查资料、做梳理就可以解决，即便是短期内的考试成绩不尽如人意，也可以通过反思、复习、积累等方法提升水平，并考出好成绩；②学生在小学、初中已经积累了大量的古文知识，逐字逐句翻译全文，是他们在初中阶段文言学习的基本方法，高中学习应该在"文理"规律的探究上进一步提升阅读与写作的水平，养成在阅读中理清思路、在写作中论证得体的习惯，逐渐建构清晰有力地表达思想和见解的能力。③作为唐朝"古文运动"倡导者的韩愈，其文刚健雄劲，逻辑严密，词锋锐利，骈散交错，无论是从思想内容上还是行文布局上，都有值得高一学生鉴赏学习的地方，并且，本文是作者任国子监四门博士时所写，以一个教育者的身份，对"年十七"的学生李蟠提出殷切希望，从这个意义上说，容易使学生联系自己的学习，产生同理之心，对学问之道的认识有所受益。

在文言字词的学习中，突出"师"的意思，笔者以为是可以做到事半功倍的。"师"在文中意思多样，有名词、动词、意动等多种解释，但每种解释都要与具体的语言环境结合，仔细揣摩、辨析，才能翻译准确。另外，"师"又是全文的中心话题，几乎每一个论点的确立都包含了这个词。因此，在教学中，对"师"的词义辨析，不仅抓到了文言现象的重点，也提挈了文章的主旨，可谓《师说》教与学的灵魂所在。

在教学中，笔者将教学重点定在本文的论证逻辑分析上。尤其是第一段，作者以"古之学者必有师"开头，接着直接概括教师的作用时"传道受（授）业解惑"，并以此为一句，推出后面的论证。从"惑"的角度出发，指出"谁能无惑"，"有惑"就必须从师学习。从"道"的角度出发，又推出"从师"即为"学道"，无论贵贱少长，"道之所存，师之所存"的结论就顺理成章地推断出来。这一段文字，层层推进，概括精练，在严密的逻辑中立论，是学生应该学习的立论思路和方式。而第二段针对士大夫阶层"师道不复"的现象，用对比的方式分3个侧面加以批判，既有说服力又有批判性。接着作者又正面论述"圣人无常师"，以孔子为例，指出"闻道有先后，术业有专攻"，应该有谦虚求学、实事求是的态度，与第一段的"道之所存，师之所存"相呼应。最后一段，交代自己写作的缘由，强调自己对"行古道"的赞赏，"行古道"就是"行师道"，再次突出全文主旨。在本文的议论中，既有理论主张的精辟凝练，又有事理的透彻分析。在教学中，应抓住行文关键处的语言，提炼作者论点，还要体会作者在论说过程中，对时弊的透彻认识，对世人的殷切规劝。本文的论证思路，既是可以进行议论文阅读教学的范本，也可以是学生学写议论文思路训练的典例，具有很强的借鉴价值。

韩愈所提倡的"师道"的先进性理解，有必要联系时代背景，以及当时士大夫阶层学习的风气。由于当时人才的选拔制度采用的是魏晋以来的门阀制度,贵族子弟无论学业如何,都有官可做,因此士大夫中"择师"以门第为标准。而这样的标准,并不能使得个人"道业"精进,更无助于社会的进步。因而,韩愈的"道之所存,师之所存"的择师标准是很有挑战性的,代表了进步的力量。由于需要课内外的资料补充,这也可以设置成文章阅读的难点。

《师说》作为一篇关于青年学生从师学习的论说文,对学生的教益无疑是很有价值的。然而,时代在变,对于从师学习的标准、方法、认识还可以有新时代的进化。故,在拓展之处要求学生对韩愈的"师说"做些评价,希望他们能够既认识到韩愈在从师学习上见解的深刻性,也能够像当年的韩愈那样有质疑的精神,在继承与创新中,建立自己独立的思想观。

今天我们学习《师说》,若只是像过去那样,以细抠文言字词为主要任务,是眼中只有字词,没有篇章的做法;可是如果我们注重了篇章结构和作者的行文思路分析,或者我们关注到了作品在文学史上的贡献,是不是就做到了尽善尽美了呢?一个作家,在社会和时代中,能够以文立身,至少说明这位作者的言论在当时社会中产生过热烈的反响,对社会的进步起到过积极的意义。韩愈作为唐朝文坛的首领,其散文构思奇巧,形式多样,雄奇奔放,这些特点是使他的文章超出同代散文家的显著特征。然而,结合时代的风尚,我们更应该看到,韩愈的文章在思想性上所体现的先进性。在当时"佛""道"盛行的社会背景下,他敢于同世俗叫板,提倡"儒道",独尊儒家仁义道德,用以维护封建社会结构的安定和社会秩序的稳定;在普遍遵循门阀制度的封建官场中,韩愈提出的"道之所存,师之所存"的择师标准,对当时社会的主流思想造成的冲击可想而知。我们今天评价他的文章,常常从他超乎常情的角度肯定他,然而,在文章的背后,是作者正视现实,除弊兴利,以天下为己任的知识分子的良知。他的文章,是为了政治的理想而写的,为此,他忍受了世人的毁谤、不解,甚至朝廷的贬谪。可以说,韩愈的文章的成就,是他用自己的政治生命换来的。

因而,学习《师说》,除了学习句读、理清结构,我们更要学习韩愈超拔的人格精神,感受其沉甸甸的生命分量,这样,才能更加热爱我们的经典文化,让优秀的文化成为学生生命中不可缺少的精神食粮。

联系初中学过的《马说》,推荐韩愈的《原道》、柳宗元的《答韦中立论师道书》等文章,笔者认为,读的不单单是文,更应该是韩愈的为文之道,生命之道。

《师说》教学设计

教学目标

(1)正确认识《师说》所论述的从师学习的必要性以及择师原则等方面的观点,感受作者的胸襟与睿智,对从师学习有新的认识,提高学习积极性。

(2)结合语境,掌握文言意动用法、古今异义、通假字等文言现象;了解"唐宋八大家""古文运动""六艺经传""国子监博士""小学"等文化常识。

(3)学习《师说》正反对比、有破有立、反复论证以加强说服力的写法。

教学重点与难点

(1)文章的立论方法以及论证的逻辑。

(2)作者的写作目的以及思想的超越性。

教学安排

1课时。

教学过程

一、由作者简介导入新课

《师说》的作者是韩愈,同学们熟悉吗? 我们学过哪些他写的诗文,除此之外,你还知道哪些? "愈"是超越的意思,作为唐代古文运动倡导者,其超越之处在哪里呢?

明确:(1)曾经学过他的《早春呈水部张十八员外》,"天街小雨润如酥,草色遥看近却无"为名句,将早春小雨的细腻润泽,小草青葱萌发的景象描写得十分传神;初中时学习的《马说》,发出"千里马常有,而伯乐不常有"的感慨,以良马比喻人才,对统治阶级埋没人才进行了讽刺和控诉,愤懑不平。

(2)从"愈"的角度进一步明确:①韩愈,字退之,卒谥文,世称韩文公。宋代苏轼称他"文起八代之衰",明人推他为唐宋八大家之首。韩愈是一代语言巨匠,其语句形成成语的有:一视同仁、异曲同工、垂头丧气、袖手旁观、弱肉强食、落井下石、牢不可破、杂乱无章、名存实亡、再接再厉……留下大量名言:书山有路勤为径,学海无涯苦作舟。业精于勤,荒于嬉;行成于思,毁于随……

②文学主张:与柳宗元同为"古文运动"的倡导者。"古文"一词,源于

韩愈。他把自己写的继承三代两汉的散文叫"古文"。六朝以来,骈文盛行,写文章不重视思想内容,讲求对偶声韵和词句华丽,尽管也产生了一些艺术成就很高的作品,却导致了文学创作中浮靡之风的泛滥。这种风气,直到中唐仍流行不衰。针对这种浮夸空洞的文风,韩愈提倡"文以载道""文道结合",提倡先秦、两汉的散文,文学上主张"辞必己出""惟陈言之务去";内容上树立道统学说,希望通过复兴儒学来抵御佛道两家对儒家地位的挑战。在文学史上,无论是文风还是内容,对于当时的文坛都是革新的,也是超越的。

更重要的是,韩愈的"超越"还体现在他对时代风气的超越。这要从写作背景来看。

二、写作背景及文体

(一)写作背景

本文写于唐德宗贞元十八年(公元 803 年)。韩愈当时 35 岁,任国子监四门博士,这是一个从七品的学官,职位不高。国子监博士:唐代以后在国子监中分管教学的官员。四门博士,管教七品以上侯、伯、子、男的子弟以及有才干的庶人子弟。所以,韩愈写的《师说》,是以国子监四门博士的身份,为当时在国子监中学习的贵族子弟所写。

(二)当时从学背景

(1)魏晋南北朝:九品中正制。

评判官员的 3 个主要内容:家世、行状、定品。

其社会现象为"上品无寒门,下品无势族"。

(2)唐以后:九品中正制废除,改以官爵的高下区分门第的标准。但仍沿袭魏晋以来的门阀制度,贵族子弟无论学业如何,都有官可做,所以士大夫中"择师"以门第为标准。

韩愈的这篇文章就是针对这样的社会现实而写的。

三、文化常识及文言字词复习

(一)文学常识

(1)唐宋八大家:韩愈、柳宗元、欧阳修、苏轼、苏洵、苏辙、王安石、曾巩。

(2)六艺:《诗经》《尚书》《礼记》《乐经》《易经》《春秋》。

(3)传:古代解释经书的著作。

(4)句读:古人指文辞休止和停顿处。

(5)关于"说"这种文体:"说",即为"谈谈",议论性的古代文体。大多就一事、一物或一种现象抒发作者的感想,因而这种文体可以按"解说……

的道理"来解释。

（二）字词解释

（1）通假字：

①所以传道受业解惑也　　　　"受"通"授"

②或师焉，或不焉　　　　　　　"不"通"否"

（2）词句解释（注意不同语境中"师"的解释，这既是本文文言翻译的重点语句，也是文章主要内容之所在）：

①古之学者必有师：古代求学的人必定有老师。学者：求学的人。这里所说的"古之学者"，不仅指古代做学生的青少年，也包括古时有志于学问的成年人。

②吾师道也，夫庸知其年之先后生于吾乎：我（是向他）学习道理啊，哪管他的生年比我早还是比我晚呢？夫：发语词，无实义。庸：岂，哪。知：管，过问。"其年之先后生于吾"作"知"的宾语，这个宾语是个带"之"字的主谓结构，"之"的作用在于取消这个主谓结构的独立性。年：生年。于：比。"于吾"作"生"的补语，可提至谓语"先后生"前理解，即"于吾先后生"，比我早生还是晚生。这是一个反问句，起到强调语气的作用。

③吾从而师之：我跟随他（向他学习）并且拜他为师。师：名词意动用法，以……为师。

④师道之不传也久矣：从师学习的风尚不流传已经很久了。

⑤句读之不知，惑之不解，或师焉，或不焉：不理解（书本上的）字句，有的去从师；不能解决疑难问题，有的却不从师。之：结构助词，用作宾语提前的标志，"句读之不知"即"不知句读"，"惑之不解"即"不解惑"。或：有的，无定指代词。不：通"否"。这几个分句运用了"合叙"手法，实际上应当分开解释，即"句读之不知，或师焉，惑之不解，或不焉"。

⑥而耻学于师：以向老师学习为耻。耻：形容词意动用法，以……为耻。

⑦不耻相师：不以互相学习为耻。

⑧圣人无常师：圣人没有固定的老师。

四、结构分析

《师说》是韩愈写给他的学生李蟠的赠文，同时也是一篇有着卓越见解的议论文。在本篇文章中，作者阐述了教师的作用，从师学习的重要性以及择师的标准，针对当时士大夫阶层"耻学于师"的不良风气，通过正反对比论证，强调了自己对择师学习的看法，并对李蟠等青年学子提出殷切希望。从文章的内容和写作意图看，文章有很强的现实针对性。

在熟读课文、疏通文义的基础上,理清全文的结构。

(1)明确题意,"师说"不是对教师的看法,而是"从师学习之说",即作者议论向教师学习学问方面的问题。

(2)第一段,提出论点:学者必有师。正面阐述教师的作用、从师的必要和择师的标准。本段分为3个层次:

①第一层(1、2句),阐述教师的作用。开篇即以"古之学者必有师"作为议论的前提,实际也暗含"今之学者亦必有师"的观点。"学者"字面上为古今异义"学习的人",实际也强调了不单单是在校学习的学生,也包含了所有在学习状态下的人。接着作者用"所以"二字,引出"传道""受业""解惑"6个字,概括了教师的3个作用:"道"为道理、规律、方法以及品德修养;"业"为专业、技能。传授"道"和"业"是教师的基本职责,也是学生要向教师学习的内容。教师传授给学生"道"和"业",而学生要通过提问、质疑,才能真正获得知识。在传道、受业、解惑三者当中,传道是核心。开篇阐明教师的作用,为下文的阐释从师学习的道理提供依据。

这一层,作者将教师定义为"所以传道受业解惑也"是有勇气的。因为在当时的社会,讲究门第出身,学生学习是为了谋取功名利禄。社会流行的观念是,"师者,所以助我飞黄腾达者也",而韩愈这样的见解,是对这样不良风气的针砭与纠正。

②第二层(3、4句),阐述从师的必要。作者从"解惑"的角度,用反问句强调,人不是生来就懂道理的,人人都有"惑",并从反面指出,"惑而不从师,其为惑也,终不解矣",阐明"解惑"的作用,也是向从师学习的作用,有惑必须从师。

③第三层(5、6、7句),阐述择师的标准。什么样的人可以"为师"呢?先针对人们普遍遵循的"长者为师"说起,强调"生乎吾前"的人应该为师,因为"其闻道也固先乎吾",此处强调长者为师,不是因为年龄,而是因为"闻道",有比我高的"道"的修为;既然这样,那么,"生乎吾后"的人,若是"闻道亦先乎吾",我也应该以他为师。"吾师道也,夫庸知其年之先后生于吾乎",以一个反问的句式,强调了"师道"为从师学习即是"学道",那么,"择师"与贵贱长幼无关,与"道"有关。第7句是本段的结论,概括地提出了择师的标准,以"是故"引领结论,提出"无贵无贱,无长无少,道之所存,师之所存也"的择师标准,以"道之所存"作为选择老师的标准,而不是以贵贱等级、年龄差异为尺度,联系人们的普遍心理和社会风气,这样的择师标准是很有批判性和针对性的。这一观点直接指向了士大夫阶层的门第观

念,具有在学问面前人人平等的民主精神和辩证思想。

总之,第一段,层层连接,逻辑严密,概括精炼,一气呵成,在全文中是总纲。这一段是立论,是为了下文的"破"。

(3)第二段,分析现象。运用对比的方法,批判"士大夫之族"耻于从师的不良风气。本段分为4个层次:

①第一层(1、2、3句),慨叹师道不传,指出师道不传的危害。以"嗟乎"开头,连用两个语气强烈的感叹句,"师道之不传久矣! 欲人之无惑也难矣",上接从师的标准,并领起下文批判的内容,对流行于士大夫阶层的耻于从师的不良风气进行批判。

②第二层(4、5、6句),把"古之圣人"从师而问与"今之众人"耻学于师对比,指出"圣人之所以为圣,愚人之所以为愚"的原因与分界点,并以其结果"圣益圣,愚益愚"指出"耻学于师"的危害。

③第三层(7、8、9句),把士大夫送自己的孩子"习句读从师"与自己"惑而不从师"的现象对比,批评"今之众人""小学而大遗"的不明智的做法。在这一层中,士大夫阶层爱自己的孩子,送去学习"句读",既可以理解为他们非常疼爱自己的孩子,连"句读"这样的"小学"都不放过,为他们找老师学习,也可以理解为拜师学习只是为了"学习句读"这个目的,而相对于"道"却被忽略了。"于其身也,则耻师焉",对于自己却不去学习,这是为什么呢? 是真的没有疑惑吗,是"道"的修行到了顶峰了吗? 还是因为"耻"呢? 或许是因为地位高,或许是因为年龄大,存在面子上过不去的心理,可是不从师学习,"惑"依然还在,"道"依然不能得到解决。所以。作者说,"小学而大遗,吾未见其明也",在他看来,读书人最重要的学习任务是"学道"而不是句读,只"重句读"而"轻问道"的做法是糊涂的、不明智的。

④第四层(10、11、12、13、14、15句),把巫医乐师百工之人"不耻相师"与士大夫之族讥笑相师对比,批评士大夫之族耻于从师的恶习。这一层里巫医乐师百工之人,他们生活在社会底层"不耻相师",互相学习;而士大夫阶层表面上"曰师曰弟子",看起来很尊重老师,但是对巫医乐师百工之人的行为"不齿",看不起他们的原因是,他们不讲究年龄和地位,认为"不耻相师"的行为是"足羞""近谀"的。其思想根源依旧是在对"师道"的认识不清上,所以作者以"师道之不复",并以士大夫阶层之智现今竟然不能比得上"君子不齿"的巫医乐师来强调其后果的严重性,其中"乃"字,"其可怪也欤"等语句,起到警醒世人的作用。

在这一段中,作者用"愚""惑""可怪"来揭示士大夫耻于从师不以"道"

为标准的不正常现象,对比突出,贬抑之辞恰如其分,具有说服力。

(4)第三段,以孔子"无常师"的范例,进一步阐明从师的必要和"道之所存,师之所存"的道理。"常师",就是"固定的老师",这就意味着圣人的师生关系是相对的、动态的。接着作者举出孔子向郯子等人求教学习的例子,无论是在"道"上,还是"业"上,只要有超过自己的地方,都可以成为自己的老师,并指出"闻道有先后,术业有专攻",向超过自己的人请教,是很正常的事情。这是对"道之所存,师之所存"的这一择师标准的进一步论证,对以"贵贱少长"为择师标准的士大夫阶层的好言相劝。这一思想用发展的眼光看待师生关系,打破了老师和学生之间固定的界限,并对自古以来"师道尊严"的传统提出了挑战。

总之,第二段和第三段,分别从反面和正面阐明了"无贵无贱,无长无少,道之所存,师之所存"的中心论点。

(5)第四段,说明作《师说》的原因。需要指出的是,李蟠所行的"古道"是乐于向古代圣人们学习,继承久已不传的"师道",所以作者作《师说》来勉励他,表明自己对他的赞赏。这看似作者的写作目的,实际上也是借以发表议论的批评"今之众人"耻于从师的不良风气。

总之,全文论证严密,说理透辟,是一篇深思熟虑的作品,它的意义远远超出了一对师生之间的往来赠答,产生了深远的影响。

五、拓展延伸与总结

(1)这篇文章是写给谁的?如果《师说》是写给同龄的、21世纪的你,那么,你能接受作者的哪些观点呢?

明确:表面上看,是写给17岁的李蟠,鼓励他学古文,继承古人的从师学习之道,各方面修养自己。但实际上,韩愈也借本篇文章,针砭时弊,鞭挞士大夫阶层从师学习中"位卑则足羞""官盛则近谀"的不良风气,对于当时的人们是一个鞭策和警醒。

对于今天的学子,这篇文章依然有警示作用。作为21世纪的即将走上社会的青年,本文在学习的意义、如何择师、如何从师等方面,有重要的启示作用。

(2)本文有哪些名句给您留下深刻印象?另外,你是不是还能想到其他的关于从师学习的中外名言呢?

(3)"师者,所以传道受业解惑也"一句写出了教师在学生学习中的作用。在知识大爆炸的今天,教师还有哪些作用呢?或者说什么样的人可以成为你的老师呢?

示例：

(1)道之所存，师之所存。

(2)闻道有先后，术业有专攻。

(3)圣人无常师。

(4)泰山不让土壤，故能成其大；河海不择细流，故能成其深。　　——李斯

(5)功有所不全，力有所不任，才有所不足。　　　　　　　　　——宋濂

(6)三人行，必有我师焉。择其善者而从之，其不善者而改之。

——《论语》

(7)吾爱吾师，吾更爱真理。　　　　　　　　　——希腊·亚里士多德

六、布置作业

(1)梳理作者的写作思路，背诵全文。

(2)借助注释和工具书，联系以前学习的文言作品，整理本文中一词多义、古今异义、词类活用、特殊句式、文学常识等基础知识。

(3)学习本文"立论—正反对比论证—总结"的议论思路，以"劳动"或"体育"写一篇"破立结合"的议论短文，要求600字左右。

(4)课外阅读：

①阅读韩愈《原道》，体会韩愈对于"道"的看法和见解，进一步理解本文所说的"道"的含义，加深对韩愈"文道合一"写作主张的认识。

②阅读柳宗元《答韦中立论师道书》，了解韩愈《师说》的写作背景，以及韩愈的"师道"主张对于当时社会的积极意义，感受作家勇于针砭时弊、积极改良社会的入世情怀。

③复习《马说》，并阅读《获麟解》《杂说一》等文章，感受韩愈散文用喻生动、讽刺含蓄、感情强烈的特点。

附：板书设计

师说

——从师学习之说

韩　愈

一、立观点 ⟹ 学者必有师

1. 师之职责：传道
　　　　　　受（授）业 ⎫ 解惑

2. 从师之用：道理　技能

3. 择师标准：道之所存

二、析现象 ⟹ 师道之不传

1. 圣人 ┌──┐ 众人：愚人益愚
2. 子　　│对│　己：小学而大遗
3. 百工 │比│ 士大夫：其智不及
　　　　└──┘

三、树榜样 ⟹ 无常师

四、明目的 ⟹ 行古道

案例二

《雷雨》教学思考及教学设计

给生命以出路

——《雷雨》教学思考

《雷雨》选自人教版必修四戏剧单元。一出四幕话剧，八个人物，从幕布拉开的那一刻起，几乎每一次人物的出场，每一句台词的表达，每一个道具的运用，都牵动着读者和观众的心；在短短的一两个小时之内，观众们随着雷雨的酝酿到最后的将一切摧毁，情绪也被调动着，煎熬着，起伏着。这出戏是如此吸引人，以至于对人物的性格命运的分析，矛盾冲突中是非的评判，一直是戏外不断争锋、谈论的焦点，并且不同时代、不同个体的读者和观众，对这出戏的主题都有不同的解读。

有人从阶级论的角度评析这部戏，他们得出资本家假恶丑的真面目，认识到资产阶级家庭的罪恶发家史，认清其必然灭亡的历史规律；有人从人性解读的角度出发，看到了人的内在需求与社会规定之间的冲突，看到了在假丑恶背后的人生不得已，从而对人性的复杂性多了一份同情和理解；也有人看到了人自身的渺小，造化弄人，人无论怎样挣扎都摆脱不了命运的规定与支使。

曹禺先生说，一个作家进行创作，他反映真实的生活，主要是运用形象思维。在他所描绘的社会生活中，他的世界观、人生观就渗透在里边。主题不是事先规定好的，而是从生活中来的。也就是说，作者写作最重要的依据是生活，他事先并不确定主题，在写作中是随着剧情走向慢慢确立形象的。在这部剧中，周朴园这个人物形象之所以有如此多丰富的含义，是与他这样的创作主张分不开的。

因为周朴园来自生活，我们会发现他有普通人身上的特点，年轻时，有理想，曾经留学过西方；有对爱情的大胆追求，敢于冲破门第观念，与下人的女儿在一起，他跟侍萍一起生了两个孩子，从后来保持的家庭细节来看，他们的生活是和谐幸福的，他是认真的，并没有玩弄感情；他自私无情，为了更好的前途，把侍萍母子赶走，一手造成了后来一系列的悲剧，然而他又时时怀念她；见到侍萍后他要用钱去了断这一切，既有敷衍打发的一面，当也有忏悔之意；在知道鲁大海是他亲生儿子以后，仍无情开除他，看出他老奸巨猾、残酷无情的一面，但这又是阶级冲突中不可避免的处理方式……之所以有这么多矛盾又统一的解读，是因为周朴园的形象重叠了个人的、家庭的、社会的各种身份，这些身份之间互相冲突、互相制约，使得他不得不做出选择与牺牲。与其说这是他的缺点，不如说是生而为人的遗憾。

作为读者，能够将一部作品一读再读；一部剧作，能够历经将近一个世纪，被不断上演、阅读、评论，说明这部作品的价值是穿越时代的，具有普遍意义的。除了情节故事吸引人，更多的因素还在于读者或观众在这部戏中投入过自己的思考，他们判断着周朴园说的话里哪些是真，哪些是假，他的行为中哪些是可恶的，哪些是情有可原的。但是，越是评判就越是没有统一的标准。因为他的言行里真假相伴，在可恶中伴随复杂的人情。可以说，周朴园的形象，是剧本中的角色、舞台上的演员和台下的读者（观众）共同演绎的。这使得剧情在不断补充着，情感在不断丰富着，性格也呈现出越来越复杂的一面。这是该戏经久不衰的魅力所在。

在《雷雨》中，几乎没有绝对的坏人，只有生活中真实的人的处境。他们都在努力生活着，尽量在弥补过错，摆脱尴尬，哪怕是逃避现实，也还是为了生存下去。可是，越是努力，矛盾就越是复杂，人的情感就越是纠葛不清，就如这雷雨将至的初夏，闷热烦躁，阴沉压抑，让人透不过气来。四凤与周萍偷情并怀有身孕的情节一出现，让人感受到命运的轮回与残酷，父辈的过错不能让下一代来承受结果。可是，上一代人的过错又是谁造成的呢？如果过错不可避免，并且让健康的生命或扭曲、或死亡、或疯癫，大家都活不好、活不了的时候，恐怕就要下一场雷雨，来一场变革，只有这样，才能给生命以出路。这就是《雷雨》给人更深的暗示与启发。

在教学中，学习话剧这种文体的体式、语言，在对白中感受情节，体会人物的心理，概括分析人物的性格，这些都是语文课上应该完成的教学任务。但是，除了这些，还应该引导学生思考悲剧产生的根源，生命被漠视、被扭曲的原因,让学生在欣赏、评价中,发现生命的可贵,至少悟到:生命的意义要符合自己的内心,要学会珍惜与体谅,学会建构生命的良善,既要给别人的生命以出路,也要为自己留一点理想与希望。

《雷雨》教学设计

教学目标

(1)了解戏剧的基本常识,初步学会鉴赏现代话剧。

(2)抓住戏剧的主要矛盾冲突,学会在矛盾冲突中分析人物的思想性格。

(3)在朗读中和表演体验中,感受对白和细节刻画对人物心理和性格塑造的作用。

教学重点

(1)矛盾冲突对戏剧情节的展开、性格塑造的作用。

(2)琢磨人物的对话,分析潜台词里丰富的含义。

教学难点

(1)复杂人物的性格分析及理解。

(2)分析、理解造成主要人物悲剧的原因。

教学设想

(1)课前安排学生了解《雷雨》的故事情节,理解本课节选的剧情在全剧中的地位,人物的身份地位、性格气质以及相关经历。

(2)感受戏剧文学在体式上与小说等文学样式的区别。

(3)戏剧的学习,既要对语言进行揣摩、分析,也需要展开一定的活动,如分角色朗读或表演、观摩表演、评论探究等,在综合的语文实践活动中,加深对人物的认识,提炼主题的意义。所以,本课的学习方式可以多种学习方式交叉,让学生在多元的活动中,丰富对主题的认识。

课时安排

两课时。

教学过程及设计

第一课时

一、导入新课

（1）关于作家作品。

在 20 世纪 30 年代,我国有一部话剧问世,它的问世震惊了文坛。从那时起到现在,这部话剧被一再排演,它的情节被人们津津乐道,作品中的人物评价被不断刷新,人物的命运引发各种思考,这部戏就是《雷雨》。现代戏剧家李健吾先生说,这是"一部具有伟大性质的长剧"。现代翻译家黎烈文说:"我应当告白,亏了《雷雨》,我才相信中国确乎有了近代剧。"《雷雨》被奉为"中国话剧现实主义的基石",是中国现代话剧成熟的里程碑。更令人赞叹的是,这部伟大作品的作者当时才 20 岁出头,尚未大学毕业。《雷雨》是他创作的第一部戏剧作品,既是他的成名作,也是他的代表作。这位才华横溢的年轻人就是我国著名剧作家曹禺先生。曹禺先生一生致力话剧创作,为中国文坛留下了《雷雨》《日出》《原野》《北京人》《王昭君》等优秀剧作,这些剧作成为北京人艺的保留剧目,几十年来常演不衰,还多次被改编成电影,搬上地方戏的舞台。可以说,曹禺是中国现代文学史上最优秀的剧作家。

著名作家巴金说得好:"《雷雨》是一部不但可以演,也可以读的作品。"今天我们就来好好读一读这出戏的第二幕,来体会这部剧作的魅力所在。

（2）关于戏剧常识(课前布置预习,通过网络搜索、同伴分享交流自己掌握的知识。课上简单回顾,加以明确)。

①戏剧的概念:戏剧是一种综合性的舞台艺术,它借助文学、音乐、舞蹈、美术等艺术手段塑造舞台艺术形象,揭示社会矛盾,反映现实生活。它由演员扮演角色在舞台上当众表演,是编剧、导演、演员以及音乐、美工的集体创作。在中国,戏剧是戏曲、话剧、歌剧的总称(如京剧、越剧等),也常专指话剧。在西方,戏剧即指话剧。

②戏剧的要素:

戏剧要素包括戏剧冲突(基本要素)、戏剧语言(包括舞台语言——除人物语言外的所有语言,如舞台说明,背景介绍,人物动作、神态描写,旁白、画外音以及其他叙述语言等;人物语言)、戏剧人物。

冲突:是矛盾斗争的一种表现形式。它主要表现为人与人之间的冲突,有时也表现为人物的外在与内心的冲突。

台词：是剧中人物的语言。它是性格化的，是富有动作性的，即人物的语言是同他的行动联系在一起的。台词的表现形式有对话、独白、旁白（登场人物离开其他人物而向观众说话）、内白（在后台说话）、潜台词（登场人物不是用口说出来的语言，而是用表情表现出来的言外之意）等。

幕：即拉开舞台大幕一次，一幕就是戏剧一个较完整的段落。

舞台说明：是一种叙述性语言，用来直接说明人物的动作、心理和所处环境等，直接展示人物的性格和戏剧的情节。说明的内容有关于时间、地点、人物、布景的，有关于登场人物的动作、表情的，有关于登场人物上场、下场的，有关于"效果"的，有关于开幕、闭幕的等。

③戏剧的特点：

戏剧是由演员在舞台上表演的艺术，因而它要受舞台的制约，要适合演出的需要。这就决定了它的一些特征：

第一，更典型、更集中地表现社会生活的冲突和斗争。

第二，故事情节发生的时间和地点往往很集中，登场人物也有一定数量的限制。

第三，人物性格和故事情节主要是通过登场人物的语言来表现的。

（3）结合课下注释①了解与本课内容相关的情节，并结合预习，请同学们说说整部剧的情节。

（4）讨论：与我们常见的小说、记叙文等不同，剧本的创作在形式上有何不同？

明确：戏剧无时无刻不在对白。人物的对话不仅体现人物的身份、性格和思想，也交代人物的关系、故事的背景、曾经发生过的事情以及远方的信息等。我们常说，小舞台大世界，舞台的空间和演出的时间是受限制的，戏剧需要把故事表现得深远，靠的是精心设计的对白。因而，对白在话剧中是第一要义的，它不同于我们平日生活中的对话，而是高度浓缩了各种信息，集中用以强化人物之间的冲突，塑造人物形象的手段。

二、推进新课

以鲁大海的出场作为标志，分为两场，第一场为周朴园与鲁侍萍的相见。

（1）为了让每位同学都能体会戏剧对白的丰富性，课堂展开活动：以每张课桌为单位，同桌分饰周、鲁两个角色，注意在对话之中了解曾经发生的故事，更要体会在语言的表象下人物的心情。

（2）通过分角色朗读，我们可以感觉到，这是两个人之间的戏，是两个人之间的冲突。讨论:冲突是怎么展开的?

明确:以周朴园认出鲁侍萍为界分为两个部分。

①鲁侍萍到周家看望女儿四凤,意外发现这家的主人是周朴园,于是开始了后面的戏剧冲突。讨论:找出这个部分中舞台说明的文字,说说它的作用是什么? 明确:课文开始初,"午饭后,天气更阴沉,更郁热。低沉潮湿的空气,使人异常烦躁",交代了故事发生的时间和环境氛围,烘托了人物烦躁、郁闷、不安的心情,预示一场雷雨的到来,为后文的情节做了铺垫,也感染了现场的观众,心情也随着产生压抑之感。

②讨论:周朴园是如何认出鲁侍萍的? 明确:鲁侍萍的动作引起了他的疑心,她"很自然地走到窗前,关上窗户,慢慢地走向中门",这些动作都说明她对这个家庭的布置、格局都非常熟悉,她的动作也是不紧不慢,十分娴熟的。而这间房子底下人是不准随便进出的,所以就引起了周朴园的好奇,让她"站一站",并追问她的姓氏。

(3)鉴赏相认部分。

①讨论:剧本是如何从偶遇转到相认的? 明确:鲁侍萍的无锡口音,使周朴园陷入对往事的回忆,他拐弯抹角地问鲁侍萍30年前发生的一件"很出名"的事情,鲁侍萍在周朴园的连连追问下,按捺不住埋在心里的委屈和痛苦,悲愤地叙述了自己30年来的遭遇,使得周朴园越来越惊恐,他从"痛苦""汗涔涔地发出'哦'的叹声"到惊愕地问"你是谁",当鲁侍萍巧妙地说出衬衫上梅花绣饰的来历时,他终于发现,眼前的"姓鲁的下人"正是30年前的梅侍萍。

②在相认前后,周朴园对鲁侍萍的态度是不一样的。讨论:在相认之前他是怎么评价侍萍的?侍萍是真的如他所说吗? 明确:说她是"年轻的小姐",还是"很贤惠,也很规矩的"。然而现实中的侍萍是一个周公馆下人梅妈的女儿,"不大规矩的""不很守本分""跟周公馆的少爷有点不清白,生了两个儿子",那么,周朴园为什么要这样美化她? 讨论后明确:A. 侍萍是他的初恋,从他30年来保留屋子的陈设不让下人随意进出、保留关窗的习惯到珍藏这侍萍绣过梅花的衬衫,听到无锡口音的人就要打听侍萍的下落等细节,都可以看出,他对这段感情是认真的,初恋的生活是愉悦美好、刻骨铭心的。B. 从他不断怀旧的行为可以看出,这时候的周朴园此刻生活得并不如意,从矿上工人罢工,家里年轻妻子的不顺从,都可以是他不如意的原因。所以,他需要用美好的事情来冲淡现实的烦闷。而与侍萍相恋的日子是很自由惬意的,甚至还有些心心相印,所以越发感到美好。C. 他也有

可能感到内疚自责：因为 30 年前是他和家里的人逼得侍萍跳了河，而这种内疚心理是无法回避的。D. 周朴园是周家的大少爷，如今还是煤矿公司的董事长，用世俗的眼光来看，他和侍萍的初恋是很不光彩的，他以美化侍萍的方式，来掩饰这样的遗憾，既逃避世人的看法，也能满足自己对于美好初恋的想象，这样，他的心理得到了各个方面的平衡。（理由可以有很多，言之成理都可以，这是这篇剧作魅力所在。）

③讨论：在这段对白中，鲁侍萍说自己"不贤惠"、"不规矩"、跟周家公子"不清白"，她为什么这样评价甚至糟蹋自己？ 明确：A. 后悔自己当年沉迷爱情，对现实有不切实际的幻想，致使后来的生活很不如意。B. 对周家的人薄情寡义充满怨愤，是多年来无处发泄的怨气使然。C. 含有对周朴园的讽刺，这么多年的苦让她对周朴园的本性有了更多的认识，这里借对自己的否定，来说反语，讽刺周朴园的虚伪和自私。

④当鲁侍萍告诉周朴园 30 年前的侍萍"还活着""境况很不好"，并问他"想见一见她么""想帮一帮她么"，周朴园有什么变化？ 明确：先是"惊愕"而发愣，当听说孩子还活着的时候，突然立起问道："你是谁？"已经失态，并对鲁侍萍的身份起了疑心；当鲁侍萍问他是否想见她一面的时候，他连忙说"不，不，不用"，已经显露出他薄情寡义的一面；当鲁侍萍介绍了侍萍的处境很困难，并问他想不想帮忙的时候，他竟然无动于衷地说"好，你先下去吧"，毫无帮助侍萍的意思，他的冷酷暴露无遗。

⑤讨论：周朴园的这些表现为何与前文陷入回忆中的他的表现有如此大的区别呢？ 明确：他关心的是自己，如果让人知道他有这样的经历，会影响到他在家中的权威，社会上的地位。他也害怕他和侍萍之间的关系再次暴露，会让他有身败名裂的危险。所以，归根到底，他是个自私冷酷的人。

（4）相认以后：鲁侍萍终于认清了周朴园的本质后，激愤异常，她趁周朴园找衬衣之时，以衬衫上的梅花和"萍"字的标志，亮出了自己的真实身份。面对着侍萍，周朴园是如何反应的？ 采取了什么做法？

这段对话十分精彩，可适当开展课堂活动，以便展开分析。

分角色朗读课文，男生们扮演周朴园，女生们扮演鲁侍萍。要求：朗读时，要把握语气、语调与人物身份，尽量把人物心理特点和性格体现出来。

①讨论：周朴园在认出鲁侍萍以后的表现。明确：态度变得很严厉，责问她："你来干什么？"以为鲁侍萍是来敲诈他的；后又问："谁支使你来的？"最后是"冷冷地"说："三十年的工夫你还是找到这儿来了。"言外之意是，鲁侍萍不肯放过他，来报复他，敲诈他的。

②当周朴园在鲁侍萍面前再也无法掩饰自己的时候,他只好用稳住她的办法。讨论:周朴园用了哪些手段来稳住鲁侍萍? 明确:A. 在鲁侍萍哭诉的时候,他一再说"你可以冷静点""你静一静,把脑子放清醒点""这么大年纪,我们先可以不必哭哭啼啼的……""从前的旧恩怨,过了几十年,又何必再提呢""我看过去的事不必再提了吧"。他在极力淡化事态的发展,害怕鲁侍萍把事情闹大。B. 当这一切都不能见效时,他又抓住了侍萍善良心软的特点,跟她谈起旧情,"你不要以为我的心是死了""你看,这些旧家具都是你从前顶喜欢的东西,多少年我总是留着,为了纪念你""你的生日——四月十八——每年我总记得。一切都照着你是正式嫁过周家的人看,甚至于你因为生了萍儿,受了病,总要关窗户,这些习惯我都保留着,为的是不忘你,弥补我的罪过"。C. 当他稳住侍萍以后,还怕丑事暴露,就用"鲁贵像是个很不老实的人"来提醒她不能将这件事外传出去。侍萍明白地回答"他永远不会知道",鲁大海也"不会认你做父亲",周朴园就用钱来跟侍萍做一个了断,要鲁侍萍开价,"算是弥补我的一点罪过",并且给了她一张 5000 元的支票,希望平息 30 年来的旧仇新恨。

③讨论:在这场相认中,鲁侍萍是如何对待周朴园的? 明确:虽然她对过去在周公馆的生活有过美好的回忆,但是,30 多年的苦难,使她更清楚地看到了周朴园虚伪自私的嘴脸,面对周朴园的哄骗、威胁、利诱,她不抱幻想,控诉周朴园的冷酷无情的罪行,并且当场撕毁了支票,表现了她的骨气和尊严,也表现出她对周朴园的蔑视和抗议。

三、课堂小结

在这一场戏中,通过周朴园和鲁侍萍的对话,一步步将矛盾冲突引向高潮,也一层层脱去周朴园道貌岸然的外表下虚弱的灵魂,人物的性格也得到了充分的展现。后面的情节还将怎样发展下去呢? 30 年前的这段感情究竟还会带来人物命运的哪些走向呢?

四、布置作业

分别概括周朴园和鲁侍萍的性格特征,课外阅读《雷雨》,并从剧中找出一些精彩片段进行表演。

第二课时

一、导入新课

上节课,我们着重分析了第一场戏,戏剧冲突在主人公周朴园和鲁侍萍之间产生,人物性格得到充分体现。我们也在课上进行了分角色朗读,对两个人物的性格和心理进行了分析。从剧本到话剧演出,中间还需要演员的进一步加工。课文节选的这一场戏,是《雷雨》中非常经典的片段,现在让我们欣赏北京人艺这一场话剧演出片段,进一步思考周朴园和鲁侍萍的性格特征,然后我们进入今天的学习。

二、推进新课

(1)戏剧是要在矛盾冲突中展开人物形象的。如果说上一场戏是周朴园和鲁侍萍之间的旧日情人之间的矛盾,那么下一场戏将是父子之间、兄弟之间、母子之间的纠葛。请同学派代表分角色表演第二场戏,其他同学准备做点评,注意语调和表情神态的表演是否到位,并思考人物冲突是如何展开的。

(2)这场戏主要在周朴园和鲁大海之间展开。上一场戏中,从周朴园与鲁侍萍的对话中,我们看出周朴园对鲁侍萍多少还留有一些美好回忆,他对自己过去的行为的愧疚,以及要用钱去弥补一些遗憾的行为。

①那么,面对自己的亲生儿子鲁大海,他是怎么做的呢?他又为什么这样做呢?讨论后明确:他面对自己亲生儿子,摆出的是资本家对待工人的冷酷面孔和傲慢的态度。他明知故问,问鲁大海"叫什么名字""有什么事",继而教训他"只凭意气是不能交涉事情的",嘲笑他是"傻小子",讽刺他"没有经验光会胡喊",得意地告诉他已经用钱收买了"少数不要脸的败类",矿上已经复工,最后还宣布"矿上已经把你开除了"。他们之间根本没有父子的情分。因为周朴园是矿上的董事长,代表的是资产阶级的利益,而鲁大海是罢工工人的代表,他们之间的根本冲突是资本家和工人阶级的利益冲突,是不可调和的。所以,在这场较量中,周朴园毫不手软,并且进一步表现出卑鄙奸诈、毫无人性的残忍。

②鲁大海被周朴园宣布开除以后,又是怎样同周朴园做斗争的?明确:他毫不退步,愤怒痛斥周朴园用钱收买工人败类的恶行,并无情揭露周朴园的发家史:在哈尔滨保修江桥时,故意叫江桥出险,淹死2200名小工,为了可以在每个小工身上扣300元。之后,还跟周朴园的仆人对打,看出了他英勇顽强的斗争精神。然而也显示出他斗争经验的不足,鲁莽与幼稚。他与周朴园之间的矛盾冲突是必然的,并且,在那个时代,阶级的矛盾是大于亲情、血缘关系的,因此也反映出当时社会阶级矛盾的尖锐,不可调和。

(3)在这场戏中,鲁侍萍也见到了她日夜挂念的大儿子周萍。但是,她的心情十分复杂。请结合潜台词,讨论并加以分析。明确:"你是萍……

凭——凭什么打我的儿子"一句,看见周萍打大海,作为母亲,她心如刀绞,
"你是萍",这是一个母亲脱口而出的呼唤,但是自己下人的身份,两个儿子
已经是仇人的事实,对周朴园的冷酷无情的愤怒,对周萍未来的保护,使得
她很快调整自己的语言,一句"凭——凭什么打我的儿子",充分表现了她
对周萍的失望、悲愤的心情,其中"我的儿子"一词读来特别心酸,亲生儿子
非但不能相认,还成了势不两立的仇人,母子、兄弟竟然成了阶级对立的关
系,这种痛苦无处诉说,是一个善良的母亲的悲哀与失望和无奈啊!所以
最后,她"呆呆地望着周萍的脸",既舍不得离开,想多看他一眼,又不得不
哭着跟大海离开这个让人伤心的地方,充分体现鲁侍萍此时感情与理智的
矛盾冲突。

三、总结并进一步探究

总结:

(1)至此,《雷雨》中这场戏揭示了周朴园和鲁侍萍曾经有过的恋爱纠
葛并且有两个儿子这个秘密,这是全剧的关键情节。没有这个情节,周、鲁
两家 8 个人物不至于纠缠不清,后文的周萍和四凤的人伦惨剧也不会发
生。当周、鲁二人相认以后,基本洞悉人物之间血缘关系的读者(观众)对
此后的事情怀着紧张、担忧的心情。而周朴园和鲁大海之间的阶级对抗,
又让父子关系、母子关系、兄弟关系,被完全忽略、消解了。

(2)曹禺先生曾经评价周朴园说他是"老奸巨猾,诡计多端",你同意他
的看法吗?以本课的剧情为依据,请你对周朴园这个人物形象进行自己的
评价。

明确:言之成理即可。周朴园的形象是复杂性,使得不同的人在不同
的时代、背景、经历下,有不同的解读。所以,学生对于他的评价可以有多
方面的。当初他同家人赶走鲁侍萍母子,以迎娶更有地位的、有身份人家
的女子,看起来是毫无情义的、自私的,但他作为人子,为家族需求而背叛
初恋又是不得已的,甚至还可以感觉到他对家族的责任感;在现实中,他忏
悔念旧,在看似虚伪的表象下,至少也说明他有真挚诚恳的愿望;在认出鲁
侍萍以后他用金钱来了断,可以看作是他把金钱置于情感之上,但也可以
看出他想弥补自己过错的真诚,金钱不能抵去他所犯下的错误,但他也只
能用这样的方式来解决问题;对于鲁大海,他毫不犹豫,坚决开除,残酷无
情,丝毫没有父子的情义,这是由他在公司中董事长的身份决定的,面对以
鲁大海为代表的工人阶级的斗争,他必须采取分化瓦解,残酷镇压的手段,
这样,才能使矿山恢复生产,形势的严峻,容不得他有半点犹豫和妥协,从

另一个方面看,也体现了他作为民族资本家的魄力和眼光。

总之,周朴园是一个生活在现实中的交错着各种思想和情感的矛盾体,他有人的需求,有要对家庭尽到的责任,有对社会的义务,还有现实种种突发的事件对他的言行举止的制约。一千个读者有一千个哈姆雷特,全班50个学生也就有50个周朴园了。当我们将自己对生活的体验融入人物评价的时候,就会觉得这个人物离我们并不遥远,也不陌生,在生活中每个人身上,都有些"周朴园"的影子,所以这就使得周朴园这个人物形象成为文学史上的经典形象。

(3)结合《雷雨》全剧的情节,探讨研究,作者为本剧取名为"雷雨"的原因。

明确:首先,整个故事的背景、情节都与雷雨有关,比如:戏剧的情节是在一个"天气更阴沉,更郁热,低沉湿潮的空气,使人异常烦躁"的下午展开并逐渐走向高潮,经过一番复杂的矛盾冲突,周萍和四凤终于知道了他们是同母异父的兄妹。于是,四凤触电而死,繁漪的儿子周冲为救四凤不幸送命,周萍开枪自杀,善良的鲁侍萍痴呆了,绝望的繁漪疯了,倔强的鲁大海出走了。这个关系复杂的家庭在这个雷电交加的狂风暴雨中终于崩溃了。一场雷雨之下,周家死的死,疯的疯,造成了人间巨大的悲剧。其次,雷雨也是一种象征,在旧世界的沉闷空气里,一场大雷雨即将到来,中国社会正在酝酿一场大的变革,唯有变革,才会给人带来出路。

(4)《雷雨》是一出悲剧,悲剧的结局总是伴随着毁灭,这是生活中我们所不愿意看到的。可是,作家为什么要创作悲剧,人们又为什么要去欣赏悲剧呢?请结合你所学过的悲剧,如《夸父逐日》《窦娥冤》《孔雀东南飞》《哈姆雷特》《被缚的普罗米修斯》等谈谈欣赏悲剧的意义。

明确:言之有理即可,可适当做一些拓展。

①亚里士多德《诗学》上说:"悲剧的目的是要引起观众对剧中人物的怜悯和对变幻无常的命运的恐惧,由此使感情得到净化。"人生而渺小,常有不得左右自己命运的时候,而人和命运的交锋中,又常常是失败者。这是人生的艰难之处,读悲剧使人对社会现实及其产生的原因有更全面的认识,对人生的痛苦、无奈处境有清醒的心理预备,提高对创痛的承受能力。

②在与命运的斗争中,带来强烈的冲击感,让人感受到人的理想与追求的可贵,永不屈服、奋斗不止的勇气和精神,给人雄浑悲壮之美感。

③悲剧也能使人产生同情、体谅之心,净化自身与社会之间的关系,让社会走向更加和谐、美好。

④悲剧使人珍视当下的美好。生活的美好总是在平凡、朴素的细节中孕育,而这些美又往往短暂,稍纵即逝。悲剧通过美的毁灭,让人感受到生命中点点滴滴的过往都值得回味与珍惜,获得生命的幸福感。

鲁迅先生说:"悲剧是将人生有价值的东西毁灭给人看。"我们看到了一出令人难过的悲剧,我们也获得了精神世界的净化,人的生命就是这样不断添加有价值的意义。

四、布置作业

(1)课外阅读《雷雨》《哈姆雷特》等剧本,进一步理解戏剧语言和文体特点。

(2)以课本中《装在套子里的人》《祝福》《孔雀东南飞》《边城》《红楼梦》等情节为素材,选择其中一个片段,尝试创作课本剧。

(3)尝试课外排演话剧《雷雨》。

案例三

《湘夫人》教学思考及教学设计

无处不在的生命主体再创造

——《湘夫人》教学思考

《湘夫人》选自《九歌》编入人教版高中语文选修课本《中国古代诗歌散文欣赏》。《九歌》原是沅、湘一带祭男女水神的歌谣，在迎神会上由扮演二神的男女巫师对唱。屈原放逐之后，见其俗人祭祀之礼、歌舞之乐，其词粗鄙，于是对原有的传说、民俗、歌词去粗取精，整理润饰，作了《九歌》。《湘夫人》是湘水的男神向女神表达思慕之情的一首情歌。

民间传说由于见识的浅陋、用语的质朴，而显得粗野。屈原是用了什么样的方式使得粗俗的民间传说变得有诗性的特质，而成为经典的传唱呢？

首先，湘夫人和湘君的身份和经历具有神性，是人性的升华，给人唯美的想象。在楚湘一带的传说中，舜帝为湘君，舜二妃为湘夫人。而舜二妃（娥皇、女英）又是尧帝的女儿，尧帝见舜德才兼备，为人正直，便将首领的位置禅让给舜，并把自己的两个女儿嫁给舜为妻。后来舜帝到长江一带巡视，不幸染病死于苍梧之野，葬在九嶷山上。两位夫人闻此噩耗，寻到湘江边上，望着九嶷山扶竹流泪，泪水挥洒在江边的竹子上，染成了湘江水畔有名的"湘妃竹"，最后她们投水自尽，化为湘江女神湘夫人。因为"德纯而行笃"，湘夫人在中国传统文化中享有崇高的地位。在中国的神话里，作为水神的湘君和湘夫人，是超凡脱俗的神的形象，他们符合中国人对于理想人格的想象，是凡尘俗世中的人们所追求的道德模范。因而，在湘君和湘夫人的恋歌里,摆脱了尘世爱情的庸俗鄙陋之气,赋以清新雅致之高标。可以说,传说本身的神性色彩,就已经给诗歌以良好的质地,让作者的创作站在一个较高的起点上。

其次,作者善于用创造性的艺术手法,给人以联想和想象,让人走入神话的世界,得到精神上的熏陶与满足。神仙的世界是需要想象的,它必须符合人们对于美好的共识,并且还要有所升华。什么是公认的美的事物呢?比如,纯净清雅的事物,如同沅水、洞庭的水波,清澈安静;又比如,兰草、白芷、薜荔、石兰、杜蘅等香草,它们既有在沅湘水边蓬勃生长,又香气氤氲,让人感受到生命的力量和柔美的气息;又比如,湘江边的女神,湘夫人的美貌没有正面描写,但湘君为了与她约会,"朝驰余马兮江皋,夕济兮西澨",不辞辛劳,在江边等待时想着为她修一座华美绮丽的水晶宫殿,等不到湘夫人时便"捐余袂""遗余褋",这一系列的痴心行为,让人想象湘夫人的绝世丽质……这些美丽的事物渲染、烘托着优美的情感,让读者在欣赏诗歌的过程中,补充着对理想中美好感情的再认识。

更重要的是,诗人在塑造外在形象的时候,无不融入自己的审美意识和生命体验,让人感受到作者的精神力量和人格的伟大。《湘夫人》虽然是一首爱情诗,但是,诗中湘君对于爱情的忧伤叹惋、不辞辛劳、单纯热烈、坚贞执着的行为,跟《离骚》中的执着追求、洁身自好、正直忠诚、忧国忧民的自叙,是多么的相像啊!作家的写作,看似才情与个性的体现,但实际上是他用言语表达他的思想和感情,用生命的意志去完成艺术品的过程。屈原遭遇不幸,被诬告,被放逐,他在政治上可以说是个失败者。然而,他不沉沦,不放弃,借由艺术创作来一吐心中怨气。在肮脏、卑鄙的政治环境中,他将个人的情操、志趣凝练升华成了高洁优雅的诗歌,哪怕是改编《九歌》这样的民间歌谣,他也不放过,诗歌成了诗人生命的升华与重塑。《湘夫人》与其说是水神之间的爱情咏叹,不如说是屈原人格与生命意识的再现。由于他所追求的、捍卫的精神是干净的、正直的、执着的,因此不论他写的是政治诗还是爱情诗,都让人联想到他一生追求的信仰,所谓"文如其人""诗文合一"就是如此吧。因而,我们在读《湘夫人》的时候,不仅仅是在感受奇幻忧伤的神界爱情,更多的还会联想到那个始终坚定追随政治理想的三闾大夫的高尚美德。我们欣赏这首诗歌的优美质地、飞扬的才情,更是为纯洁高尚的人性、优美健康的生命而感动。

《湘夫人》是高中语文选修教材《中国古代诗歌散文欣赏》中的一篇自主赏析课文,对于高二学生而言,生僻字多,影响流利朗读,而且楚辞体原本用楚地方言写成，在语言习惯上又比其他文言诗歌散文陌生了不少。但选择这首诗歌作为学生学习的课文，不仅仅在于屈原在中国文学史上贡献的"香草美人"的独特意象、"楚辞体"的抒情韵味、对"赋""比""兴"写作传统的继承与弘扬，更重要的是在今天这个新时代需要对诗人高尚灵魂的再认识。如若学生能够通过《湘夫人》这样的文质兼美的诗文的学习，不断丰富和完善自己的心灵世界，并且把它们转化为自己成长的精神财富，笔者认为，这也是语文在用经典丰富并创造新的生命。

《湘夫人》教学设计

教学目的

（1）熟读文章，理解诗句的含义，感受诗中人物形象，理解思想感情，把握其主旨。

（2）分析诗中环境描写、意象描写、比兴手法的使用，感受诗歌营造的意境和传达出的情感。

（3）以意逆志，知人论世。洞察诗中所表现出来的情志和反映现实的深度与广度。

教学重点

（1）诗歌情景关系上的特点。

（2）熟读文章，理解诗句的含义，从而理解文章的思想感情，把握其主旨。

教学难点

（1）分析诗中环境描写的作用和比兴手法的使用，鉴赏艺术特色。

（2）通过对诗歌意象的分析，感受诗歌营造的意境和传达出的情感。

（3）感受诗人忠君爱国、高洁正直的精神气质，以及"美政"的政治理想。

教学过程

一、课文导入

（1）（出示斑竹的图片）湖南岳阳的君山上有一种比较特殊的竹子，名叫"斑竹"，大家知道它的来历吗？传说舜帝有两个妃子，名叫娥皇、女英，是尧帝的两个女儿,当年尧考察了舜 20 年,才把帝位让给了他,可见他的品德有多高尚。舜帝南巡时死于苍梧,葬于九嶷山。娥皇、女英听到丈夫的死讯后,追随到沅、湘,因丧夫而落下的伤心泪水,落在竹子上,使竹竿结满了斑点,"斑竹"之名即由此而来。坚贞动人的爱情故事不仅留在沅、湘江边年年生长的斑竹上,也流传在楚地的诗词歌赋里。当地人把舜帝和二位妃子奉为湘江男女水神——湘君和湘夫人,并为他们创作了"楚辞体"的歌谣,在祭祀时吟唱。王逸《楚辞章句·九歌序》中说,屈原放逐后见这些"俗人祭祀之礼,歌舞之乐,其词鄙陋,因为作《九歌》之曲"。《湘夫人》就是《九歌》中的一首。虽然《九歌》中的歌谣,是根据当地的传说、民俗和歌词整理润饰而成,但是,由于加入了作者特有的情思,体现了这位作为浪漫主义诗人独有的个性,读起来显得特别深沉厚重。

(2)由回忆必修二《离骚》的部分诗句引入对屈原品性与精神的再认识。

(PPT 显示)

《离骚》中的经典名句

长太息以掩涕兮,哀民生之多艰。
亦余心之所善兮,虽九死其犹未悔。
宁溘死以流亡兮,余不忍为此态也!
伏清白以死直兮,固前圣之所厚。
进不入以离尤兮,退将复修吾初服。
不吾知其亦已兮,苟余情其信芳。
佩缤纷其繁饰兮,芳菲菲其弥章。
民生各有所乐兮,余独好修以为常。
虽体解吾犹未变兮,岂余心之可惩?

这些诗句都是从古到今人们耳熟能详的名句,今天读起来依然荡气回肠。在这些诗句里,我们看到一位怎样的三闾大夫的形象呢?讨论后明确:忧国忧民,高洁正直,执着追求,特立独行,坚持真理等。

《离骚》是屈原自我身世的叙说,而今天我们要学习的《湘夫人》是一首通过湘君的口吻表达对湘夫人爱慕、思恋的恋歌。虽然表现的内容、主题有所不同,但是,我们依然能从这首爱情诗中感受到诗人卓越的人格魅力和深沉高尚的情怀。

(3)朗读课文,正音正字,感受"楚辞体"抒情的特点。

①生字词:

北渚(zhǔ)　　　眇眇(miǎo)　　　袅袅(niǎo)　　　白蘋(fán)

蘋中(pín)　　罾(zēng)　　潺(chán)湲(yuán)　　麋(mí)

江皋(gāo)　　荪(sūn)　　西澨(shì)　　葺(qì)

兰橑(liáo)　　薜(bì)荔(lì)　　擗(pǐ)蕙櫋(mián)　　九嶷(yí)

袂(mèi)褋(dié)　　澧(lǐ)浦(pǔ)　　搴(qiān)

②"楚辞"：

"楚辞"是由屈原创建的一种具有浓厚地方色彩的新诗体,这些诗歌运用楚地的诗歌形式、方言声韵,描写楚地风土人情,具有浓厚的地方色彩。相比同时期的《诗经》,它突破以四字句为主的格局,句式参差错落,自由灵活而富于变化;多用语气词"兮"字,用来协调音节,造成起伏回宕、一唱三叹的韵致;诗的结构篇幅扩大了,语言词汇地方色彩较浓。由此可见,"楚辞"体是富于抒情色彩、长于表达复杂情感的一种诗歌体式。

二、内容分析讲解

(1)学习任务一:"楚辞"体是适合吟唱的一种抒情性很强的诗体。请朗读全诗,说说《湘夫人》写了一个怎样的故事? 这个故事是怎样写的? 诗歌的感情基调是怎样的?

明确:这首诗写的是湘君与湘夫人神恋约会,却因误差而不得见面。它以湘君为抒情主人公,抒发了他对湘夫人的爱慕、思念、幻想的思绪,等待中的焦急不安的心情,以及等待不得的遗憾、惆怅的心情。诗歌的感情基调始终是幽怨、哀婉的。

(2)学习任务二:在这场与佳人期约而不至的见面中,湘君的心情历程是怎样的? 作者是怎样写他的心情的? 他的形象特点又是怎样的?

明确:①他先是"等"。在秋风萧瑟的洞庭湖边等待湘夫人的到来。"目眇眇""骋望",他不断地在向远方眺望,用细节描写表现等待时的急切心情;"袅袅兮秋风,洞庭波兮木叶下",凉爽的秋风徐徐吹来,洞庭湖水波轻轻泛起,岸上的秋叶缓缓落下。秋风、秋水、秋叶,形成了一幅凄清杳茫的秋景图,构成了优美又哀伤的意境,融情于景,渲染了湘君的惆怅失落的心情。"鸟何萃兮蘋中,罾何为兮木上",鸟儿本应在天上飞,现在却聚集在水草上;渔网本该撒向湖里,现在则被挂在树上。这一组反常现象是湘君因思念湘夫人久久不见其人而对眼前的景象产生了一种错乱的现象,看出了他为会合无缘而担心、怅惘的心绪。从第一节的描写中,我们看到了一个爱意真诚、热情浪漫的湘君形象。

②他在沅水边"思"公子。"沅有芷兮澧有兰",白芷、兰草这样优雅的香草伴着沅水、澧水的清波生长着,由景生情,用花喻人,他仿佛看到了湘

夫人的美丽幽芬的容颜,他想着自己和湘夫人的关系,应该像这香草和水波一样永远相伴,这样的关系干净美好,又相得益彰。因为湘夫人太美好,怕自己说话不得当,而小心翼翼"不敢言",只好寄香草和流水表达自己的心志,这是何等深沉的情感。而当他一再等不到恋人的时候,他只好静坐在水边,"观流水兮潺湲",时间啊,如这流水般渐渐地流逝,意味着心上人见面的时间将越来越短暂。水波缓缓地流动,却与湘君的急切心情形成反差,也暗示了他的感情就像这清水般单纯、清洁。

③在水的倒影中,他再次产生错觉,他看到了"麋何食兮庭中,蛟何为兮水裔",看到了麋鹿不是在树林而是在庭中觅食,蛟龙不在深渊而是栖息水边游荡,以不可能存在的假想景象,来自我比况自身的尴尬处境,意味着他对这场相会结果的担心,也暗示了失望的必然结果。然而他没有放弃,他因思念而继续幻觉想象。在恍惚中,他"朝驰余马兮江皋,夕济兮西澨"为了与佳人相会,他马不停蹄,日夜奔跑,只是因为"闻佳人兮召予",他想"将腾驾兮偕逝",与湘夫人一同双双出入,如影随形。这是一个在热恋中不畏艰难、执着追求的痴心男子的形象;这些还不够,他还要为心上人建一座水晶的宫殿,作为自己爱的表达。

④朗读第三节,进一步正音正字,并提问,湘君建造的房子有什么特点? 湘君又为何要建一座这样的房子? 明确:作者铺叙湘君筑室水中以迎娶湘夫人的情景。他在水中建了一座别致的宫室,上面用荷叶覆盖遮掩;用香荪抹墙,用紫贝装饰中庭,厅堂上把香椒粉撒满;用玉桂作梁木兰为橼,辛夷制成门楣,白芷点缀房间;编织好薜荔做个帐子,再把蕙草张挂在屋檐;用白玉镇好座席,摆开石兰让芳香四散;白芷修葺的荷叶屋顶,有杜蘅草缠绕四边;汇集百草摆满整个庭院,让门廊之间香气弥漫;九嶷山的众神一起相迎,神灵的到来就像云朵满天。这一部分的铺陈中,写筑室建房、美饰洞房,再写彩饰门廊、迎接宾客、极尽排场,百般美化,建在水中央的庭堂都用奇花异草、香木构筑修饰,色彩缤纷、香味浓烈。因为他的湘夫人是美丽、高贵、超凡脱俗的,所以只有这样美丽的宫殿才适合她住;在唯美的境界中,湘君和湘夫人的形象被衬托得高洁优美,流光溢彩的外部环境烘托着充溢于人物内心的欢乐和幸福,显现出湘君对理想爱情生活的执着追求。这座房屋,不是用黄金白银等贵重物品打造,而是用香草白玉为饰,也充分体现出他们爱情的纯真高雅,不庸俗,是以精神追求为目标的,这也是作者心中对理想的爱情关系的反映。

⑤久等而不来的约会是令人失望的。湘君"捐余袂兮江中,遗余褋兮

澧浦"，自己的衣袖和汗衫都丢进水里，来表现自己在失望之中不可抑制的焦虑、惆怅；然而"遗"，又有"赠予"之意，因为这些物件是他贴身所用，寄流水送给思慕的情人，表现了他爱得专一。这一细节，让人联想到《红楼梦》中，宝玉送黛玉旧帕子的情节，当时晴雯还十分不解，可黛玉看见后，神魂驰荡，感动题诗。在中华传统的文学中，爱情的表达既是热烈的，也是别致的。内心的思念无法抑制，挚爱是如此根深蒂固。所以，他又"搴汀洲兮杜若"，采来了小洲上的香草，要继续送给远方的佳人。虽然这次幽会被耽误了，但是，他安慰自己，不是所有的美好都是轻而易举获得的，暂且慢慢平复内心的惆怅，期待下一次的相聚。这是一个执着忠贞的主人公形象。

木心先生在《文学回忆录》中说："（《九歌》）全篇是一种心情的起伏，一种飞翔的感觉。用的手法，其实是古典意识流，时空交错。"湘君在这场约会中，经历了等—思—遗 3 个过程，充分体现了他的热情大胆、执着追求、不畏艰难、高洁真诚的形象特点。

（3）任务三：有人说，屈原在《湘夫人》中所表现的湘君和湘夫人欢会难期、思而不见的爱情悲剧，实际上是他自己不为楚王所知的身世悲剧的反映，你同意这一看法吗？用"以意逆志，知人论世"的欣赏方法，说说你的看法。

明确：湘君在恋爱的过程中，执着痴情、热烈真诚，都和现实中的屈原有极大的相合之处。他忧国忧民，有崇高的理想，为实现楚国的统一大业，他对内辅佐怀王变法图强，对外坚决主张联齐抗秦，使楚国一度出现了一个国富民强、威震诸侯的局面。对于国家，对于楚怀王，他如湘君般的忠诚尽心；当他在内政外交上与楚国腐朽的贵族集团发生尖锐的矛盾，以及上官大夫等人的嫉妒，被楚怀王疏远乃至放逐之时，他依旧没有放弃理想坚持不懈，如同湘君在与湘夫人欢会而不得时，他不怀疑、不放弃，执着追求，永不放弃。《湘夫人》写于屈原在被放逐以后这首祭神的歌曲中，处处有《离骚》的影子，有屈原自身对政治理想的寄托。湘君和湘夫人的关系，就如同他和楚王的关系，流放中的他就像痴情的湘君一样，等待再次被重用的机会，从而实现自己美政的理想。

所以，在欣赏古代诗歌作品的时候，我们要深入探究作者的生平和为人，把握作者的心灵历程和精神世界，透过一花一草一世界的描绘，深知作者亦喜亦悲亦人生的感慨。诗歌是诗人真实性情的流露，也是他生命意志的寄托。屈原的《离骚》《湘夫人》，固然是他才情的表达，更是他用生命写就的。因而我们读起来，会被他的真情感动，会仰慕他的品格，进而在读诗中净化我们自己的精神世界。

三、课外延伸拓展

屈原的诗歌直接开创了中国诗歌"香草美人"的寄托手法。司马迁曾赞屈原说:"其志洁,故其称物芳。"以"香草"来装饰自身,美化外表,寓意着对内在美好品德的追求;"美人",指自己,也常指代明君贤臣。诗人对香草美人的追求,不仅表现了对人类美好生活的向往,同时也表现了他的审美追求。屈原的人格美并非抽象的,而是具体渗透在诗人的生活与创作的各个方面。通过对香草美人的追求,诗人的人格立体化了,而香草美人意象构成了一个复杂而巧妙的象征比喻系统,使得诗歌蕴藉而且生动。香草美人意象,是屈原留给中国古代诗歌的优秀传统。屈原以后,用香草美人来表达自己理想,成了中国古代诗歌突出的抒情手法。

课堂活动:回忆你所学过的用香草美人意象抒情的文学作品,体会作者在这些香草美人中所寄寓的情感思想。

(略)

四、课堂总结

屈原是战国时期伟大的诗人,又是一位高尚的充满着理想主义精神的伟人。我们学习《湘夫人》,不仅仅是学习优美浪漫的骚体诗,还要学习在充满深情的文字背后,诗人所蕴藉的对于理想的执着追求,对于洁净精神的坚守。"修辞立其诚",一首好诗或者一篇美文,一定是至性深情的流露,诗人将他的最真诚的情感流入血液,铸成筋骨,付诸笔端,这样的文字就是作者用生命写就的。所以,屈原和他的骚体诗里,有热情正直、美好洁净的生命,而这样的生命,又是我们民族文化传统中最宝贵的财富,它如同天上的星星,闪烁在黑暗辽远的空中,时时给我们警醒,照亮前行的路。让我们珍爱屈原,珍爱用文字创造的香草美人的世界,更珍爱他伟大高尚的人格和精神!

五、布置作业

(1)课外阅读《湘君》及《九歌》中的其他篇章,进一步体会这些篇章中作者所寄托的美好情感。

(2)阅读唐朝诗人陈子昂《感遇》一诗,说说诗人是怎样描写兰若的,借兰若这种花草寄托了怎样的感情?阅读南北朝诗人陆凯的《赠范晔》,说说诗人借梅花要表达怎样的情义?由此总结,在中国古代诗歌中,香草的意象有怎样的表意效果。

附：

感　遇
［唐］　陈子昂

兰若生春夏，芊蔚何青青。

幽独空林色，朱蕤冒紫茎。

迟迟白日晚，袅袅秋风生。

岁华尽摇落，芳意竟何成！

赠范晔
［南北朝］　陆凯

折花逢驿使，寄与陇头人。

江南无所有，聊赠一枝春。

（3）陶渊明的故乡江西宜丰县准备修复并布置陶渊明故居，你认为该如何设计布置，使得环境能够体现人物的性格和精神特质？请从陶渊明诗文中找到依据，有条理地阐明你的理由。

（4）熟读《离骚》《湘夫人》《垓下歌》《大风歌》等楚辞体诗歌，感受楚辞体在叙事抒情上一唱三叹、错落有致的形式之美。

案例四

《在桥边》教学思考及教学设计

生命的尊严,岂可被数字羁绊

——《在桥边》教学思考

德国小说家海因里希·伯尔的《在桥边》,选自人教版普通高中课程标准实验教科书《语文》选修课本的《外国小说欣赏》中。本单元的学习任务是关于情节的生发、摇摆及出乎意料又在情理之中的情节运行模式。

这篇小说在情节安排上与以往所学的小说不同:没有完整的故事情节,没有激烈的矛盾冲突,小说的主人公工作轻松却玩世不恭、不负责任,又让人无法厌恶,对他的特征读者无法迅速做简单的判断。更重要的是,学生读完这篇文章后,普遍会疑惑地问:世上真的有数人头这样的工作吗?这篇小说到底要反映什么? 也有些学生隐约觉得这篇小说跟自己的生活状态息息相关,家庭里、学校中,哪天没有人跟你谈论跟成绩有关的那些数字呢? 成绩牵动着家长和老师的喜怒哀乐,像不像小说中那些"他们"天天在等待着"我"数字的捷报? 问完这些问题后,大家又不约而同地想道:数字后面的人的建设呢? 他们(或许可以说是"我们")渴望什么样的生活,他们的心灵世界有人关注吗?

小说中的"我"姓甚名谁不重要,以前的经历,在一句"他们替我缝补了腿"中,"缝补"一词就已将曾经遭遇过的苦难以及人们对待他的态度交代清楚了。政府和人们把"我"当作物品一样修修补补,而不是精心的治疗,"我"被主流社会漠视了生命的尊严,是一个随随便便处理的、可有可无的生物,被边缘化的小人物。他们给"我"工作,这个工作可以坐着,只要数在桥上走过的人头，每天只管向他们上报数字。这听上去十分轻松，充满了对"我"的同情。可是，"我"被当作了"不出声的机器"，"我"没有在工作中感受到自己的价值，作为人的意义，这样的工作，仅仅维持着"我"的生存，并不能给"我"幸福感。我们可以想象，在身体受伤后，这样的工作使主人公在心灵上又受到了二次伤害。他厌倦这份没有成就感的工作，他偷偷地以乱报数字的方式来恶作剧，随着自己心情的好坏，或多或少地报上不实的数字，作为一种不被认真对待的报复。所以，"我"虽然身处社会底层，卑微如同草芥，丧失了部分正常的劳动能力，但也有自己的要求，渴望被当作一个人来对待，被尊重，被需要，需要重建更加完整的精神世界。这关系到"我"作为人，而不是"身体有残疾的人"的生命的质量，幸福的意义。而这一点，在追求物质、以数字增长作为优劣评判标准的现代社会里，是不被看重的。"数人头"的工作或许在现实生活中并没有实际存在过，但是，空洞的、无意义的、刻板教条的数字化取向，不是在现实生活中常见吗？

　　这篇小说学习的重点是情节的摇摆，围绕着数过桥人数，主人公纠结的是"我"的心情的摇摆。"我"不愿意把心爱的姑娘算在走过新桥的人数里，因为她对于"我"而言，意味着希望、美好和幸福，她不属于空洞的、无意义的数字。"我"明知道这是一份无望的爱情，并不想让她知道自己在爱她，但"我"还是坚持不把她计算在那些数字之内，即使是在被警告由于漏数过桥人数而有可能丢掉饭碗后，面对主任统计员的检查，"我"还是坚持不把小姑娘算在统计数目里。"我一辈子也不会把这样漂亮的女孩子转换到未来完成式中去；我这个心爱的小姑娘不应该被乘、被除、变成空洞的百分比"，这是一份对自己精神世界的守护，对美好情感的珍惜，对自己的愿望不能得到满足的无声又倔强的反抗。虽然，这种爱的表达，对于尘世而言，是多么不值得一提。摇摆中，我们看到了物质生存与精神追求的矛盾，以及在这样的矛盾冲突中，一个小人物对心灵世界的坚守与维护，由于有了这样的坚守与维护，我们对他充满敬意。

　　作为德国"废墟文学"的代表作家，伯尔一方面描述战争灾难给人们留下的一片瓦砾，揭示战争给人民带来的心灵创伤，另一方面又看到了战后重建过程中，只注重物质建设而忽视心灵愈合的社会问题。作家王蒙在谈到伯尔小说的思想性时说："幸福并不完全是从生产力、从 GDP——不仅仅从这方面得到，我们还要考虑到人民本身对幸福的感觉。""感觉"二字有深意，它是一种特别的、个体的感受，每个人对幸福的感觉都可以不同，正因为如此，它不可以被别人的幸福感觉所定义、所取代。《在桥边》用反讽、对比的手法,告诉世人:战争过后,毁灭的家园可以重建,滞后的经济可以振兴,可是,人的精神家园更需要被建设、被守护、被关爱。

诺贝尔文学奖对伯尔的创作做了这样的评价:"凭借他对时代广阔的视野和敏锐的典型化技巧描写德国人的生活,对复兴德国文学做出了贡献。""广阔的视野和敏锐的典型化技巧"使得他的作品具有了超越国界的价值和意义。在《在桥边》中,我们感受到的不仅是战后德国的重建问题,更感受到当今全世界所共同面对的问题。面对科技日益发展,经济迅速增长,人心却日益荒芜,人的价值和尊严,被 GDP、CPI 以及工资单、成绩单上的数字所决定,在各种空洞的数字追求中,我们越来越迷失了自我,渐渐忘记了为什么出发,什么才是我们真正想要追求的幸福。当追求物质的洪流漫过人心,各种千奇百怪的社会现象如同天方夜谭般地呈现在我们面前时,我们发现,自己也被裹挟着前进,深陷其中,无法自拔,乃至失去了自我。所以,我们需要像《在桥边》里的"我"一样,坚守自己的底线,不被外力所左右,即便是渺小如尘土,卑微如草芥,也要努力向上生长,寻求精神的栖息地。

生命,需要直立的精神,不能被物质生活所羁绊。德国战后的废墟需要重建,当代人心灵的荒地,应该如何开垦,重新撒上希望的种子,结出丰盈而饱满的果实? 这是《在桥边》的学习中给我们留下的思考。

《在桥边》教学设计

教学目标

(1)理清课文情节,分析人物心理,领会作品写作意图。

(2)了解小说情节基本模式,理解情节的摇摆、细节描写、反讽等手法的运用对于表现主题的作用。

(3)领会作品的主旨,理解对人的尊重和关爱应该体现在精神层面上,学会关注人的精神世界。

教学重点

(1)梳理情节,体会小说情节的摇摆对于塑造人物形象、体现作者创作意图的作用。

（2）"数数""漏数"等动作细节对于人物和主题的意义。

教学难点

情节的摇摆、细节的赏析、反讽语言的理解。

课时安排

1课时。

教学设想

（1）这篇小说的主人公是一个经历过战争创伤,并丧失了一般劳动力的小人物。在以往的教学中,学生能隐约感觉出文章的主题,但是不能理解作者对于"数数""漏数"这样的动作细节的指向意义,这是由学生对小说的写作背景和作者创作思想的陌生感带来的理解上的问题。为了能更好理解本文的主旨,课前预习布置学生阅读伯尔的另一篇短篇小说《流浪人,你若到斯巴……》,理解作者在作品中体现的厌战情绪;也可以通过这篇小说,感受伯尔小说的擅长运用内心独白、回忆、联想等散文化的特点。以这篇小说的阅读连接到《在桥边》这篇课文的学习,对主题的把握以及作家创作风格的了解会更加清晰、明确,这也是养成良好阅读习惯的重要途径和方法。

（2）对文中情节的具体赏析,可分小组进行讨论,在交流分享中,感受小说语言的反讽的特点。

教学过程

一、导　入

（1）昨天老师介绍大家阅读了伯尔的短篇小说《流浪人,你若到斯巴……》,小说中写了二战中,一位还没有长大就被赶到战场上充当炮灰的德国青年,在战争中被夺去了肢体的悲惨遭遇,写出了战争对人性的毁灭。那么,这些在战争中身心都遭到摧残的年轻人,在战后重建又受到了怎样的待遇呢? 战后他们的生存状态又是怎样的呢? 面对他们战后的境遇,作家是如何思考的呢? 今天我们要学习的《在桥边》可以说是《流浪人,你若到斯巴……》的续篇,让我们走进作家伯尔以及他的小说《在桥边》。

（2）作者简介:

伯尔,德国小说家。出生于科隆一个雕刻匠家庭,中学毕业后曾在书店当学徒。1939年在科隆大学学习,二战爆发,征兵入伍,军旅生活长达6年,随军到达过法国、波兰、罗马尼亚等国家。二战结束后,曾在战俘集中营待了6个月。6年的战争生涯,使得他的创作初期主要取材于"二战",作品中充满灰暗、郁闷的基调,反映战争给人们带来的灾难。战后,他继续在科隆大学研究语言与文学,并且还做过木匠和人口统计员。这样的经历,让他能够熟悉下层劳动人民的生活,他的作品着力描写的是小商贩、手工业者、小职员、民间艺人等小人物的命运,写他们与命运抗争的痛苦,也深透着欢乐的精神。他的小说体现了正气和德意志的精神,是 20 世纪 50 年代起德国文学的领军人物,被誉为当代德国的歌德、"德国的良心"。其主要作品有中篇小说《正点到达》、长篇小说《亚当,你到过哪里?》和短篇小说集《流浪人,你若到斯巴……》,1971 年发表的《女士及众生相》是其创作的巅峰之作,1972 年他被授予诺贝尔文学奖。

二、分析课文,赏析探究

(一)整体感知,概括情节

(1)请同学们用 5 分钟时间自由阅读这篇小说,用一句话概括小说的主要情节。

明确:我在桥边数人数,每次都故意漏数一个姑娘。

(2)在以往的小说学习中,我们了解到,小说在创作上有其情节运行的基本模式:开端—发展—高潮—结局,将与故事相关的、有因果关系的事件展现出来。本文的情节围绕"数人数"展开,作者是怎样安排情节的呢?请大家根据小说情节运行模式,概括小说情节。

明确:开端——乱数人数。

　　　发展——忘数人数。

　　　高潮——故意漏数。

　　　结局——改数马车。

3. 在情节的分析中,我们发现,情节上"数人数""漏数人数"的表现,跟"我"的心情有很大的关系,在这"数"和"漏数"的情节摇摆中,有怎样的心理变化呢?

明确:开端处的乱数人数,是因为工作的空洞无聊,"我"对此不满意,又无能为力,只好以此来表示自己的反抗;发展处忘数姑娘,是因为"我"暗恋上过桥的姑娘,她的出现让"我"的心停止了跳动,忘记了数人数;高潮处是为了应付突击检查,"我"为了饭碗不得不认真数人数,但我坚持漏数心爱的姑娘;结局处,"我"因为数人数错误率低,而被奖励改数马车,"我"为此兴奋不已,因为可以有时间长久地看一番自己心爱的姑娘。

所以,"数人数"是一件很小的事情,表面上看,矛盾冲突并不激烈,但是,有了"我"的心理活动变化,可以看出这件小事关乎对职业和爱情、生存和生活的意义的看法,因而"数人数"的情节和情节背后的情感表达是很值得仔细分析的。

（二）赏析细节，深入探究

小说是在情节推进中表现人物不同侧面的。请同学们分为 4 组讨论，分别从情节的 4 个阶段中，分析主人公的心理变化过程，说说他有怎样的特点。

1. 乱数人数部分

（1）文章开端部分，作者交代了哪些内容？

明确：交代了故事发生的时代背景、主人公的身份和生存的处境。

①"他们替我缝补了腿""新桥"等词暗示了发生的时间有可能是在战后重建的年代。

②故事的主人公在战场上受过伤，也许丧失了基本劳动能力而被安排"坐着""数桥上走过的人"，是一个在生活中几乎可以忘记姓名的小人物。在"他们替我缝补了腿"一句中，作者把"治愈"说成"缝补"，说明了战后政府和人们把"我"这样在战争中受伤害的人当作物品一样对待和治疗，未给予"我"人的价值和尊严的帮助，这也交代了"我"是一个生活在社会底层、被社会所漠视的小人物。

（2）这是一份怎样的工作？"我"是怎样对待这份看起来还算轻松的工作的？

明确：①"整天，整天，我的不出声音的嘴像一台计时器那样动着，一个数字接着一个数字积起来，为了在晚上好送给他们一个数字的捷报"，"我"的工作就如同一台计时器，单调、乏味、无聊、空洞，"我"对此充满了厌倦感。"捷报"一词充满了讽刺意味，过桥的人数是新桥存在的意义，也是政府战后重建应该尽到的责任，却成了胜利的消息；对于空洞的数字，"他们脸上放出光彩，数字愈大，他们愈容光焕发""他们有理由心满意足地上床睡觉去了"，"我"对只注重数字的增加、物质的改善而没有关注到人精神上的重建的政府充满了讽刺和揶揄。

②"我"对这个工作不满意，但是为了生存，"我"又不得不数下去，为了发泄自己的无聊，"我"乱数人数，"我以此暗自高兴，有时候故意少数一个人；当我发起怜悯来，就送他们几个"，工作在我的眼里成了消遣自己心情的方式。"当我恼火时，当我没有烟抽时，我只给一个平均数；当我心情舒畅、精神愉快时，我就用五位数字表示我的慷慨"，主人公玩世不恭，故意制造人数的不准确，借以发泄自己对这种工作方式的不满和反抗。

2. 忘数人数部分

"文似看山不喜平",以上是情节的发生部分。若情节只是让"我"如此无聊地打发时间,换取生活的保障,这是生活,不是小说。情节要有起伏,才能使情节得到推动,主题得以拓展,读者也才有兴趣读下去。那么,作者是怎样推动情节的?

明确:过桥的姑娘,改变了"我"的生活,给我的生活带来了活力。

(1)当"我"心爱的姑娘上桥时,"我的心简直就停止了跳动""我那不知疲倦的心跳简直就停止了突突的声音""所有在这个时间走过的人,我一个也没数""我的心又停止了跳动""这很清楚,我爱她""我在爱她。这很清楚的,我在爱她"。姑娘出现的时候,"我"不断强调"心停止了跳动""我爱她",反复手法的运用,强调了她的出现对"我"的重要性,她使"我"变得深情而激动,生活充满了亮色,与前文的空洞、乏味的生活形成了鲜明的对比,表现了"我"爱得认真而热烈。

(2)"这两分钟是属于我的,完全属于我一个人的,我不让他们侵占去""所有一切有幸在这几分钟内在我蒙眬的眼睛前面一列列走过的人,都不会进入统计中去而永垂不朽了,他们全是些男男女女的幽灵,不存在的东西",不断强调姑娘出现时,"她用何等可怕的方式把一切计算都推翻了",一切数字"都不会统计进去",这说明,这两分钟极富于生活气息。"我"不把它们算入统计数字,是因为这两分钟的情感体验才时真正撞击"我"的心灵深处最私密的部分,"我"只有不把它们算进冷冰冰的数字,才能体现出"我"也有对自己感情的认同与维护,这样"我"作为完整人的价值和追求才能得以确立。

3. 故意漏数部分

姑娘的出现,"我"的暗恋,使得主人公原先毫无意义的生活状态变得轻松欢快,这是全文情节的第一次摇摆。可是,主人公这点两分钟的幸福也并不能存在太久,因为这时候情节出现了第二次摇摆。请同学们阅读"故意漏数"部分,说说作者是怎样设计摇摆的,主人公又是怎样处理的?

明确:(1)作者安排了"他们"对我的检查。主任统计员"亲自站在人行道的那一边数"了,"我"的内心开始变得紧张起来,"发疯似地数着""一台自动记录公里行程的机器也不可能比我数得更好"。为了生计,主人公不得不认真对待数人数的工作。

(2)"我的心都碎了""我不能再目送她过去",在饭碗面前,"我"必须压抑住对姑娘的感情。然而,在内心深处,"我"依然拒绝把心爱的姑娘算进空洞乏味、没有生命力的数字之中，"我一辈子也不会把这样漂亮的女孩子转换到未来完成式中去；我这个心爱的小姑娘不应该被乘、被除、变成空洞的百分比"，所以，尽管"我"数的数字很准确，但都比主任统计员少算了一个，因为我故意漏数了心爱的姑娘。

（3）表面上看，"我"为了生计，压抑住了自己对姑娘的感情，不得不对空洞无意义的职业妥协；而在内心深处，真挚的爱情还是压倒了乏味无聊的职业。虽然"故意漏数"这样的反抗显得微弱、不起眼，但代表了"我"对自己喜爱的姑娘的坚守。

（4）对姑娘的爱情，与其说是爱情，不如说是"我"的一种精神寄托，是他在这样的社会氛围、这样的个人境遇中，依然坚持对美好希望、美好事物的坚守。

4. 改数马车部分

生计和爱情似乎发生了不可调和的矛盾，似乎要滑向悲剧的结局了。可是，情节再一次出现了摇摆。请同学们阅读改数马车部分，感受第三次摇摆。"我"为什么说这是"交了鸿运"呢？

明确：（1）"我"居然被主任统计员认为是"好人""很可靠"，幸运地逃过了检查，将被调去数马车，这样，就有了进一步与姑娘接触的机会。这个结果出人意料，又在情理之中。其实，"我"并不是一个像主任统计员说的那样"可靠的人"，因为"我"曾故意乱数人数来愚弄那些官员，也故意漏数我心爱的姑娘为了在心里留存一份美好情感。这样的颠倒错位的结果，突出了重视数字的可笑，更体现了社会的荒谬，那些官员的愚蠢，讽刺意味更加凸显。

（2）在结尾处，主人公用散文化的语调畅想了他未来数马车的幸福生活："可以散步到冷饮店去走走，可以长久地看她一番，说不定她回家的时候还可以送她一段路呢"，以他对爱的憧憬，虚实相生，给文章带来了一抹轻松的亮色。然而，在现实生活中，"我"是一个受过腿伤的，也许连走路都困难的残疾人，根本不可能走那么多的路，而且，即使是可以走那么长的路，"我"也很难得到她的爱，因为他"不愿意让她知道""她不该知道"他爱她，所以这还是一份在空想中的爱情。

5. 小结

本篇小说的情节并不复杂，然而，主人公心情的起起落落带来了情节的一次次摇摆，在摇摆中，我们感受了一位饱受战争创伤的、无力掌握自己命运的小人物的微不足道的悲欢，让人产生了深深的同情和思考。摇摆，也使得小说的情节简单而丰厚,摇曳而生姿。

(三)全面理解,探讨主题

(1)伯尔想通过这个故事告诉我们什么?

明确:①表面上,是在表现爱情对于一个无力掌握自己命运的小人物具有的强大的精神力量,深层的更在于表达对德国战后,饱受战争创伤的小人物的精神状态的关注。"姑娘"在本文中,是一个象征,是对美好事物的渴望与追求,是主人公的精神寄托,但从来没有人关心过,"我"也没有跟人提起,压根都没有想实现过,只能坚持守望。

②在战后重建的过程中,官员们只关心数字而忽略人的精神存在,他们只知道盲目陶醉于"我"呈报的虚假的数字中,表现了社会官僚主义作风之严重。在这样荒谬的社会背景下,人的精神世界被忽视,人的生存价值被漠视,"我"作为社会底层的小人物的处境没有得到真正意义上的改变,更没有得到精神上的关怀与尊重。这反映了德国在战后重建中,偏重物质而缺乏精神关怀的社会现实。

③即使是在没有人关心自己的精神世界,生存价值没有予以尊重的社会中,人也不能自甘沉沦,要坚守理想,心存美好,自我拯救,这是人类既渺小又伟大的值得称颂的美德。

(2)小说的价值:伯尔不愧是诺贝尔奖获得者,如颁奖词所言:"凭借他对时代广阔的视野和敏锐的典型化技巧描写德国人的生活,对复兴德国文学做出了贡献。"他的小说,一方面表现了战争对人精神上的摧残,如《流浪人,你若到斯巴……》,另一方面他以极大的热情关注到战后人们精神的状态,反映在精神家园的重建中,普通人尤其是生活在社会底层的人们精神的苦闷和压抑,批评主流社会的虚伪、冷漠、不公正,以对权力的不妥协精神和与之相辅相成的博大人文关怀,树立起德国战后的文学新形象。

三、联系现实,拓展延伸

小说揭示了一种偏重物质而缺乏精神关怀的社会现实,这样的社会现实,不仅存在于战后德国的重建中,也在现实社会中不断上演着。请结合实际,说说生活中的这样的现象,并做简单评析。

示例:

(1)在经济高速发展的今天,我们对于社会繁荣的评价标准建立在GDP、CPI等数字的增长上,我们为了发展而付出了沉重的代价:恶化的环境、荒废的田地、空巢老人,甚至为了数字的增长,我们学会了尔虞我诈,偷工减料,以次充好。数字的增长,使我们享受到暂时的物质上的快乐,却沦陷了精神家园。

（2）校园里，以成绩单上的数字来给学生排名次，评价学生的优劣。曾经成绩单上的数字，可以代表一个学生在学校中的一切。只要成绩好，就可以享受教师的青睐，家长的宠溺，同伴的羡慕，换得升学就业的光明前途。象牙塔里，"精致的利己主义"生存哲学大行其道，人们似乎忘记了要使自己变得更美好的教育宗旨。

（3）节日里，本该是亲朋好友共度时光、共叙亲情和友情的好时候。但是，压岁钱代替了春节，月饼代替了中秋，粽子代替了端午，除了物质和金钱上的表达，我们似乎想不出更好的方式来欢度节日，陪伴亲友，表达情意。

（4）数字科技为 21 世纪的人们带来了各种冲击，数字化浪潮不可避免，数字化鸿沟带来大批以老年人为代表的"数字弃民"。新冠疫情隔离初期，由于不会网络下单，许多老年人日常的生活物质都无法及时获取；出门看病、乘坐公交时因无法出示健康码而受阻。无处不在的人脸识别技术，在方便管理的同时，又不断泄露人们的隐私，甚至增添了诸多不便，如为了办社保卡激活，94 岁的老人被抱起做人脸识别。社会需要技术来推动进步，但不能以放弃人文关怀为代价。

总之，真正的幸福绝不仅仅只是物质上的满足，在物质极其丰富、经济急速繁荣的今天，我们更要关注精神家园的建设，在给予人物质帮助的时候，更要走进人的心灵，失意时说一句鼓励的话，伤心时给一个无声的拥抱，怯弱时递一个鼓励的眼神……这样的关爱，才是温暖善意的，才能给人带来真正的幸福！

四、布置作业

（1）朗读课文，注意读出"我"的心理变化过程。上传朗读音频到群文件中，交流分享。

（2）课外阅读小说《小丑之见》《卖笑人》《亚当，你到过哪里？》《女士及众生相》（《以一个妇女为中心的群像》）等，感受作家对人心灵和精神世界的探索，以及其作品穿越时代和国界的人道主义价值和意义。

（3）以"太阳高悬，却下起了大雨。阿三正在打猎，一只兔子从他面前跑过……"为开头，写一个 800 字的情节紧张动人的故事。

第三篇

课堂教学的探索

策略与方法：寻求课堂教学的突破口

费时费劲又得不到效益，似乎是评价语文教学的专用词。高中的语文课堂教学，更是语文教师的尴尬所在。众所周知，传统的语文课堂教学往往以单篇教学为主，被选入高中课本的又是涵盖较多知识点和能力训练点的经典篇章。为此，语文教师精耕细作，详尽讲解，力求在课堂有限的教学时间里，让学生获得更多的知识。然而，老师的知识并不等于学生的知识，学生如若对所教授的知识和内容不感兴趣，也就没有动力听课；知识若不能化为能力，那么也终究被遗忘；若知识与能力只是用以考取分数而没有使学生获得美的熏陶、生命的滋养，那么这样的教学教是教了，却也没有做到尽善尽美。

在许多人看来，高中语文课是可有可无的。理由有：①除了文言文和古代诗歌，几乎所有的课文不存在文字的障碍，能读懂还需要课堂讲解吗？即便是古代诗文，也可以借助网络、参考资料等做到"零障碍"阅读，完全可以自学。②课文学得再仔细，研究得再深入，高考也不是"这一篇"的考查，课堂所学习的经验在考场上很难有发挥的价值。③从个人喜好出发，不是所有的文章都能满足学生的兴趣和要求，与其下功夫研磨不喜欢的课文，不如随便干点别的事情，哪怕是写点语文练习提高卷面成绩呢？

有人把课堂比作教师施展才华的舞台。如今，教师呕心沥血，翻阅大量资料充实课堂，"舞者"滔滔不绝卖力表演，台下观众昏昏欲睡，不尽人意。这样的课堂教学现状亟待一线语文教师拿出策略和方法改善教学行为，提升课堂教学的效果。笔者以为，要从提取教材要义、发挥学生特点、开展有效教学活动上改善教学行为。

从某种意义上说，教师是教材与学生之间的桥梁，这座桥梁帮助学生"渡过"学习上的困难，到达知识和能力的彼岸。从教材看，编者既然选择了这些篇目，就不是以学生的喜好为出发点，也不仅是以读懂作为教学目标。课文的编排和单元的设置都带有知识与能力的学习任务，若没有从编者的意图出发设计教学，让学生真正有所获得，教学的效果就要打折扣。从学生看，个体的认知和喜好有差异，但根据教学班实际情况，选择恰当的教学内容，开展合适的教学活动，让课堂教学动起来，是语文老师在备课文的同时还需多费功夫设计的。

《普通高中语文课程标准(2017年版2020年修订)》对于语文课程的设计表述是："从祖国语文的特点和高中生学习语文的规律出发，以语文核心素养为纲，以学生的语文实践为主线，设计语文学习任务群。语文学习任务群以任务为导向，以学习项目为载体，整合学习情境、学习内容、学习方法和学习资源，引导学生在运用语言的过程中提升语文素养。"在新形势下，在高中的语文课堂教学中，教学的行为应在新课程标准的指导下，做出切实的改进。

一是提取教材要点，整合知识内容，提升语文学习的效率。不可否认，单篇教学的特点是深耕细作，经典作品一读再读，都会有慧心的发现。然而，高中生需要学习的科目很多，就语文而言，经典的作品浩如烟海，对每一篇文章都精读深读是不现实的。在教学中，研究单元学习目标，在教学目标的规划下，找到教学的重点，通过整合归类学习内容和学习资源，让学生在多文本的比较品读中，领会关键的知识点，从而提升语文核心素养。在教学资源的整合中，教师的个体素养和专业能力也将被释放出来。依照个人的特点，可以从作家作品、文体特点、语言建构、行文组织、情境运用等方面多角度、多维度进行教学资源组合，在课堂上显现出教师自我的专业素养和教育理念，从而促进教师主动提高教研水平和教学能力的积极性。

二是面向全体学生，尊重学生主体地位，将课堂学习的主动权交给学生。语文课堂教学的最大弊端是"讲风太甚"，教师生怕遗漏了知识点和考点，上课内容只做加法不做减法，知识学习重复率高，没有新鲜感；对学生的能力没有把握，舍不得在课堂上抽出时间让他们提问并找到解决问题的途径；统考成绩的评比压力大，以考试出成绩作为教学目标，迷信考纲，忽略对学生的层次、能力的分析和总体的规划。由于在教和学上产生了不平衡态势，学生的主动性得不到应有的重视，语文课堂的效率很难得到提升。语文课堂教学要"除弊"，就要改变观念，将课堂的主动权还一部分给学生。教师在备课时，既要"备教材"，更要"备学生"，在上课前，对学生的知识储备和个性特点要有较清楚的认识，在此基础上结合教材的要求确立教学重难点和教学内容。为确保教学开展的有效性和有序性，教师还要在课前预习上多下功夫,鼓励学生提出问题,选择合适的方式帮助他们解决问题。为了使后来的语文教学更恰切,教师还要在课堂课后做一些调查,了解学生的掌握情况,将此作为今后教学的重要参考。尊重学生主体地位的教学,从"教学生知识"到"教学生怎么学",目的是将课堂教学效果尽可能扩大化,让学生在课堂上学到真正有用的、提升自己能力的知识。

三是开展合适必要的课堂实践活动,关注学生的兴趣和知识结构,激发学生参与课堂活动的热情。语文课程的综合性、实践性特点,决定了语文学习离不开实践活动。语文课堂教学活动不能停留在教师教、学生听上,要根据学生的特点,开展合适的课堂活动来增强学生对课文内容的理解和认识。对语文课来说,听说读写的训练不可缺少,这些训练有机组合,穿插训练,既能活跃课堂氛围,也能将知识有机转换。例如,我们常说的读写训练,对文本理解的程度可以通过读的效果来检验,也可以通过评点来提高审美品质,还可以通过写评论、模仿语段、微型写作等来实现能力的提升。另外,高中生的学习行为开始走向综合化,在学习中,合作化学习、多媒体交互运用、多学科交叉整合、读写结合等学习方式都可以在语文课堂教学中得到尝试和实现,这对学生找到适合自己学习的方式、提高学习的效率大有裨益。

总之,新形势下,课堂教学的模式正在向整合性、多元化、综合性转化,教师教学应有格局意识,大胆挑选组合教学内容;要有开放包容的胸襟,接受学生学习过程中自我的塑造;要有灵活变通的手段,在完成基本教学任务后,使学生学得有趣味、有个性、有意义。

<u>案例一</u>

《故都的秋》教学实录、教学评析及教学感想

《故都的秋》教学实录

执教者：福州四中　　葛莉苓

教学评析：福建教育学院语文课程研究所 教授　　鲍道宏

8：00上课。

（师生互相问好。）

师：今天我们来学习一篇新的课文《故都的秋》。在上课之前，请大家说说"故"的意思。

生：（齐声）旧的，原来的。

师：对，比如，"知是故人来"，"故人"就是老朋友的意思。从"原来的"意思，进一步引申出带有情感色彩的"我的""自己的"的意思。比如，我们叫自己的家园叫"故园""故乡"。那么，在一个"故"字背后都有一种什么样的情感呢？

> **批注1**：教师导入，实际上是引导学生进入作者的情感世界。即引导学生整体上把握文章情感基调，为进一步赏析确立基本方向。由"破题"开始，合理又自然。

生：（齐声）眷恋的，怀念的情感。

师：题目"故都的秋"里，有一个"秋"字。说起"秋"，在我们中国的古诗文里，"秋"出现的频率高吗？

生：（齐声）多。

师：我们回忆下。老师为大家选了3个描写秋的语段，一起读一下，好吗？

（教师展示演示文稿：秋之咏叹）

生:(齐读)悲哉,秋之为气也。萧瑟兮草木摇落而变衰。

师:这是战国时期的宋玉写的,什么诗体啊?

生:(齐声)骚体。

师:写的是秋天到来时草木摇落变衰,天地一片——

生:(齐声)萧瑟。

师:第二处,来,我们继续读。

生:(齐读)凉秋九月,塞外草衰。夜不能寐,侧耳远听。胡笳互动,牧马悲鸣。吟啸成群,边声四起。晨坐听之,不觉泪下。

师:可以看得出来吗,这是写哪里的秋景啊?

生:(齐声)边塞。

师:写这段文字的人叫李陵,大家熟悉吗?

生:(迟疑地说)不熟悉。

师:不熟悉不太应该哦,司马迁就是为他辩护而受了宫刑。这里写的是他投降到匈奴去后,在秋天听到胡笳响起,牧马悲鸣,心里感受到的特别的——

生:(七嘴八舌)凄凉。

师:第三处,继续。

生:(齐读)一声梧叶一声秋,一点芭蕉一点愁,三更归梦三更后。落灯花,棋未收,叹新丰逆旅淹留。枕上十年事,江南二老忧,都到心头。

师:作者在秋天做什么事呢?

生 1:下棋。

师:下棋,不错。还有吗?"落灯花"是——

生:(小声议论,迟疑说)剪去油灯上的——

师:剪去油灯燃烧后的余烬。他是一个什么样的形象?

生:(七嘴八舌)游子。

师:这个游子在秋天到来的时候特别——

生:(齐)想家。

师:所以,秋天,无论是在一个投降者的心里,还是一个在江南逆旅淹留的游子的心里,他们在心里都会涌起一种什么样的情绪呢?

生:(齐)思乡。

师:思乡的——

生:(七嘴八舌)愁。

师:对,愁绪。"愁"字怎么写啊?

师生：（一起）上面一个"秋"，下面一个"心"。

师："秋"下一点"心"，就成了一个"愁"字。可见，秋天经常跟"愁"在一起。今天我们学习的这篇《故都的秋》是怎么写的呢？现在，让我们带着这个问题欣赏这篇课文。

《故都的秋》是一篇写景抒情的散文，写景抒情的散文又应该怎么欣赏呢？老师给大家提炼了鉴赏三步骤。

（展示演示文稿）第一步，我们要跟着作者的文字，进入秋景，这叫"品秋景"；第二步我们要透过秋景体察秋情，这叫"体秋情"；第三步，我们还要感受这些景和情中所蕴含的深意，这叫"悟秋意"。今天我们就按照这"品""体""悟"三步骤，进行鉴赏。

> **批注2**：教师进一步引导学生由标题"故都的秋"的"秋"入手，引入相关诗词，意在帮助学生体会中国文化一直以来的"悲秋"的文化心理传统，还是为赏析课文奠基。但这种传统文化心理中的"悲秋"毕竟与课文"品秋""体秋""悟秋"似又不同，这之间如何过渡，还应再做简单铺垫。

8：05

师：《故都的秋》有一个全文的文眼，是什么呢？

生：（看书，思考，15秒后，陆陆续续说）北国的秋，却特别地来得清，来得静，来得悲凉。

师：这句是全文的文眼，文眼什么意思啊？就是所有的景物（应该是"情感"，起码景物背后的实质性的内涵还是情感。我建议，将"景物"换成"情感"）都是围绕着这句话来写的。

> **批注3**：教师引导学生抓住关键词，也即"文眼"，这显然是帮助学生"身临其境，感受作者心灵的搏动，体会作品所描述的美景，由此而进入一种审美境界"的方法。应该说，是教师教学过程自觉体现课程安排的努力。

（教师板书：清、静、悲凉）

大家注意到了吗，在"清""静""悲凉"前面作者还分别加了修饰语——

生：（齐）特别地。

师：（在"清、静、悲凉"上方板书"特别地"）那么，故都的秋，究竟"特别"在那些地方呢？从什么地方开始，作者进行了写景的描写呢？

生：第二段。

师：第二段作者写什么？

生2：写江南的秋，草木凋得慢，天气来得润，天的颜色显得淡，所以给人的感觉是"混混沌沌"的。而北方的秋天却显得来得清，来得静，来得悲凉。所以这一段，运用了对比的手法来体现北方秋天的特点。

师：这一段还没有具体到哪一个细致的景物，真正的写景要从第三段开始，第三段写什么？

生:(稀稀拉拉说)北国秋天的一个小院子。

师:在秋院干吗?

生:(七嘴八舌)喝茶,静坐。

师:(板书:秋院静坐)接下来写什么?

生:(相对整齐地回答)北国的槐树。

师:是写槐树,还是写槐树的——

生:(齐)落蕊。

师:槐树的落蕊我们就叫它"秋蕊"好吧。(在"秋院静坐"下板书"秋蕊")秋蕊是怎样的?

生:(边在课本上找句子,边说)落下来铺得满地,踩上去什么声音也没有,气味也没有。

师:接下来就没有了吗?

生:留下来的是落寞。

师:"落寞"的前面还有一个什么动作?

生:扫地。

师:我们不能说"秋蕊扫地"。秋蕊是怎么扫的?

生:(有个学生说)细扫。

师:好的,我们就用秋蕊细扫吧。(在"秋蕊"后面板书"细扫")

师:这是第二幅景。第三幅景是什么呢?

生:秋蝉。

师:秋蝉怎样呢?

生3:衰弱的残声,哀鸣。

师:哀鸣,还有吗?

生4:在啼唱。

师:我觉得有个字可以留下来,是哪个字呢?

生:(有几个学生)唱。

师:是唱吗?

生:(更多的学生)嘶叫。

师:是怎么样的嘶叫呢?

生:衰弱的嘶叫。

师:衰弱的嘶叫?那不是叫不出来了?

生:蟋蟀耗子一样。

师:那是说这叫声很寻常,还听见什么? 衰弱的残声,所以是"残叫"。

（在"秋蕊细扫"下板书"秋蝉残叫"）

　　8:10

　　师：还有吗？接下来描写的是——

　　生：秋雨。

　　师：（在"秋蝉残叫"下板书"秋雨"）秋雨里有什么？

　　生：有闲人。

　　师：闲人在干吗？

　　生：咬着烟管，互相问答。

　　师：他们问的是什么？

　　生：天气。

　　师：天的——

　　生：凉。

　　师：这就概括为"话凉"。（在"秋雨"旁板书"话凉"）还有一幅是什么景？

　　生：秋果。

　　师：秋果怎样？

　　生：（迟疑）微——

　　师：（边在"秋雨话凉"下板书"秋果"边说）"微"这个字我觉得找得特别好，"微"形容哪个字？

　　生：微熟。

　　师：（板书"微熟"）微黄，就是微熟。

　　师：好了，在"清""静""悲凉"这个总特点下，作者为我们描绘了这5幅图。（板书，用一个大括号将5幅秋景图括起来，指向"清、静、悲凉"处。）

　　好了，我们跟着作家大致"品"了本文所写的秋景。要真正读好这篇散文，我们还要细细"体察"秋情才行。我们接下来要欣赏这5幅图是如何体现"清""静""悲凉"的。那么，大家最想鉴赏哪一幅图呢？

　　生：（有几个学生说）秋院静坐吧。

　　师：散文是需要读的，老师想请个同学来读一读。在读的时候，其他同学有任务哦，要求大家完成两个任务。第一个任务，用笔划出在"秋院静坐"里，写了哪几样景物；第二个任务，说说这些景物是怎么描写的。（同学推荐，教师请生5朗读）

　　师：读得不错。不过还要读得更流利些，郁达夫的语言我们不是很熟悉，多读几遍就会更加从容了。好了，写了几样东西呢？

8:15

生6：碧绿的天色。

师：有没有同学划出"碧绿的天色"前"很高很高"这个词？

生6：我还找了"一丝一丝漏下来的日光"，还有"像喇叭似的牵牛花的蓝朵"，还有"疏疏落落的尖细且长的秋草"。

师：还有没有同学有补充的？

生7：陶然亭的芦花，钓鱼台的柳影，西山的虫唱，玉泉的夜月，潭柘寺的钟声。

师：这些是在小院里看到的吗？

生：（齐）不是。

师：作者写这些的目的是什么？（停一下）这些景象都很好，但我都可以不要，我只要一个破屋子就可以了。是吗？所以这些不是院子里看到的。那么，我们要补充哪些内容呢？

生7：槐树叶……

师：槐树叶底（特地强调"底"）。

生7：驯鸽的飞声。

师：那么，想一想，这些景物作者是怎么去写它们的？怎么去表现"清""静""悲凉"的？

生7：用感官。

师：感官是一个概括性的词，我们把它说具体一点，是——

生7：视觉和听觉。

师：好。那么，视觉是怎么表现的？

生7：作者写了很高很高的碧绿的天色。还有听得见青天下驯鸽的飞声，这是听觉。

师：你怎么就看出了这是一种"清""静"呢？

生7：（思考10秒）飞鸟有一种闲云野鹤的感觉，只听得见鸟叫。

师：只听得见是鸟叫还是——

生：（小声议论）鸽子的飞声。

师：是哦，不是鸟叫，是飞声呢。什么是飞声啊？

生7：是飞起来翅膀扑打起来扑棱扑棱的声音。

师：是啊，翅膀扑打的声音都可以听得见，可见——

生：（小声地说）周围的环境非常安静。

> **批注4：**教师这个提问很重要，是将学生对课文一般性理解"清""静""悲凉"，引申到具体感知层面，即分析层面。这样，引导学生从感悟式审美，进入分析式理性审美层面。这是高中语文必修课程"阅读与欣赏"能力培养的要求，也即培养学生"对文本做出自己的分析判断，努力从不同的角度和层面进行阐发、评价和质疑"的能力。

生 7：这是一种以动衬静的写法。

师：(示意生 7 坐下)其他的碧绿的天色，朝东细数的一丝一丝的日光，这样的一些景色都是用眼睛看到的，我们可以感觉到周围环境的安静，我们也可以感觉到，在院子里用耳朵听，用眼睛看的这个作者的——

生：(思考，并小声回答)惬意，平静，还有闲情。

8：20

师：所以，这景物的静是作者"心灵的宁静"的体现。下面，我们来看下，在预习中，舒敏和丹琳同学提出的问题，想想该怎么回答她们。

【展示演示文稿：第三段作者在写牵牛花时，为何要在牵牛花底下叫长着几根疏疏落落的尖细且长的秋草，使做陪衬？(李舒敏)作者又为何觉得牵牛花"以白色蓝色者为最佳，紫黑色次之，淡红色最差"？(朱丹琳)】

师：(读演示文稿上的问题)这问题大家有吗？ 能回答吗？

生：(沉默，面有难色)

师：那么，我们回到文本来看。"疏疏落落的尖细且长的秋草"是一种怎样的东西？

生：(思考，小声回答)衰败。

师：对，衰败。在牵牛花底下长着这衰败的秋草，你们感觉怎么样？

生 8：(思考，小声回答)牵牛花的形象好像衬托得更有生命力。

师：在这个片段里，衬托这些牵牛花的仅仅是这些秋草吗？

生 8：还有破壁腰，还有一椽破屋。也就是说，在一椽破屋的破壁腰下生长的牵牛花。(停顿一会儿)这些"破的"、衰败的事物让人产生一种悲凉的心境。

师：很好。这破屋子还会让人想到这个地方曾经——

生 8：繁华过。

师：是啊，尤其是皇城根底，曾经热闹过，甚至辉煌过，但如今——

生：破败了，所以人就会感到悲凉。

师：所以，这破屋子也给人一种历史的沧桑感。

(部分学生在书上做笔记)

师：(示意生 8 坐下)这些疏疏落落的尖细且长的秋草给人一种衰败的感觉和沧桑感。那么，为什么作者会写一笔，"牵牛花以白色蓝色者为最佳，紫黑色次之，淡红色最差"呢？

生 9：因为蓝色、白色是一种冷色调，可以衬托出作者他悲凉的心情。

师：嗯，它是冷色调，冷色调给人心情带来的感觉是——

生：冷，然后会产生静。

师：(示意生9)请坐。是的，有一种清、静的氛围，有安静的感受。非常感谢我们班的昭艺同学，为我们画了一幅破壁腰下的牵牛花。我们一起来欣赏欣赏，好吗？(展示演示文稿上的一幅学生所画的牵牛花图，图上画有露出几块破砖的灰色壁腰，以及几朵粉色、紫色、蓝色、白色的牵牛花。)

生：(看图，鼓掌)哇——

师：这是昭艺画的破壁腰下的牵牛花。她说，这是她觉得牵牛花应该有的样子，(指着画上的画)粉色，紫色，蓝色，白色，背景是破壁腰，那么这样，如果有了红色，就会显得——

生：(小声说)热烈。

师：老师在画上做了一点修改，将画上的粉色、紫色牵牛花截掉，大家看下效果怎么样？(演示文稿展示一张截图，比原画少了紫色和粉色牵牛花。)

生：(边欣赏，边小声议论)画面安静了，变淡雅了。

师：所谓的变冷了，就是变安静了，变得清、静了。(演示文稿并列展示两幅画)这是两幅画的对比图。作者特地用了冷色来更好地体现故都的清静和悲凉。所以，一切的写景，都是为了作者的"情"而——

师生：(共同说)服务的。

8:25

师：好。如果说在"秋院静坐"的作者是用他的眼睛去看，耳朵去听来感觉秋意的，在很安静的感觉中去感受北国的秋天的，那么，秋天的落蕊呢？作者又怎么写的呢？

生：(翻书中，听见翻书的声音)

师：(20秒后)槐花长在哪里？

生：(小声说)树上。

师：本来槐花是可以叫"花"的，但是作者却不叫它"花"，而是叫它——

生：(小声说)蕊。

师：那是因为，槐花太——

生：(小声说)小。

师：那么，越小的花长在越高的树上，就越——

生：(小声说)不起眼。

师：所以作者不写长在树上的槐蕊，是不是很正常？那么，落蕊落下来的时候，他看到了吗？

生：(有的说)看到了。

生：(过一会儿说)没有。

师：没有看到。他什么时候发现的？是早晨起来——

师生：(共同说)铺得满地都是。

师：这时候的落蕊，它给人的感觉是——

生：(学生沉默)

师：它的飘落，它的凋零，是没有人知道的，也没有人怜惜的。作者怜惜了吗？

生：(有人说)没有。

师：嗯？没有吗？

生：(有人迟疑，不确定说)他的脚踩上去——

师：他的脚踩上去以后，怎么感觉的？

师生：(共同说)没有声音，没有气味，只感到了一点点柔软的、细微的触觉。

师：是用了——

生：触觉，去感受的。

师：我们从这个触觉中，能不能感觉到作者的什么心情？看到它们落下来，闻不到它们的芬芳，用脚踩上去，连声音都听不到，这时候，他心里在想什么？

生10：(在座位上说)怜悯。

师：嗯，是不是还有一种珍惜之情呢？但是，就是这样的一种珍惜之情，作者能不能把它留下来呢？

生：(小声说)不能。

师：为什么呢？

生：(在书上找句子，然后小声说)落蕊被扫掉了。

师：所以，最后他留下的是什么感受呀？

生：(比较大声地说)落寞的感受。

师：什么叫落寞呀？

生：(陆陆续续说)冷落，寂寞。

师：很好。(展示演示文稿。文稿上有学生预习思考：第四段为何要写极细腻又清闲、落寞的感受？)说起落寞的感受，预习中程阳同学提出了这么一个问题。其实，这种细腻、落寞的感受，是比前面的秋院静坐的悲凉还要更进一步，更为深沉。

生：（点头，似有所悟）

师：说起落花，老师给大家整理了一些诗句，大家熟悉吗？（展示演示文稿：落花之诗。这些诗句以上下句填空的形式出现）会不会填空？可以商量下。

生：（积极回忆、讨论中）

（30秒以后）

师：可以了吗？哪位同学来说说？

生：（还在商量中）

师：不然我就点我面前的这一排同学，从前往后一个接一个说，可以吗？

生：（纷纷说）不行。

师：（笑）好，那我们用集体的智慧一起说。第一句，"夜静春山空"的上一句是——

生：（较多的学生一起说）人闲桂花落。

师：会呀，干吗这么害羞？来，第二句，"正是江南好风景"的下一句是——

生：（几乎全班回答）落花时节又逢君。

师：那么，第三题"微雨燕双飞"的上一句呢？

生：（两三个回答）落花人独立。

师：看，这就有一个积累习惯的养成了。平时有积累的同学就会脱口而出了，大家羡慕吗？

生：（自发鼓掌）

师：你看，落花的时候人在惜花，看见燕子双双飞过，她在惜谁呢？

生：（有人在座位上说）好像惜的是自己。

师：是，这种自我怜惜的心情大家体会到了吗？我们继续。"花谢花飞花满天"的下一句是——

生：（几乎都答不上了，笑）

师：下一句是什么？《红楼梦》都读了，黛玉的《葬花吟》里有名的一句哦，有没有人会的？

生：林晶会。

师：好，林晶同学，你来说。

生11：好像是"红消香断有谁怜"。

师：哇，太棒了。

生：（热烈鼓掌）

师:这句诗写什么? 黛玉在——

生:(齐声)怜花。

师:她也在——

生:(齐声)怜自己。

师:好,最后一句。这是苏轼写柳絮的名句,"春色三分,二分尘土,一分流水。细看来,不是杨花",下一句是——

生:(沉默,期待答案)

师:好,可见我们还要多多积累经典名句。(演示文稿点出答案)点点是离人泪。

生:(有人小声说)哇,写得真好。

师:可见,落花会引起人们对于美好事物的感受,尤其是,对于美好事物留不住的伤感。落花的欣赏者经常是一个闲人,落花常常和人的由盛转衰的境遇、孤独飘零的伤感结合在一起。所以,今天我们在《故都的秋》里接触到这不起眼的落蕊时,我们也应该联系这么多的落花诗。不过,郁达夫笔下的落蕊似乎比这些落花还有更深沉的地方,你们看得出来吗?

生:(思考中)

师:它连花的痕迹都——

生:(小声说)留不住了。

师:所以,焉能使人不伤悲呢? 明白吗? 这是一种万般的珍惜,又万般的无奈的感情呀。

8:30

师:好。我们看到,"秋院静坐"和"秋蕊细扫"这两幅图都是可以用眼睛看见的故都的形和色,他从有形的"秋院"写到逐渐无形的"秋蕊"。那么,写完这些以后,该写故都的什么呢?

生:声音。

师:是,"悲哉,秋之为气也",他要写"声"了。我发现很多同学在预习作业里,这个问题提得特别多。【展示演示文稿:写都市闲人在"一层秋雨一层凉"的互相问答中将"阵"字特意读成"层"字,作者为什么要单独叙述北方人的口音问题? 想表达的深意是什么?(李恩霖、谢雨)】是啊,为什么要特地写北方人的口音问题呢?

生:(思考)

师:"一阵秋雨一阵凉",本来应该这样说的,但是说成"一层秋雨一层凉",就怎么样了呢? 他说,这北方人把"层"字说成是"阵"字,平平仄仄起来,这"念错的歧韵倒来得正好"。这地方的文字可以提示我们对"念错的歧韵"的理解。什么是"念错的歧韵"呢?"歧"是什么意思?

生:错了。

师:韵错了,怎么理解呢?我们回忆下,韵有几种呢?

师生:(共同回忆,有人说 4 种)两种,平仄两种。

师:那么,"一阵秋雨一阵凉"这里的"阵"字是什么韵?

生:仄声。

师:大家记得吗,仄声韵显得比较——短促,而"一层秋雨一层凉"的"层"是平声韵,平声韵的特点是——

生:(小声地)悠长的。

师:对,悠长,缓慢。作者看来,"一层秋雨一层凉"要比"一阵秋雨一阵凉"认为要——

生:好得多。

师:那又为什么呢?

生:(还是迟疑不答)

师:那好,我们来感受下。我们来念念这两句互答的话。一二两组的同学来念"唉,天可真凉啦"。三四组的同学一起念"可不是吗?一层秋雨一层凉啦"。用对答的形式来读,体会下这种感情。好,开始。

生:(按要求念这两句,但声音显得有气无力,效果不理想。)

师:(笑)我怎么感觉这故都的人都没吃饭呢?

生:(笑)

师:我们再来一遍好吗?注意两个句子的尾音,要稍微拖一下,想想为什么。好,开始。

生:(再读一次,这一遍稍好,尤其是回答的一方,有回答的语气。)

师:好,这一遍我们有点对话感觉了。那么,在这样的微微互答声中,一个"层"字,你感受到了什么?

生 12:这里的语调缓慢悠长,显得比较——悠闲。

师:很好。这段文字里也提到"著着很厚的青布单衣或夹袄的"——

师生:都市闲人。

师:都市闲人咬着烟管走出来了。问题是,他们也可以聊点别的呀,为什么聊天气呢?聊天气的凉,是因为他们——

生:(小声说)无聊。

师:什么是无聊?没事可干是吧?没事儿可干的人,在我们中国古代也叫什么？

生:(小声说)闲人。

师:大家到课文注解中找一找。

生:(纷纷说)秋士。

师:"秋士"是什么意思？

生:(念课下注释)到了暮年仍然不得志的知识分子。

师:"著着很厚的青布单衣或夹袄的""咬着烟管出来"的不太可能是年轻人吧？所以,我觉得这里用"秋士话凉"要比"秋雨话凉"更加贴切些。(转身在板书"秋雨话凉"上把"雨"字擦去,改成"士")这种的"凉"不单单是秋天本身的清凉,更是而今识尽愁滋味,欲说还休,欲说还休——

师生:却道天凉好个秋。

师:是一种识尽愁滋味,没事儿可做的一种心里的"凉"。所以,作者为什么要强调北方人读"层"字的歧韵？这正是围绕"清""静""悲凉"的故都特点来写的一种声音啊。(接着总结)我们可以看到,作者通过所有的这些故都景物的描写中,为我们描绘了一种"境",(板书:"境")但我们也从这些景物中看到作者的——

生:情。

师:(板书:"情")谁的情？人的情。(板书:人)这情,不仅是作者的,也是故都的人所具有的。

8:35

师:(展示演示文稿上的预习提问)有同学问,北国之秋显得些许落寞悲凉,作者为什么喜欢这样的北国之秋？是啊,那么漂亮的北国之秋你不写,偏要写这种落寞悲凉的北国之秋呢？

生:(小声说)跟作者的心境有关。

师:也许跟作者自己的感情、一些经历有关系。刚才我们透过景物的描写,进一步感受了作者在文字背后寄寓的深情。下面我们还要进一步来"悟一悟"秋意。郁达夫先生曾经说过一句话,表示他的创作原则。【展示演示文稿:至于我的对于创作的态度,说出来,或者人家要笑我,我觉得文学作品,都是作家的自叙传。——郁达夫《五六年来创作生活的回顾:〈过去集〉代序》】我们也可以从故都的秋、故都的景物里面看到一些作者他自己的影子。那么,这篇文章写于什么时候呢？

生:(看书,然后说)1934年。

师:是1934年那个时代在北平的作者。1934年,是个什么样的年代？——我们课前看过《北平的四季》，在1934年之前中华民族历史上有一件很重要的事件发生了——

生：（有同学小声说）抗日开始了。

师：对。我们新的教科书上把抗日战争开始的时间定在1931年的"九·一八"事变上，这时候抗战开始了，其实，刚才老师在讲到北平的时候，我少强调了一些事情。北平是什么时候叫"北平"的呢？

生：（有人说）中华人民共和国成立以后。

师：嗯？中华人民共和国成立以后？

生：（改正）民国。

师：民国以后叫北平，有点意思了，真正叫北平是什么时候呢？【展示演示文稿：1927年广东国民政府第二次北伐，攻克北京，改北京为北平，并正式立南京为都，故北平被称作故都。】所以，北平原先是首都，现在成立一个特别区，给人感觉故都在时代的风云下——

师生：（共读演示文稿上的标题）日渐衰颓。

师：（再展示演示文稿：1931年"九·一八"事变，日本占领了东北全境，1932年5月，攻占哈尔滨。1933年1月，日本蓄意制造了榴弹爆炸事件，借机攻占山海关。）这也是我们同学在作业里链接的资料，我觉得不错。攻占山海关意味着什么？

生：东北全境沦陷了。

师：中国的华北地区就岌岌可危，是吧？所以，大家记得吗？在《北平的四季》里，作者写道：（展示演示文稿）"但是这画的框子，或者简直说这画的画布，现在却已经完全掌握在一只满长着黑毛的巨魔的手里了！北望中原，究竟要到哪一日才能够重见得到天日呢？"这是写于比《故都的秋》更后两年的《北平的四季》中的文字。我们也可以从中看到历史的痕迹和作者的心情。所以，在《故都的秋》里，有作者的情，其实也有故都的历史。（在板书"情"下，写"史"字）它也像秋天一样在逐渐衰弱，作者写故都的秋的"清、静、悲凉"，其实也是写他对故都的些许担忧，对它曾经有过的繁华的一种怀念，是一种深情的寄托。

> **批注5：**这5分钟，教师引导学生联系时代背景，进一步捕捉作者的情感根源。这显然也是一种分析文本的方法，对某些文本，这种方法可能还比较重要。

8:40

师：那么，"悲凉"还有可能跟什么有关系呢？

生：（沉默）

师：如果他没有这样的一颗爱国之心，他可能不一定会生发这样的爱国之情，对吧？那么，当时的郁达夫个人是怎样的一种情况呢？【展示演示文稿："悲凉"之因——秋士情怀】大家看，1919—1922年留学日本东京帝都大学学经济学，其间写了首部短篇小说集《沉沦》，等于在文坛立足，当时他才20来岁，很年轻。1922年回国后，先在安庆法政专校教英语；1923年，任北京大学讲师，讲授统计学；1924年，到国立武昌师范大学任教，也只任职一年；1925年起编辑《洪水》杂志；1926年与郭沫若一同任教于广州中山大学文学院，年底辞职；1930年左翼作家联盟在上海成立，为创始会员，但不久即退出；同年任安徽大学中文系教授，仅任教4个月；1933年由上海移居杭州；1934年任浙江省政府参议；后来，1945年9月17日被日本宪兵秘密杀害于印度尼西亚。

你可以感觉出来这是一个怎样的作家？

生：（纷纷地说）颠沛流离，居无定所。

师：是，并且，他一会儿教英语，一会儿教统计学，说明他自己个人的事业也不是很确定的，是吧？

生：是，有点渺茫。

师：尤其是在这样动荡的时代背景下，一个知识分子个人的作为就可能也让人惆怅。因而，作者在《故都的秋》里所展示的秋情是不是也是一个"秋士"的情思呢？如果联系作者的生平，我们也大体能明白作者为什么特别喜欢故都的"清、静、悲凉"了。个人的不如意加上国家的大事交织在一起，就像这故都的秋雨一样一层一层地打在他的心上，才有了这样的"境"，也才有了这样的"情"。所以，一个人的感情，是和历史、和世事分不开的，它们共同组成了1934年这个时候的郁达夫的特别的境况。（在"史"字下方，板书"世"）

带着这样的思考，再来看《故都的秋》，我们就不难明白作者为什么对故都的秋有那么深厚的情意了。

师：本来，这节课上到这里，就可以结束了。但是，苏涛同学的这个问题引起了我的思考。【展示演示文稿上的学生预习提问：秋的深味中只有萧索悲凉吗？】也问一下大家，是这样的吗？

生13：还有踩在落蕊上的细腻清闲的感觉，还有果树成熟的丰收的喜悦。

师：果树成熟的丰收的喜悦，本来是什么颜色的？

生13：枣是黄色，不，是红色的。

师：但我们文章里，秋果的微熟，是什么样子的？

生 13：八九分熟的时候,像橄榄又像鸽蛋似的枣子颗儿,还有淡绿微黄的颜色……

师：这样时候的秋果,作者说是"秋的全盛时期",为什么?

生 13：因为这时候的枣子最好吃——

师：最好吃吗?

生：(笑)

师：都没有肉呢,怎么吃呀?

生 13：因为等枣树叶落,枣子红完,北平的冬天就是尘沙灰土的世界了,就没有好看的颜色了。

师：那么为什么微黄的时候就是最美的呢? 为什么不是枣子红的时候最美呢?(停顿一会儿)我想再给大家看一幅图。课前沈岳同学画了一幅图,她说她画的是故都的秋果。(演示文稿展示学生的画)

生：(鼓掌)哇。

师：她说这是故都的枣树,大家看得出来吗? 这跟课文里描写的枣树一样吗?

生：(纷纷地轻声说)不一样,上面还画一只鸟。

师：嗯,这果树给人的感觉是什么?

生：(纷纷说)生机勃勃。

师：是的,它是有生机的,有活力的。好,我自己个人想,他为什么在秋景的最后一幅图里要描绘秋果微熟呢?

生：(思考)

师：故都虽然有它的落寞,虽然有悲凉,但是,它还是充满——

生：(齐说)希望的。

师：所以,我非常感谢沈岳同学她为我们画的这幅画,我也很感谢苏涛同学提的这个问题。钱穆先生在《谈诗》一文中说:"每一首诗中都有一个境,境中有一个人",他的心意不讲,"把外境给你看,让你自己去领悟"。(展示演示文稿上的这句话)我们可以怎样领悟啊? 我们可以看文字来领悟;我们可以像两位同学这样,用绘画来表现出对文字的想象和理解;我们当然也可以通过"情""史""世"的分析,来更深入地还原作者写这篇文章时的状态。如果,我们用自己的方式,读出了对一篇文章的感受,这就使我们的阅读中有了一个——"我"。(板书:"我")不仅要读"文",不仅要看"文"背后的"人",我们还要读出"我自己"。希望大家以后在读文章的时候,要运用自己的想象,调用自己的才艺,来丰富文章的形象和内涵,这样,我们读书才会越读越有味。

生：（点头）

8:45

师：好。今晚的作业是：【展示演示文稿：1. 朗读课文，思考并探究：这是一篇写景散文，第 12 段和故都的秋似乎没有关系，作者为何要写这一段？写故都的秋，为何要多次写到江南之秋？2. 阅读郁达夫的散文《北平的四季》，找出自己最喜欢的一个部分，从景物特点、写作手法、作者情感等方面做点赏析。3. 课外阅读郁达夫的《钓台的春昼》《江南的冬景》《饮食男女在福州》《怀鲁迅》《五六年来创作生活的回顾：〈过去集〉代序》等，进一步领会郁达夫的写作特点和人生态度。】

> 批注 6：教师作业设计，练习 1 还是拓展训练，将课文"赏析"能力进一步拓宽。练习 2，是一种能力迁移的训练。应该说，与课文后面的"练习 3"意图一致，不过给了更明确的训练方向而已。

师：今天的课就上到这里，下课。同学们再见。

生：老师再见。

《故都的秋》教学评析

葛莉苓老师这堂《故都的秋》教学，是在两年前，《普通高中语文课程标准（2017 年版）》刚面世，学校用的还是原来人民教育出版社编著的旧教材。《故都的秋》在必修二第一单元。这个单元学习写景状物散文，具体地说，就是培养学生"阅读与欣赏"的能力，即培养学生"对文本做出自己的分析判断，努力从不同的角度和层面进行阐发、评价和质疑"的能力。这是 2003 年《普通高中语文课程标准（实验）》必修课程中"阅读与鉴赏"模块的要求，教科书这一单元安排就是课标要求的具体落实。葛老师的这节课，应该说，是着意体现课标要求、落实教科书编辑意图的。

葛老师的这节课教学，理念上注重学生学习主体地位发挥，方法上教师注重引导，提出几个重要问题作为学生学习的支架。在这些支架支撑下，请学生阅读课文，探索答案。老师总是避免单方面讲解，避免发空洞的结论。教学过程注重学生分析、推论能力培养。这从整堂课教学中大量学生参与可以看得出来，从课堂时间分配上可以看得出来。学生大量参与，不管是阅读、陈述，还是质疑、讨论，都体现了葛老师注重学生"阅读鉴赏"能力培养的教学理念，实实在在落实课程目标要求的教学方法。

虽然，总体上看，这堂课的教学基本沿着课文顺序逐渐推展，但教师也非平均用力，平铺直叙，而是讲究轻重，注意缓急。这就使得这节课虽没有表现出大开大合的气派，但依然重点突出、主次分明。

老师抓住"文眼"，与学生一起把握文章情感基本色调，接着进行必要梳理，然后引导学生进入更为细致具体的触觉、视觉、听觉等感受分析，锻炼切实的分析鉴赏方法。

我作为课堂教学现场观课者，从进一步探讨课堂教学、完善课堂教学角度看，尤其是放在《普通高中语文课程标准（2017 年版 2020 年修订）》背景下（似乎并不合理），学生课文阅读是否可以适当强化，比如作为预习作业的阅读，或者课堂教学之初带着任务的全文阅读可否适当强化？学生讨论是否可以适当分为小组讨论、班级交流形式，以此深化讨论问题，扩大学生参与面，进一步清晰研讨脉络与研讨结论。

当然，这只是评课者作为旁观者的一些思考，未必完全可行。

（鲍道宏）

附：板书设计及学生所作《故都秋景图》

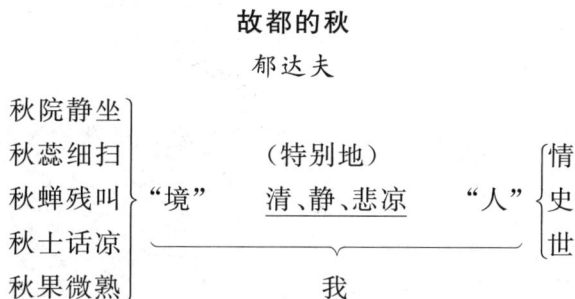

故都的秋

郁达夫

秋院静坐			
秋蕊细扫		（特别地）	情
秋蝉残叫	"境"	清、静、悲凉	"人" 史
秋士话凉			世
秋果微熟		我	

黄昭艺同学所作的《破壁腰下的牵牛花》

经截图后的《破壁腰下的牵牛花》

沈岳同学所作的《故都秋果》

故都之秋与"我"之生命色彩

——《故都的秋》教学感想

在普通高中语文课程标准实验教科书中，《故都的秋》被编排在必修二"写景状物散文"单元中。本单元由《荷塘月色》《故都的秋》和《囚绿记》三篇课文组成。对于本单元的学习要求，编者在单元提示中写道：

> 这些散文名篇，凭借精巧独特的艺术构思和优美隽永的语言，对山川大地、风物美景做了生动细致的描绘，表达了作者对自然、人生的丰富感受和深刻思考。这些作品，带着荷的清香、雨的气息、山的雄姿、水的光彩，像一幅幅清新优美的画卷展现在我们面前，引领我们领略大自然和人生的多彩多姿。

散文的创作强调主观感受的自我抒发。刘勰《文心雕龙·知音》中说："夫缀文者情动而辞发，观文者披文以入情，沿波讨源，虽幽必显。"作家写文章，总是由内而外，由客观现实的感发而产生内在情感，这种情感通过文辞表达出来。阅读者通过阅读文章来了解作者所要表达的感情，沿着文章找到写作的源头，即使是深幽的意思也会被人所理解。在文本中，"故都"二字力透纸背。"都"让人怀想起北平这座千年古都曾经有过的繁华、气派和荣光，而一个"故"字，却传达出"一切都已过去"的今非昔比的深沉感喟。20世纪30年代，在日渐衰颓的国运下，敏感重情的郁达夫遇上萧索清冷的北平之秋，留恋、伤感、落寞、悲凉的心绪自然涌上心头，借由笔尖流于纸上。在文中，作者故意回避了北平的名胜古迹和秋日的绚烂之景，而是在破屋颓墙、落蕊残声、秋雨闲人等场景来体现自己复杂深厚的"故都"之思。相较于其他同时期作家的作品，如林语堂的《说北平》、老舍的《想北平》等文中体现的北平明丽与生机，郁达夫先生着力表现北平城的"悲凉"，与其说这是作者眼中故都之秋的特有风貌，不如说是时代在作家心上的投影，是作家生命体验与故都风貌的浓缩。

写景抒情的散文鉴赏，应该有两个层次：首先是"披文"，通过文辞的理解和鉴赏，感受文中的艺术形象，体会这些艺术形象的特点；其次，透过艺术形象的分析，把握作品的内涵，理解作者的写作意图以及在形象中所寄寓的情感。当然，一篇文章的理解，只是探讨作家写作的缘起，领会作家的写作目的,是不够的。读文章的意义不是猜测作者的所思所想,更要让读文章的人受到情绪上的感染,精神上的鼓舞,或者是审美上的愉悦,或是语言运用与建构上获得经验,形成对自己生活理解与表达的能力。也就是说,散文的欣赏,应该达到文章—作者—读者的三者统一。

传统语文教学中,用"写什么""怎么写""表现了作者什么感情"这"三板斧"就基本解决了一篇抒情散文的教学。"三板斧"管用,却不够周全。表面上,抓住文章的文眼,各段的中心词,基本就能把"写什么"抓住了;"怎么写"在修辞手法、表现手法的框架下,做一点分析也不是难事。但是,作家的情感的把握却不是件容易的事情。因为中国文人喜欢蕴藉含蓄,不愿意把感情直接表达出来,尤其是像郁达夫这样致力于清雅写作风格的作家,其文不以活泼、明丽见长,而是侧重内在意味的生发。本文的写作线索并不复杂,与《荷塘月色》的"环形结构"相比,本文的"总分式"结构,是学生相对熟悉的,也最容易把握。在初中所学的写景状物散文中,《春》《济南的冬天》均属这种构思方法。本文的"北国的秋,却特别地来得清,来得静,来得悲凉"一句,就基本把故都的秋的特点概括出来了。但由于总分式的写作思路眉目清楚,学生容易忽略作者在"写景状物"中所花费的心思,不能细品寻常事物中的美,甚至漠视作者在沉静、寡淡文字背后饱含的深情,仅是在浮光掠影的阅读中留下"清、静、悲凉"几个字而已。更何况,本文所写的景物,均是朴素家常之物、平凡朴实之人,文中展现的萧索破败的景物特点与以前所学的《春》《济南的冬天》《荷塘月色》均不相同,如何体会故都之秋的"清、静、悲凉"也是一种美,对于高一的孩子来说是一个美学难题。但是,学生如果能够在具体的语境中细加揣摩品味文中之景,在感受作者的哀伤怜惜中产生感动"同情"之心,这不仅仅对文章的研习大有裨益,甚至可以说是在建构自己优美的生命趣味了。

对于如何欣赏此类的写景抒情散文,单元提示中写道:

> 要展开想象的翅膀,力求身临其境,感受作者心灵的搏动,体会作品所描述的美景,由此而进入一种审美境界。对于文中精彩的语句,不妨做一些圈点批注,写下你的心得;对于那些美妙的段落,要反复朗读,熟读成诵,逐步增强对散文的鉴赏能力。

散文阅读的"入境"需要想象,但想象是个体性很强的综合能力,需要调动学生的学识积累、生活经验和个人爱好等。《故都的秋》写于 1934 年 8 月的北平。对于《故都的秋》这样有年代感的散文,"身临其境"的"境"不单单是指文中的美景,还在于走入那个年代的"时代之境",还有作者特殊经历下的"个人之境"。散文的阅读需要圈点批注，反复诵读，是化文章之境于读者之境的必由之径。然，在此之外是否还可以尝试借由其他的方式走入文本的学习呢？

在以往这篇课文的教学中，笔者发现，教师对文本十分喜爱，讲授的内容也十分丰富，但是学生的参与度不高。对写作年代的陌生感、写作对象的特点与学生心理特征存在的差异感，带来了学生与文本之间的距离。学生兴趣点的激发成了开课之前需要研究的教学点。

在这篇文章里，对秋的表现，用了秋花、落蕊、秋蝉、秋草等意象，这些意象与那个年代的故都风貌结合在一起，传达出"清、静、悲凉"的意味。这种意味的理解，需要读者有一定的古典文学常识的积累。这就意味着在教学中要引导学生调动旧有的文化积累，又要联系郁达夫这位作家的生平经历和写作风格，才能把秋的意味感受得更加深入。

为此，在本课的教学中，笔者采用了课前预习提问、音画补充、古诗文积累、群文对比阅读等多种方法，力求从学生个性出发，多角度切近文本。

在课前的预习作业中，结合本文的"研讨与练习"，笔者布置了 3 道题目：

1. 朗读课文，说说作者选取了哪些景物，写出了故都怎样的特点。在这些景物中，你最喜欢哪一处的描写，请说说喜欢的理由；如果你爱好绘画，试用绘画的形式再现这一处的景物。

2. 本文的写景很有特点。作者擅长调动听觉、视觉和触觉多方面感受环境，写景状物有声有色，动静结合。请找出一两个这样的语段来，做好圈点批注，想想作者在感受这些景物的时候，心里是怎样的状态。

3. 你在阅读本文的时候，有哪些困惑需要解决？请写出来，进行交流与探讨。

在课堂的教学中，笔者以这些课前提问为元素，串联起教学的各个环节，并以两位同学所画的《破壁腰下的牵牛花》和《故都秋果》两幅小画来帮助学生更好地理解淡雅宁静的画面背后的作者情怀。这样做的目的，让学生对所阅读的文本产生兴趣，跟自己的体验有所连接。

在课文导入和秋蕊细扫两处的鉴赏中，笔者联系曾经学过的、课外接触过的、容易被学生忽略的古诗文，唤醒记忆，交流分享，明确秋与落花在中国文人心中的特有情感，既反照本文体现的深情，也养成对传统文化特有意象、意境敏锐感知的习惯，为以后的古典诗文学习做铺垫。

在进一步体悟秋意时,笔者有意加入了故都的历史、作者的生平简历和创作主张等内容,并且联系《故都的秋》的姊妹篇《北平的四季》,感受本文写景状物同忧国忧民的情怀相结合的时代色彩,力求进一步提高鉴赏水平。

本课上完以后,有同行提醒我:有资料显示,1934 年郁达夫拖家带口来到北京,一路旅途劳顿又加上应酬来往,无法静下心来写作。奈何王余杞来家坐索文稿,他只好在到京城的第四天起个大早,应付了交差。一篇仓促而作的散文,作者事先不太可能有那么多的写作目的。所以,解读文本时不必有太多的时代背景、作家生平等内容的联系,应该更侧重鉴赏文章语言和景物描写的方法。对此,笔者想,散文是一个作家的心灵之作,它集作家个人的才华、情思、审美于一体,共同组成了作家写作的生命。虽然他是仓促之间完成了这篇文章,但是他的语言、写作的风格、思想情感、写作倾向是有较长时间的积淀与形成过程的,在这过程中,作家的经历爱好、人际交往以及时代社会、文化历史等都会影响他的所思所感。他完成这一篇的文章时间虽短,但是面对"故都的秋"这个话题,他眼前的画面、心理所调动的情思、运用的手法不是一朝一夕促成的,所以作为鉴赏者,联系时代背景,探究作者的写作倾向,是我们鉴赏散文获得审美体验的有效方法。

作为必修课文的抒情散文学习,教师除了要教授学生把握《故都的秋》这一篇的思想内容和写作手法,还要注意抒情散文鉴赏规律的总结,在品味语言、感受意境的方法上做些指导和拓展,让他们在课文以外的散文鉴赏中,也培养起独立鉴赏的能力。新时代的教育要求尊重学生的个性,给学生的学习提供更多的方法和途径,面对这篇有声、有色、有味的散文,笔者调动读、问、画等方法让学生走入具有浓厚"郁氏风格"的故都秋景之中,在体味故都秋味的同时,也让阅读能"着我之色",这是不是能够调动起学生对秋景、对生命的感发之心呢? 期待方家指正。

案例二

《半张纸》教学实录与教学评析

执教者：福州四中　　柯秋霞

教学评析：福州四中　　葛莉苓

《半张纸》教学实录

一、导入（3分钟）

师：大家平时有去过博物馆吗？去过哪些比较特别的博物馆？

生：（七嘴八舌）省博，昆虫，蝴蝶，恐龙博物馆……

（出示【幻灯片1】）克罗地亚：心碎博物馆

师：在克罗地亚，也有一家特别的博物馆，叫心碎博物馆，顾名思义：专门收集那些恋旧之人不舍得丢弃的物品和其背后的心碎故事。在这家博物馆里，有很多藏品，比如这个瓶子，大家知道瓶子里装着什么吗？

（出示【幻灯片2】）装在瓶子中的婚纱与恒星光谱图

生：（猜测状）

师：婚纱，那是捐赠者曾在结婚时穿过的绣有蝴蝶和鲜花的真丝裙，爱人离开后，她将其装进了瓶子里。还有一张图，大家知道这是什么图吗？

生：（异口同声）心电图！

师：（笑）心电图？

生：（大笑）

师：承志，你最爱天文，知道这是什么图吗？

生1：（思考后摇头）

师：这是恒星光谱图，它是捐赠者26岁的生日礼物，这张图来自她同为天文学家的爱人。那位爱人曾对她说:"瞧,在你出生的时候,光已经离开了这颗星星,穿越了广阔无垠的星际空间、尘埃和星云,经过二十六年的旅程之后来到了这里,你也是一样,在二十六年后来到这里。在这里你遇见了你的星光,我遇见了你。"

批注 1:由心碎博物馆导入课文的内容,生动有趣,使学生对《半张纸》的学习充满期待。同时,"半张纸"与博物馆都有"生活横断面"的特点,容易产生联想。

生:(感叹:哇)

二、初读文本忆往昔(15分钟)

师:每年,数以千计的捐赠品从世界各地邮寄到这家博物馆,有一位年轻人也向这家博物馆寄了一样东西——(手举半张纸)就是这半张纸。

(出示【幻灯片3】)展示学生课前创作的半张纸(课前作业:以4人为小组,根据小说内容制作还原半张纸。PPT上展示的是已挑选出的还原程度最高的半张纸,制作小组特意将纸张揉皱,还洒了几滴牛奶以达到污渍效果。)

批注 2:预习作业的布置很精心,学生通过还原半张纸的活动,已对课文的内容有了大致了解。

那在这半张纸背后有怎样的心碎故事呢?今天就让我们一起走进小说《半张纸》。首先请大家快速阅读小说,结合文本说说通过半张纸你看到了什么?

生:(低头阅读文本)

师:(提示)可以用笔将你看到的东西记到书本空白的地方,看到的东西,肯定不止表层那么简单,大家有没有办法看到一些深层的东西呢?

(4分钟后)

师:有没有同学愿意来说说通过半张纸你都看到了什么?

生:(3个人举手)

师:好,钟鸣你来回答一下。

生2:首先是他爱人的名字……

师:哦,爱人的名字,半张纸上非常简单地写着他爱人的名字,艾丽丝。

生2:电话号码,15,11,然后下面写的是他工作的地方……

师:你这边说到银行,前面又说到艾丽丝,15,11。大家发现了吗?这些都是我们在半张纸上能直接看到的东西,也就是表层的东西。但刚刚钟鸣在表述的时候说,银行是他工作的地方,发现了吗,工作是这些表层东西背后所代表的什么?

生2:生活。

师:对,是生活,是生活的一个事件。好,钟鸣继续。

生2：然后是出租马车行，这是她们订婚时期的一个事情。

师：对，订婚时期的事情。

生2：家具行，室内装饰行，他们在为布置新家做的准备。之后是搬运车行，搬进新家。歌剧售票处，他们新婚的时候喜欢去歌剧院看歌剧。

师：这里看歌剧应该是他们新婚后非常浪漫的一个生活片段。

生2：再然后是一个男士的名字，它被划掉了，作者这边有解释了一下，他的这个朋友因事业兴隆冲昏头脑，最后到了一个无可救药的地步。

师：那这里就是记叙了他朋友事业上的沉浮和变化，还有吗？

生2：然后是一个修女，这边描写了一下修女的外貌……它下面还有一个人物，叫L医生，L医生并没有详细的描述，然后出现了他的母亲……

师：好，这边出现了修女，出现了医生，这两个人物的出现，它所反映的生活事件是什么？

生：(七嘴八舌)生病了，怀孕了……

师：钟鸣说有人生病了，我听到下面有同学说有宝宝，怀孕了……大家觉得哪个更贴切点？

生：怀孕了。

师：确实，可能在西方，女人怀孕以后，家人会先让神父或修女过来为这个孩子做一个祷告，这个L医生可能是过来检查孕妇的身体情况。再往后看，mother这个人名，这是……

> **批注3**：教师对于文本中的文化观象及时做一些说明，可以扫清阅读上的障碍，更准确地理解文本内容。

生2：岳母。

师：岳母这时候过来做什么？

生2：可能是他们怀孕了……

师：(纠正)不是他们怀孕了，是她怀孕了。(生笑)

生2：(笑)她怀孕了，岳母过来看女儿的情况……

师：对，帮忙，再后面呢？

生2：一些家务的事情，因为他的妻子怀孕了无法做事情，所以他需要自己做事情，做家务事，自己去订牛奶啊，去杂货铺、肉铺啊。

师：所以我们就看到，在妻子怀孕的过程中他处理了一些家庭琐事。

> **批注4**：教师可以尽量让学生做整体的阐述，使他们养成在阐述中组织语言、连贯表达的习惯。

生2：最后就是埋葬事，承办人，还写到了大的和小的棺材，应该是他的妻子和孩子都死了。

师:这里其实记录了一个非常严重的事件,叫妻儿丧亡。大家有没有发现,钟鸣在分享的时候,不仅看到了这半张纸表面的东西,还看到了这些人名、店名以及电话号码背后的生活事件和生活故事,所以半张纸能看到什么?

生2:两年的生活故事。

师:没错,半张纸连缀了两年的生活片段,从他最初觅得佳偶,找到心上人,再到最后心上人和孩子全部丧亡的人生历程。

(出示【幻灯片4】)半张纸连缀生活片段

【恋爱】【就业】【失业】【复业】【订婚】【乔迁】【新婚】【朋友事业沉浮】【妻子怀孕,母亲帮忙】【妻子身体不适】【家庭琐事】【妻儿丧亡】

师:除此之外,你还能看到什么?

生2:从兴盛到衰败的一个过程。

师:你这点说得很好,从兴盛到衰败,但是对生活,我们用兴盛这个词吗?

> 批注5:教师的这个小问题问得好,提醒学生注意语言运用的准确性。

生:(纷纷)幸福。

师:(笑)幸福美满,他找到了爱人,结婚,订婚,当我们说到这些事件时,我发现很多同学就开始笑,你们为什么笑? 说到恋爱时你们是什么样的感觉?

生:(害羞笑)

师:应该是很甜蜜的感觉,你们说到的幸福,也是一种情感。但后面说到家庭琐事,说到妻儿丧亡时大家的表情又都很凝重,特别是说到妻儿丧亡时是什么感觉?

生:悲伤。

师:所以年轻房客就经历了从幸福美满到孤独不幸的过程。我们说半张纸不仅连缀着生活片段,当年轻房客回忆生活片段,他的内心必定不平静,会有一定的起伏和波澜。因此我们说,半张纸潜藏着情感的波澜,纸短情长地浓缩着人生的悲欢。

(出示【幻灯片5】)半张纸潜藏情感波澜

【恋爱】【订婚】【乔迁】【新婚】(甜蜜)

【就业】(骄傲与得意)【失业】(焦虑与失意)【复业】(愉悦)

【朋友的事业沉浮】(反思)【妻子怀孕,母亲帮忙】(期待)

【妻子身体不适】(担忧)【家庭琐事】(烦琐)

【妻儿丧亡】(悲痛)

师:除此之外,你还能看到什么?

生:(思索状,一生举手)

师:飞扬,你来回答一下。

生3:我看到那时候经济不是很好,他朋友的事业也有波澜。

师:对,没错,这些是刚刚钟鸣有提到的,你做了一个补充。(停顿)那飞扬,老师想问你,从 PPT 左边到右边的部分是两年的时光,这两年的时光是很顺的吗?

生:(摇头)

师:并非一帆风顺,而是波澜起伏。人生也是这样,每一个人的人生都会有起伏,没有谁的人生是一直顺利的,会有悲欢离合,也会有生离死别,这样的人生是……

生:(不约而同)无常的。

师:非常好,这就是半张纸它所蕴涵的哲理光芒:世事无常。除此之外,你还能看到什么?

生:(继续思考)

师:(提示)对于这容纳了如此多内容的半张纸,年轻房客是怎么处理的,把它丢掉吗?

生:(纷纷)把它带走了。

师:带走了,带走之前做了什么事?

生:仔细地吻了吻,收进了自己胸前的衣袋里。

师:看过去是在收半张纸,其实是在收什么?

生:两年的回忆。

师:好,那我们怎么理解这最后一段话:

(出示【幻灯片6】)但是他走出去时并不是垂头丧气的。相反地,他高高地抬起了头,像是个骄傲的快乐的人。因为他知道他已经尝到一些生活所能赐予人的最大的幸福。有很多人,可惜,连这一点也没有得到过。

师:或者说这段话给了你哪些思考和启示呢?

生:(举手)

师:好,吴霞,你来说一下。

生4:要以乐观积极的心态面对生活。

师：你能说得更具体一点吗？

生4：虽然在他的人生中经历过一些很悲痛的事件，但他前面也有很幸福的事情，他对半张纸的举动表现出他对这些幸福的肯定。

师：那你觉得他在遭遇了这些事情以后，后面的生活会怎样呢？

生4：可能还是会有不幸，但还是会去面对。

师：还是会去面对，这边说他像是个骄傲的快乐的人，你觉得，他还会去追求幸福吗？

生4：会。

师：好，请你坐下。很多人遇到年轻房客这样的事，往往会一蹶不振。

（出示【幻灯片7】）有人说过：一个人最害怕的不是从来没有拥有过，而是拥有之后失去的那种无力感。狄金森在《如果我不曾见过太阳》也说：我本可以忍受黑暗，如果我不曾见过太阳。但，令人欣慰的是，在年轻房客身上，我们看到了另一种人生态度。其实，人的生命中，谁都会面临变幻无常的境地，谁都会遭遇失去珍爱的时刻，生命不是只有幸福与温暖，还有痛苦与寒冷，这是人永远要面对的生命困境。我们要学会的是，（出示【幻灯片8】）走过一段，回忆要珍藏，但不能驻足不前；幸福要铭记，这是生活的赐予；悲痛不要延续，这也是生命的组成，不应无法自拔；最重要的是，还有下一段路要走，永不停下追求幸福的脚步才是我们面对困境时应该学会的。

师：此时此刻，大家应该能够回答另外一个问题，这篇小说为何叫半张纸而不叫一张纸呢？

生：（不约而同）人生才过了一半，还有另外一半可以去追求。

师：房客还年轻，两年也仅是人生的一个片段，人生另外的一半乃至大半还可以重新书写。由此，本篇小说所蕴含的第二个哲理就是，尽管世事无常，但我们要……

生：（七嘴八舌）积极乐观，热爱生活……

师：永远向阳生长。我想，若这半张纸有幸能被"心碎博物馆"收藏，它应该能成为这个博物馆的"镇馆之宝"，它告诉我们：（出示【幻灯片9】）我来过，我爱过，我失去……但失去后面不是句号，而是省略号，人生难免心碎，但总能治愈。

> **批注6**：继续追问，进一步引导学生完善自己的表达。

> **批注7**：师生在互相交流中，还原了半张纸上所表现的生活内容，并初步理解了文章的内涵，流畅地完成了课文主要内容的学习。

三、深入文本探结构：生活的横断面(5分钟)

师：小小半张纸,却让我们看到了如此多内容,那么这篇小说的结构特点是什么呢？

生：(思索状)

师：这种结构特点我们没有接触过,它叫"生活的横断面"或者"生活的横截面"。生活就像一棵树,把这棵树切开,就能看到一个横截面,在这个横截面上,我们仅看到树的年轮,但通过年轮,我们能推测树的年龄,知道树是怎么生长的。同样,"生活的横截面"就是把生活切开一道口子,通过这个口子我们能看到生活的全貌。由此"生活的横截面"的概念就是：从时间的一点切入,从"生活的横截面"观看世界人生。那在这篇小说里,生活的横截面是什么？

> 批注8：由内容的分析引入写作特点的鉴赏。

生：半张纸！

师：是半张纸,或者更准确地说,是阅读半张纸的瞬间,阅读半张纸的两分钟让我们看到了两年的人生。那这样的结构特点有怎样的好处呢？请大家结合文本谈谈你的想法。

生：(思考状)

师：(提示)比起我把这两年的事件一件一件地写下来,与我用半张纸将这两年的事件写下来,区别在哪里？

生：(思考状)

师：大家有一点困惑是不是,那这样,我们一起来阅读一首诗：《天真的预示》。

(出示【幻灯片10】)

天真的预示

[英]布莱克

一颗沙里看出一个世界,一朵花里看出一个天堂,

把无限放在你的手掌上,把永恒在一刹那间收藏。

生：(朗诵)天真的预示,[英]布莱克："一颗沙里看出一个世界,一朵花里看出一个天堂,把无限放在你的手掌上,把永恒在一刹那间收藏。"

师：生活的横截面有怎样的作用？

生：(小声)以小见大。

师：我听到有同学说以小见大,是谁说的？

> 批注9：联系布莱克的诗歌强化学生对"生活横断面"的认识,将课内与课外的阅读联系在一起。学习中的联想意识,是高中生应该培养的学习能力。

生：以恒。

师：以恒，你来回答一下。以小见大，确实有这样的作用。这里的"小"指的是什么？

生5：半张纸很小。

师：那见到的"大"是什么？

生5：生活，人生……

师：再想想，大的，无限大的什么？

生5：（思考状）

师：两分钟看到两年，时间的线怎样？

生5：很长！

师：没错，无限长。而且年轻房客在回忆过去的时候，想到恋爱时，脑海里可能闪过他和女朋友在咖啡馆约会的场景，订婚的时候想到婚纱馆，这里场景空间是不断变化的，所以无限大的还有什么？

生5：空间！

师：那么永恒的是什么呢？

生5：情感！

师：是的，无限大的时间和空间，永恒的情感与爱，由此我们能得出生活的横断面非常重要的一个作用，那就是把时空浓缩到一个点上，通过这一点展示无限的时间和空间。在这篇小说中，半张纸还有一个非常重要的作用，是什么？

生：（不约而同）做线索。

师：确实，小说用半张纸的发现引出两年的回忆，又以半张纸的收起结束回忆。半张纸不仅是贯穿全文的线索，而且成了现在与过去时空转换的媒介。这就让该篇小说显得时空集中，布局精巧。而这也便是生活的横断面的第一个作用，大家可以用笔把这一点记下来。

生：（低头做笔记）

师：还有什么作用？

生：（思考状）

师：第二个作用比较难，这边老师给大家做一个提示。大家发现了吗？作者在写到半张纸时，不仅仅写到人名、店名、电话号码，刚刚也有同学说，对这些人名、店名、电话号码，作者做了一些解释，请你将这些说明性或者解释性的文字用波浪线画出来。

生：(在书本上寻找解释性文字，并用波浪线画出)

> 批注 10：回到文本，重新认识"生活横断面"的构思。然而，此处已经有了学生的活动。

四、课堂即兴创作：体悟"生活的横断面"的妙处(15分钟)

师：大家把第一处解释性文字读出来。

生：半张小纸上的一段人生事迹。

师：好，第二处呢？

生：他所知道的名字中最美丽的一个，因为这是他爱人的名字。

师：我们先聚焦到第二处这段说明性文字，当你看到这句话的时候，你想到了什么？如果你是作者，需要你在"因为这是他爱人的名字"和"旁边是一个电话号码"中间加一段话，你会写什么？

生：(思考状)

师：大家把之前老师发给你们的彩色便利贴拿出来，把你想到的东西写下来，随便什么都行。这边老师再给大家做一个提示，这句说明性文字所对应的事件是什么？

> 批注 11：通过微写作活动与文本对话，产生"同理心"，调动了学生的审美体验。

生：(纷纷)恋爱了，相爱了……

师：这是一个相爱的过程，好，提示到这里，大家动笔写写。

生：(思考创作)

师：(走动观看学生创作情况)恋爱，相爱，当你看到这两个词语时，你会想到什么，脑海里会闪过哪些画面呢？想到什么就写什么，不需要太华丽的语言。

生：(思考创作)

师：(走动观看学生创作情况)我这边先简单地分享晓凯的创作，他就写了一句话：他爱她的所有，包括她的名字。

生：(偷笑)

师：(指导)那她的所有是什么呢？晓凯可以把它写详细点。(走动观看学生创作情况)这边骥帆同学已经写得差不多了，我们来读一读她的创作。她说："她喜欢喝咖啡，不是传统黑咖啡，是有精致花纹的卡布奇诺，她性格温柔，却喜欢听狂热诙谐的披头士，她总是迷恋这世间的一切，深爱着这一切，当然，很幸运的……"骥帆后面还没写完，我们让她继续写。这是一个很好的示范，大家就按照这种形式去想象就可以……

生：(窃窃私语)

师：(走动观看学生创作情况)我们这边来看看守裕的创作，他写的是一段表白:"年轻房客对她的爱,就像雁不会失去她的翅膀,龟不可以失去它的壳……"

生:(哄堂大笑)

师:(笑)"老虎不可以失去它的牙(生笑),她就是雨天的太阳……"

师:(走动观看学生创作情况)我们再来看看何情写的:"因为这是她爱人的名字,他与艾丽丝相遇在火车站台,同一个目的地,一见钟情,在拥挤的车厢里,他鼓起勇气像那位可人的金发小姐——他命中注定的爱人要了姓名与电话……"

生:(略有所思)

师:(走动观看学生创作情况)来分享一下海大写的:"那天她与他共坐在山丘上,清风拂起她杨柳似的长发,婆娑的阳光轻触着她的面颊,她闭着眼,只是微微一笑,天地与阳光之中,她是第三种绝色。"

生:(惊叹鼓掌)哇!

师:好,那现在大家以 4 人为小组,彼此看看对方都写了什么。

生:(边互相分享边交流大笑)

师:大家发现了什么吗?

生:(专注分享讨论)

师:(笑)其实我这边也写了一个版本:"他的脑海里浮现出她淡黄的长裙、蓬松的金发与灵动的大眼。他想起她温柔的声音,那么害羞,那么腼腆。他和她相识在雨天,确认过眼神,他们相信彼此就是对的那个人……"

生:(大笑)

【以上课堂创作时间持续了接近 10 分钟】

师:通过对比,我们发现,每个人心中对艾丽丝这个人的想象都不同。在海大眼里,艾丽丝是杨柳似的长发。在我眼里,艾丽丝就是蓬松的头发,可能因为我自己就是蓬松的头发。我心中,年轻房客和爱人相识在雨天,那么有没有可能相识在浪漫的下雪天呢?刚刚何情说两个人的恋爱是一见钟情,那么有没有可能是日久生情、细水长流的呢?

> **批注 12:**选取半张纸上的一个场景,以即兴创作来促发学生的想象,以更好地融入文本的情境中。读写结合,互相生发;师生互动,课堂生趣盎然。

生:(纷纷微笑点头)

师:所以,为什么作者不把后面这些东西都写出来,而只写了说明性文字这一句话?

生:给人以想象的空间!

师：没错，我们班有 53 位同学，我相信在 53 位同学的脑海里，有 53 个艾丽丝的形象，有 53 个版本的艾丽丝与年轻房客的爱情故事，这就极大地拓展了你们的想象空间，是"生活的横断面"的第二个作用。那有同学会问，这里哪里有生活的横断面？大家注意到没有，恋爱的事件有很多，或者说我可写的东西很多，可是我却只截取其中的一角："他所知道的名字中最美丽的一个，因为这是他爱人的名字。"这一角却能让我们进行无数的想象，这一作用，我们可以概括为：（出示【幻灯片 11】）刻意留白，激发想象。

生：（提笔做笔记）

师：留白是中国绘画中非常重要的技巧，顾名思义：有意留下空白。清代画家汤贻汾指出：（出示【幻灯片 12】）"人但知有画处是画，不知无画处皆画，画之空处全局所关，即虚实相生法。"

师：好的小说与好的画作一样，不需要面面俱到。而在恋爱事件中截取一角，也足以让我们想象恋爱的全部。这其实也很像之前我们学过的一位美国作家的文学创作理论，大家记得是谁的什么理论吗？

生：（纷纷）海明威冰山理论：只给你八分之一的冰山一角，剩下八分之七我们自行想象。

师：不过我觉得这篇小说体现的恐怕不止冰山理论这么简单，在这篇小说中，仅仅【恋爱】事件给你一角，让你进行想象吗？在这篇小说中，波浪线的文字有几处？

> **批注 13**：将"生活横截面"的写法，与绘画上的留白、小说的"冰山原理"相联系，既观照学科间融合，也回顾旧有的知识，并提示了学生参与到文本的创造中。

生：有好多处。

师：有一处是出租马车行和鲜花店，这是一个订婚事件，那说到订婚你们会想到什么？

生：（七嘴八舌）场地，花费……

师：在订婚之前肯定有一个非常重要的步骤，是什么？

生：求婚！

师：怎么求婚？罗昕，你觉得应该怎么求婚？

生：（俏皮）他想怎么求就怎么求。

师：（笑）前段时间在福州宝龙那块，听说有一个男子骑着白马求婚。求婚的形式多种多样，大家可以自行想象。所以我们说这个已经不仅仅是冰山的一角，而是……

生：很多冰山的一角！

师：很多个冰山一角，让你无数次进行想象，由此呈现出整个冰山群的景象即两年的时光画面。我们可以称其为冰山群理论。最后,大家来回顾一下生活的横断面的两个好处吧!

生: 时空集中,布局精巧;刻意留白,激发想象。

师: 总之,"半张纸",看似轻盈,却承载了人生的沉浮/生命的悲欢。斯特林堡就是用"半张纸"这一横断面对生活做了审视,也回答了如何面对生活困境的问题,其意义上的恒常性、内涵上的丰富性让这篇小说意味绵长。那么小说也由此呈现出了一种美,我们今天学习一个新词,叫张力之美。"简约"的文字背后是"丰富"的内涵,"沉郁"的基调背后是"昂扬"的精神,这就是这篇小说的张力之美。

生: (做笔记)

五、课外拓展延伸:品味"生活横断面"的妙用(5 分钟)

师: 其实,"生活的横断面"这样的结构特点,在很多小说里被运用到,特别是一些微型小说。

比如这篇微型小说《丈夫支出账单中的一页》。

(出示【幻灯片 13】)

丈夫支出账单中的一页

[美]马克•吐温

招聘女打字员的广告费 ……………… (支出金额)

提前一星期预付给女打字员的薪水 ……… (支出金额)

购买送给女打字员的花束 ……………… (支出金额)

同她共进的一顿晚餐 ……………… (支出金额)

给夫人买衣服 ……………… (一大笔开支)

给岳母买大衣 ……………… (一大笔开支)

招聘中年女打字员的广告费 ……………… (支出金额)

(选自《微型小说选•2》江苏人民出版社 1983 年 9 月版)

师: 这篇小说就使用了生活的横断面。大家看完后可以告诉我这篇小说讲了一个什么故事吗? 我等会可能会请一个男孩子来回答,毕竟男人比较懂男人的心思嘛!

生: (笑,专注阅读)

师: 我看到何倩一直在笑,看来你们看懂了,我们班谁最懂男人的心思呢?

生: 锐洋!

师：好，锐洋来回答一下，你看到了一个怎样的故事？

生10：就这个男的好像，有点那啥……

生：（哄堂大笑）

师：那啥是啥？

生10：（腼腆笑笑不说话）

师：可能男生有点不好意思。

生10：（窃窃私语）出轨了……

师：哪里看出出轨了，你能不能给大家讲讲这个故事。

生：（欲言又止）

师：可能锐洋有点吃力，没事，你先坐下，何倩，你和大家分享一下这个故事吧！从女孩子的视角。

生8：这个人本来打算招一个女打字员，但这个女打字员可能长得比较好看一点……

师：长得比较好看一点，然后呢？

生8：（俏皮）哦?！（哄堂大笑）

师：哦?！继续（其他生：暗箱操作）。

生8：先给女打字员一点好处，让她先对我有种崇拜的感觉，然后我再用鲜花和晚餐来打动她，获取她的芳心……

师：所以这是一个有妻之夫，刚刚大家都不好意思讲，其实这个人，他……

生8：出轨了！

师：出轨了，再然后呢？

生8：男的假装什么事都没发生。

师：男的假装什么事都没发生吗？看来何倩还不太懂人性，来，彦琪来回答一下。

生：（大笑）

生11：然后被他岳母和夫人发现了，要去弥补他的错误，所以就去买衣服，大衣，有了很大一笔开支。

生：（大笑）

师：（笑）没错，然后呢？

生11：然后他把原来的女打字员辞掉了，换了一个中年女打字员，来安

批注14：鉴赏一篇微型小说，想象小说"八分之一的冰山一角"下的"八分之七"，强化在鉴赏小说中主动参与的意识。

批注15："视角"角度的引用，既勾连了第一单元所学习的小说创作理论，也提醒了学生在写作中注意写作方法的运用。教师引导得好。

抚这个家庭。

师:所以大家发现了吗？这也是生活的横断面。虽然只是丈夫支出账单中的一页,是简单的语言,但它就能让你无数次地进行想象,比如说哦!？这个女打字员应该很漂亮,比如说我出轨了,我要去安抚我妻子。

生:(纷纷点头)

师:所以"生活的横断面"这一结构特点如果运用恰当,会让小说变得非常精彩,大家也要能够掌握这一结构特点的作用。

六、课后作业布置(2分钟)

师:课堂最后,我们来布置一下作业:请运用"生活的横截面"创作一篇微型小说。不用太长,就像《丈夫支出账单中的一页》的长度就可以,端午以后交给我。好,今天的课就上到这里,下课!

> **批注16:**课后的作业布置得当,在课内外的文本范例下,通过课堂的微写作和想象训练,学生完成这样的作业并不困难。

生:起立!

师:同学们再见!

生:老师再见!

《半张纸》教学评析

这是柯秋霞老师于2020年5月在高二年级开设的一节外国小说选修课。《半张纸》选自人教版普通高中课程实验教科书语文选修课本《外国小说欣赏》第六单元,该单元的教学话题为结构。

在高中必修的小说单元学习中,学生通过《祝福》《装在套子里的人》《林教头风雪山神庙》《林黛玉进贾府》等传统经典小说的精讲精析,初步学会在梳理情节、剖析人物、理解环境中,概括小说主旨,把握小说内涵。《外国小说欣赏》作为选修教材,应在必修的基础上,在小说的体式、学习的方法等方面做进一步的引导。

《半张纸》短小精致,易读易懂,但也容易使人忽略文字背后的道理和叙事的匠心。教学点的选择及教师导引方式是课堂教学的关键所在。钱梦龙先生曾经这样总结他的教学经验,"学生读起来可能有困难的地方,学生自己看了好几遍看不出来的地方"是教学的重点。《半张纸》作为小小说,其"读起来可能有困难的地方""看了好几遍看不出来的地方"应该是这"半张纸"的写作内容和形式。与以往学过的小说不同,本文没有完整的故事情节和鲜明的人物形象,只有一个极为普通却极为典型的"容器"——电话旁边的随手记录电话号码的半张纸;作家只写了有关人物的身份,连名字都没有提及,对文字的使用节省到了无可再少的地步。但是本文的内容和主题丰富而深刻,通过对半张纸这个"容器"的解读从而把握作家所要表达的道理,是教学中应涉及的内容。对于大部分学生而言,主题的把握并不太难,学生容易忽略的是讲述道理的方式,即本文在组织材料上的特点。作家将主人公两年的生活点滴和生活百味集中在半张纸的有限的空间里,看上去只是一个个电话号码,简单而不复杂,但人生变迁的喜乐悲愁,却被安排在了一起,它达到的表现深度和长篇小说并无二致。这是本文写作的精华所在,也是教学中必须引导学生学习的内容。

单是讲授道理和写法也不能算是难点。教师交给学生的不是文章本身,而是要试图帮助他们得到阅读的方法。在教学中,柯老师采用了讨论交流、情境想象、读写结合、群文比较等方法,对小说阅读的方法进行指导。从课堂的现场效果来看,学生的参与度高,教学气氛热烈,完成的质量也不错。尤其是在情境想象、读写结合上,柯老师做了有益的尝试。接受美学的理论认为:作品的教育功能和娱乐功能要在读者阅读中实现,而实现的过程即是作品获得生命力和最后完成的过程;它强调的是读者的接受。从这个意义上说,读者在阅读的同时也在参与作品的创作。在本节小说欣赏的选修课上,设计情境想象、读写结合等活动,是对以往只"接受"不"输出"的阅读模式的改进。学生在课堂中,通过想象情境理解内涵,以群文比较把握结构,用读写结合呈现自己的理解,在交流中进行了文本的再创造,并获得了阅读小说的新方法,写作能力也轻松地得到提高。长期以来,在阅读教学中,教师将主题和人物的把握作为教学的重难点,学完课文以后,往往留下的是对"这一篇""这个人"的印象,阅读的方法和写作的知识没有得到进一步的引导和拓展,不利于知识的更新与能力的提升。在提倡关注学生学习方式的转变的今天,教学的关注点、教学方式的改变也应该成为教师自身不断探索改进的教研主题。柯老师的这节课可圈可点。

作为一节面向高二学生的小说选修课,课堂的"初读文本内容"部分,是不是可以放手给学生更大的解读空间?尤其是作品中的道理,可以各有深浅。何况,作为经典的文学作品,若是一读再读,每一回都会有新的启发。所以,留一点空间给未来,这既是本文留白手法带来的效果,也是对学生成长与发展的期待。

(葛莉苓)

第四篇

课堂之外的探索

对话·感悟·创新:不断构建的校园语文实践

在语文教育中,作为一线的语文教师,我们常常为学生写作素材匮乏、表达空洞虚假、思想感悟不深而苦恼。我们明白"语文即生活"的道理,也明白写作的素材来自生活,没有生动丰富的生活补给,就没有学生笔下活泼饱满的生命再现。然而每天"家庭—学校—家庭"两点一线的生活,使学生忙碌在上课、写作业之间,生活素材单一性带来写作内容的平面化,感受与思想得不到有力的拓展与深化。在这样的现状下,作文的水平很难得到根本性的改观,语文学习的效益也可见一斑。

语文是一门综合性很强的基础性学科,它的学习不仅包含课堂上的听讲,课本知识的习得,课堂之外的读写,它还应该在思考和感受中,把所读、所写化为自己精神成长的养分,在再读、再感、再想、再写中,建造自己的精神高地,让生命得到不断生长,让学生生命的活力在语文学习中绽放。

挖掘语文学习资源,在课本以外构建更生动活泼的、激励学生成长的语文学习活动,以实现课内与课外、知识与素养、实践与精神的转化,成为新时期语文教学的新任务。

校本资源来自哪里?

(1)校本资源来自语文课程内外的知识整合和能力训练里。语文教学是母语的教育,其知识点涵盖听、说、读、写各个方面,并且在培养情操、提升思维、提高审美意识上有不可替代的作用。但长期以来,我们的语文课,重训练,少实践;重记忆,少运用;重齐头并进,少个性化满足。功利化的考试将学习与运用割裂,甚至对立起来,课堂所学,只为考试。于是,课内语文泛泛而学甚至不学,语文成了"主科中的副科"。而这些课文,是在浩如烟海的典籍中反复淘洗、精心筛选出来的,无论是从思想上还是在艺术上都有其独特的价值所在。所以,用足用好语文课程本身的资源,亦是走出当前语文教学困境的一条路径。在学习语文的同时,我们通过开展"诗会"

的分享、"课本剧"的编写等活动，将语文课文从字面上活动起来，走入学生的精神世界中。或许这些创造性的作品略显幼稚，但是，在完成活动的过程中，学生通过语文活动，品味语言，领会内涵，融入真情，创作新品，完善了课内所学，总结了自己在活动中的点滴成长，在精神上得到真正实在的收获与陶冶。

（2）校本资源来自学校自身。每一所学校都有其独特的办学历史，尤其是老校，历经沧桑，学子云集，薪火相传，源远流长。深厚的文化底蕴，独特的地域风情，绵延的历史积淀，潜移默化地熏陶着、濡染着、交织着，孕育出特有的校园文化，汇成了一个一脉相承的基因谱系。这谱系里有校园内一年四季的风景，有师生一起生活学习的情谊，也有一代又一代莘莘学子的校友情。以"培养人文情怀"为终极目标，培养并提升学生的语文综合素养，是校园文化建设的新方向，也是语文校本资源建设的丰富来源。所以，在学生中，我们设计开展了"校友访谈"活动，让访谈搭起昨天和今天的桥梁，让学生在综合实践中学会选题、聆听、合作、写作、整理，在访谈中抒写感动，记录收获，见证成长，汲取前行的力量。

（3）校本课程资源还来自学校以外的社会中。学生是在真实的母语运用情境中自主地进行语言实践来提升核心素养的。受学校教育的限制，学生活动范围小，活动时间少，语文实践活动存在天然不足。语文的校本资源建设要进一步建设，需要在广度上扩大活动的范围，在深度上进一步引发学生对生活的感悟。将目光放远，我们发现每个人的出生就是一段传奇，家族、血缘等因素影响着他们的思想、行为和习惯，关乎成长，并引领未来。"我从哪里来""我的祖先有哪些故事""他们将带我走向何方"等话题是逐渐走向成熟的少年经常思考和谈论的焦点。每一个家族的历史，每一座院子、每一间屋子甚至每一个小物件背后都有一段段关于亲情和奋斗的故事，是一个人成长历程中无声的宝藏。为此，我们设计了以"慎终追远，寻根筑梦"为主题的大型情境性综合实践活动。我们安排学生寒假期间走访家族聚居地，采集人物故事，提炼家族精神，在访谈的基础上，进行"致我的前辈"的写作。"感人心者莫先乎情"，由于有了充分翔实的材料，有时间、有机会充分地进行人与人之间的情感交流，最后形成了较有质量的文章。更重要的是，通过这样的实践活动，学生能投入自己的热情，唤醒长辈的记忆，活化了本应传承与发扬的传统，在生命的建构上，获得了真实的、有血肉的精神养料。

（4）校本课程资源还来自春夏秋冬大自然的问候中。人与自然存在不可分割的关系,自然是人类赖以生存的天地,人类的一切活动均要与自然发生关系。四季轮转,是大自然运行的规律,它主宰着人类的生命、生活与生产。作为传统的农耕民族,中华民族的生存与四季息息相通;汉语言文化里,对大地和季节的表达几乎占了大多数。可以说,没有自然和四季的变迁,就没有中华民族的文化生命。一个只是埋头苦读、漠视自然的人,是没有情感的、心灵僵硬的躯壳。为此,语文的校本课程建设,应该培养学生直接感受自然、欣赏自然的意识,提高与自然对话、息息相通的感受力,养成亲近、关注、对话、沟通、感受的习惯,在喜悦与感动中,热爱生命,播种希望。为此,我们按照节律的特点,安排了"四季之韵"的语文实践活动,在活动中,欣赏大自然的优美色彩,感受生命的生生不息的力量,强壮自己的筋骨,开阔自己的视野,塑造更有力量的自己。

(4)校本课程资源更在中华优秀文化的传承中。五千年的中华文化,洋洋洒洒,浩浩荡荡,大气磅礴,气势恢宏,奔涌澎湃着中国人的生存观和价值观,闪烁着智慧的光芒。沧海桑田,朝代更迭;书香迢递,斯文在兹。优秀的文化在文字中得到保留与发扬,又在一代又一代人的努力中传承着、发展着,成为中华民族生生不息的生命密码。一个人,仅靠自己从小学到高中所学的那些语文课本中的经典是远远不够的。课外阅读经典永远是语文校本课程建设的重要手段。然而,阅读经典不是要让学生做"复读机""掉书袋"。经典的价值在于常读常新,经典的学习更要跟现实生活中活泼灵动的生命结合在一起,才能催生出新时代的有用的新智慧。为此,我们设计了"《论语》的入世哲学""《道德经》的辩证法在现代生活中的意义""《中国古代哲学史》初探"等校本课程的学习,采用读书报告会、研究性学习、分享读书笔记等形式,在学习中联系社会实际,贯通古今,提炼智慧,发展个性,展望未来。我们还设计了以"思无邪"为主题的《诗经》之美系列鉴赏活动,从朗诵中感受音韵之美,从情感上感受真诚之心,从表达上体会优美之辞,从两千五百年前的祖先的生活中、文化中,感受文明的力量,在感恩民族文化滋养的同时,生发起"再出发"的责任感,让优秀的文化薪火相传,精神永存。

教育的奥妙在于用一片云推动另一片云,以一颗灵魂唤醒另一颗灵魂。一个人只有欣赏到别人登到山峰的高度,才能认识到自己所在的位置;一个人只有走出狭小天地,融入社会与自然,才能源源不断地获得精神上的滋养与补给;一个人只有常常询问"我从哪里来",才能找到自己的位置,明白自己"要到哪里去"。社会在飞快发展,时代在进步,只有因地制宜,不断挖掘课程资源,语文的教学才会生机勃勃,同时,学生的学习生命才会是深情的,充满朝气的,有气度和胸怀的。

语文不能只是用以应付功利化的考试的工具,也不应是仅仅用来应付谋生与交际的工具,它更应该是发展人的智慧、抚慰人的心灵、丰富人的情感、建造人的精神家园的生命之钥。

语文校本课程开发任重道远,我们一直在路上。

案例一

"中秋诗会"情境性朗诵脚本创作选及创作反思

《月满红楼》情境诗朗诵脚本创作、活动过程及反思

2021 届　高一（3）班

《月满红楼》情境诗朗诵脚本

编剧　曾　旸

演员　乐　妍　饰　现代女孩　　　　陈雅琦　饰　史湘云

　　　　林佳鑫　饰　林黛玉　　　　　陈　杨　饰　贾宝玉

　　　　林笑颖　饰　舞者

场景一（今）

现代女孩：相逢秋万里，今夜月重轮。不见莺花闹，当年枫叶新。诶？好像红楼梦中也有这样一个情节。（拿起书，翻书）找到了，（惊喜语气）（捧读书中内容）且说贾母这里命将围屏撤去，黛玉和湘云同去凹晶馆，只见天上一轮皓月，池中一个月影，上下争辉。

（现代女孩下台）

（背景笛声悠扬响起，舞者跳舞 1 分钟，下）

场景二（古）

（笛声继续，黛玉、湘云上场）

湘云：诶呀！这么美的月亮，这么美的园子，咱们连句作诗吧？

黛玉：那我先起一俗语。

湘云：三五中秋夕。

黛玉：清游拟上元。

湘云：撒天箕斗灿。匝地管弦繁。几处狂飞盏？

黛玉：谁家不起轩？轻寒风剪剪，良夜景暄暄。

宝玉：（宝玉从舞台另侧悄悄上场）好诗，好诗。妹妹们果然好才情。

　　　（湘云奔过去，拉住他，黛玉缓步前行，三人停在舞台中央）

黛、湘：你如何到了这里？

宝玉：我也出来玩赏这清池皓月，顺脚走到这里，忽听见你们两个吟诗，更
　　　觉清雅异常。如此，我也来作几句吧：

> 蜡烛辉琼宴，觥筹乱绮园。
>
> 分曹尊一令，射覆听三宣。
>
> 晴光摇院宇，素彩接乾坤。
>
> 酒尽情犹在，更残乐已谖。
>
> 渐闻语笑寂，空剩雪霜痕。

湘云：二哥哥果然见过世面。要是你能把外面见过的、听过的新奇事物也
　　　写在中秋诗里让我们瞧瞧该多好啊！

黛玉：（抿嘴一笑）是啊，我听说闽都古地有个惠泽山，那地方古木苍天，海
　　　风吹襟，今晚的月色一定更美呢！在山头吟诗赏月，那才叫痛快呢！

宝玉：且慢，让我一试。（宝玉灵感涌现，回到桌旁，提笔写下诗，举起诗。
　　　三人一起朗读藏头诗）

月满红楼

［高一（3）班原创诗］

> 惠远霜寒青黛墨，
>
> 泽深露重锦湘裙。
>
> 桃颊粉面孤亭冷，
>
> 李雨黄尘梦路曛。
>
> 祝灶千觞对月举，
>
> 福门万木向家欣。

团圆皓彩天涯共，

聚散同心岂可分？

（注：藏头强调"惠泽桃李，祝福团聚"。）

（三人一起向现场观众展示书法作品。剧终。）

《月满红楼》情境诗朗诵的活动过程及反思

曾　旸

●拟定表演形式

作为一份参赛的诗朗诵作品，需要有新颖的形式，方可脱颖而出，所以我们首先集结全班力量，一同探讨拟定表演形式。最后表演形式是大家投票选出的。而之所以多数同学会选择以《红楼梦》来改编，大致有 3 点原因：一是班级中有不少同学有浓厚的文学情结，尤其喜欢古典诗词，而《红楼梦》中恰巧有大量优美的诗词；二是《红楼梦》为高一本学期必读书目，大家也希望能借此机会更了解此书；三是近期《红楼梦》推出儿童版的电视表演，我们同学也很想尝试自导自演《红楼梦》片段。

●选定表演者

对朗诵表演我们采取了自发报名的形式，同学们都十分积极地报名，这给了我们很大的触动。我们迅速拟定选人标准：普通话标准、语音富有感染力、面貌良好、行为动作富有表现力、身高体型匀称等。最终我们以试读表演诗歌的方式选出了一群优秀的表演者。

●排　演

演员们利用午休周末等一系列可利用的时间来排练，大家也都积极地配合，从不因自己的私事而耽误大家的排练时间。其间，我们也面临许多难题。比如，诗词的朗诵不够有感情，语音语调、表演时配上的动作不够丰富等。大家一次又一次地排练，不放过任何不足，直到表演的动作都变成了下意识的动作才罢休。在这些问题上，我们也要感谢老师。首先，柳老师给予了我们极大的帮助，为我们提出建议和修改方法，甚至牺牲自己的休息时间来指导我们。我们也要感谢班主任林老师，全程对我们的活动予以支持，为我们提供了后勤保障。另外，就是服装的选择问题。由于《红楼梦》的时代背景，我们不能直接用学校提供的汉服，要自己去网络上租。对网络上五花八门的服饰，大家都花费了大量的时间与精力来筛选，要考虑价格、样式等问题，最终同学们在一次次的讨论之后，才定下了服饰。所有的问题通过老师和大家的不懈努力，都迎刃而解了。

●收获感悟

作为组织者，我学到了很多。首先在活动准备阶段，一定要取得大家的理解和支持，只有大家一起努力，才会获得成功。其次是将任务具体分工，调动大家责任感的同时也可以使每个人的任务都更加明确，发挥每个人的长处。对于我分配给大家的任务，同学们都很努力地完成，每一个同学的努力都被其他同学记在心里，更进一步促进了同学间的相互认可、相互欣赏，增进了友谊，加强了班级凝聚力。活动的圆满完成离不开之前的充分准备，表演之前，演员们都查找了大量信息和观看《红楼梦》的影视资料，向他们学习语言动作，力求可以更完美地演绎。在本次活动组织中，每个参与其中的同学都收获良多，受益匪浅。

※指导教师点评

一曲红楼，绕梁百年。《红楼梦》中的经典诗词更是妙不可言，但长期以来，除研究爱好者外，鲜有学生会细读红楼诗词。而这群孩子此番从经典作品中演绎传统文化，不仅使朗诵形式鲜活了，更展示了《红楼梦》中的经典之作，激发了同学们阅读《红楼梦》的兴趣，亦丰富了朗诵的文化内涵，这是很棒的想法。

同时，作为经典诵读比赛，孩子们能齐心协力回归文学作品，自导自演，多样元素综合演绎，有解读，有体悟，有升华，这对孩子们的表演朗诵与诗词阅读都是一次极好的培养，值得夸赞。

（柳华琴）

《嫦娥奔月》情境诗朗诵脚本创作、活动过程及反思

2021 届　高一（12）班

《嫦娥奔月》情境诗朗诵脚本

编剧、导演、旁白　傅诗瑶

朗诵　邓博雅　叶　祥

演员　林乙萱——嫦　娥　肖连昕——后　羿　叶忠睿——蓬　蒙

　　　　颜敏娜　占　莹　朱瑾玢——群演百姓

后勤　陈静文　江秀敏　高翊瑶

（邓博雅、叶祥身着汉服从舞台右侧缓步上场）

邓博雅：中秋月。

叶　祥：［明］徐有贞，中秋月，月到中秋（抬手望月）偏皎洁。

邓博雅：偏皎洁，（抬手低吟）知他多少，（与叶祥对视）阴晴圆缺。

叶　祥：阴晴圆缺都休说，且喜人间好时节。

邓博雅
叶　祥：好时节，愿得年年，常见中秋月。（邓博雅、叶祥下场）

　　　　旁白：相传，远古时候，天上有十个太阳，百姓们生活在水深火热
　　　　之中。（群演百姓与嫦娥擦着额头上的汗出场，后羿跟在身后）
　　　　有一个名叫后羿的英雄，他一气射下九个太阳，为民造福。他也
　　　　因此受到百姓的尊敬和爱戴（群演百姓鼓掌欢呼簇拥着后羿）。
　　　　不久，后羿取了个美丽善良的妻子（嫦娥上前，给后羿递水），名叫
　　　　嫦娥。（群演下场）

　　　　（蓬蒙从侧面上台）

　　　　旁白：一次偶然，（后羿缓步出场）王母娘娘赠予后羿一枚仙丹，据
　　　　说，服下此药，便能即刻升天成仙。（蓬蒙上场，躲在遮挡物后）

后　羿：（低头看手中药丸，忧愁）这仙丹，只有一颗，嫦娥该怎么办呢？

嫦　娥：（出场，看着后羿的背影疑惑担忧，上前执手）夫君，近日看你总是

愁眉不展，不知所忧何事？

后　羿：（叹气）娘子坐下说。

　　　　（二人跪坐几案旁）

嫦　娥：（后羿拿出仙丹放在几案上，嫦娥疑惑）夫君，这……这是何物？

后　羿：（将药递到嫦娥手中）这是今日王母娘娘赐予我的仙丹，你且先收着，断不可让别人拿去（严肃）。（嫦娥小心接过，后羿突然起身，嫦娥微微拦住）

嫦　娥：这又是要到何处去？

后　羿：今日我要教授各徒儿武艺，夫人暂且歇着，我去去就回。

　　　　（相视一笑）千万要收好。（轻拍嫦娥手）

嫦　娥：夫君放心。

　　　　（后羿离开，回首看嫦娥）

嫦　娥：（不舍）早去早归啊！

　　　　（后羿颔首离开）

嫦　娥：（返身回屋，凝视手中之药，郑重）夫君说，这药珍贵无比，我得好好收着。切不可让有心之人给偷了去！（作藏药状）

蓬　蒙：（奸笑）哼，此时不取，更待何时？（持剑出场）

　　　　（手持宝剑藏身后闯入院内，嫦娥听到脚步声回头被吓到）

蓬　蒙：（抢先说一句）师娘，别怕，是我！

嫦　娥：（慌乱）啊，你为何在这，怎么不随你师父去？

蓬　蒙：师娘（躬身拜见），徒儿今天生了病，没跟师傅同去。

嫦　娥：（疑惑上前）原来如此，那为何……

蓬　蒙：（狡猾笑，抢话）我听说师傅有一丸仙药，吃了能长生不老、飞天成仙。能否借徒弟用用？

嫦　娥：（大惊失色）哪来的话！你师父从没有什么仙药。不得胡说！（慌张）

蓬　蒙：（边说边慢向前，嫦娥跟着后退）师母，如若不交出仙药，别怪徒弟不讲师徒情意。快交出来！

嫦　娥：呵，我又怎会给你这般小人！（甩手）你现在放弃，我便当什么都没发生过，若你继续执迷不悟，我就是死，也不会成全你！

蓬　蒙：那就别怪我不客气！（拿出宝剑刺去）

　　　　（嫦娥慌忙拿出药丸，正欲吞下，后羿出场，他归来见到眼前这一幕）

后　羿：(惊叫)嫦娥！不要！(冲上前,刺蒙,蒙倒下,嫦娥已吞药)

嫦　娥：(升天,下场)夫君！(后羿嫦娥二人伸手欲牵不得)

（后羿落寞痛苦站在原地,蓬蒙负伤逃走）

（《竟夕相思》音乐起）

旁白：后羿仰望着天空呼喊爱妻的名字,这时他惊奇地发现,今天的月亮格外皎洁明亮(后羿在舞台左侧抬头看),有个晃动的身影酷似嫦娥(后羿慌张起身,向舞台右侧跑去)。

后　羿：(连声呼唤)嫦娥……嫦娥！

旁白：他不顾一切地朝着月亮追去。(后羿奔向舞台的另一方)

后　羿：(看着天边的月亮)夫人,是你吗？近来,过得可好？(思念)

旁白：后羿无可奈何,又思念妻子,只好派人到嫦娥喜爱的后花园里,摆上香案,放上她平时最爱吃的蜜食鲜果,遥祭在月宫里眷恋着自己的嫦娥。(群演百姓上台布置)

后　羿：(遥望明月,群演百姓站在后羿身后,后羿朗诵《送游考功将漕夔门七绝》)四肢谁谓可无骨,五肚自信难留寒。跂予望之不得语,但愿万里书平安。(抬手祈愿)

群演百姓：(遥望天空祈愿)但愿万里书平安。

旁白：百姓们闻知嫦娥奔月成仙的消息后,纷纷在月下摆设香案,向善良的嫦娥祈求吉祥平安。

（所有演职人员上台,嫦娥、后羿站在最前面,邓博雅、叶祥分站第二排,三个群演与旁白分站第四排,构成三角形,朗诵《嫦娥》）

后　羿：《嫦娥》。

嫦　娥：［明］边贡。

所有人：月宫清冷桂团团,岁岁花开只自攀。

共在人间说天上,不知天上忆人间。

（谢幕,所有人上前站成一排）

后　羿：花好月圆。

所有人：花好月圆人团圆,寄去相思和祝愿,幸福快乐好梦圆。高一(12)班预祝大家中秋快乐！(鞠躬下场)

《嫦娥奔月》情境诗朗诵的活动过程及反思

傅诗瑶

●确定形式与主题

最初，我们对于中秋诗会的概念是模糊不清的，在活动通知下来时，我们最初的想法是排个简单的朗诵歌舞节目，却又觉得缺乏新意。在思考了一下午后，我们决定尝试舞台剧的表演，而这一大胆的想法也受到了柯秋霞老师的赞同与支持。但万事开头难，即使确定了表演形式，准备工作仍很繁重。

我同其他两位文娱委员讨论了许久，却始终没有确定下来具体方案。我最初的想法是以歌舞朗诵为主要内容，适当穿插剧情，这又有了新的问题，到底如何穿插，之后该如何连贯，剧情内容又该是什么？这些都是决定这次舞台剧呈现效果的重要因素。

在一个晚上的思考后，我决定从中秋传说中挑选主题作为剧情穿插。于是我和语文课代表占莹同学一同上网查找了资料，确定了两个主题，分别为"嫦娥奔月"和"吴刚伐桂"，考虑到现实因素、熟知度及呈现效果，经过讨论，最终我选取了"嫦娥奔月"作为主题。

●解决剧情与表演矛盾

确定完剧本后便要考虑如何安排古诗词的朗诵。当时我的想法是，以表演歌舞、朗诵节目为主，适当贯穿一点点剧情衔接表演，这就偏向于歌舞剧，但总时长仅有短暂的 5 分钟，新的问题又来了。我们纠结了许久，甚至产生了究竟以表演为主还是以朗诵为主的分歧。

我决定征求老师的意见，柯老师了解了我们的主题和想法后，建议我们还是偏向课本剧，以剧情为主，在表演过程中展示朗诵。

老师帮助我们疏通了流程，这让我更深一步明白了中秋诗会的真正含义：我们不是为了演而演，而是要向大家传达我们对中秋节的理解和传统文化的认知，无论是课本剧，还是舞台剧，剧情的背后，总是要有更深的立意，这就不仅仅局限于表面了。

柯老师的建议顿时使我们茅塞顿开，我们匆匆回到教室记下突发的灵感，表演构思终于有了突破。

于是在当晚，我便初步拟好了剧本以及方案，但其中的细节还有很多问题，多亏了老师的修改和想法，剧本也终于能够顺了下来。

● 排练过程

第二天，发下了剧本，我们就开始了排练。因为刚开学不久，大家都不熟，甚至都叫不上名字，更别提默契。我先让大家看了遍剧本，然后便尝试着排练第一幕，即后羿回家和嫦娥对话的场景。

两个主角还十分羞涩，我记得很清楚，疏通台词时，"后羿"一人在旁边踱来踱去，"嫦娥"也只是低着头默默看着剧本，好一会气氛才逐渐热起来。到了两人对话的时候，那一句"夫君"就是死活喊不出来，我们不停地给双方做着思想工作，最后扮演嫦娥的林乙萱同学终于畏畏缩缩地吐出一句"夫……君"。

那一天，我们利用了大课间以及午休的时间排练，渐渐地大家也开始熟悉起来，虽说没有那么熟络，也总不至于像刚开始那样腼腆。但我们也面临着第一个问题：表演过于僵硬。

我印象十分深刻，记得当时 3 个演员在对戏，说是对戏，倒不如说是念台词，还是毫无感情地念，这对于他们来说的确很困难，需要时间来突破自己。第一次的排练总是不太严肃，我们也只是略随意地过了一遍剧情，看似只需要四五分钟便能演完的剧情，甚至在当时还不需要那么久，但其中很多极小的细节：如怎么坐下，说台词时所要做的动作，哪一幕中所要呈现出的眼神语言效果等，都还极不成熟，第一次的排练就这样结束了。

后来在一次又一次的排练过程中，我们一次次改善，一次次进行台词修改，甚至每一天都要重新打印几份最新台词，虽然很累，但我们都不约而同地产生了小小的成就感。

而两位主角的对戏也愈加熟练，他们慢慢开始在表演中找到了感觉，从最初的一念台词就结巴，到念台词能够自然顺畅，再到最后能够带入角色，毫无违和感地对视配合，现在回想起来都还带着点自豪感。而一开始的尴尬场面，也成了我们最珍贵的回忆。

时间过得很快，转眼就到了最后一天的排练时间，虽然各方面差不多完善，但最头疼的是，整个表演一直都没有顺下来，不是忘台词，就是动作眼神不到位。最要紧的是，3 个主角由于第一次上台，经常无意识地背台，这对于舞台剧来说，是断不可有的失误。

老师直接尖锐地指出了我们的问题，而大家也一直十分配合，甚至放学后,我们还留下来继续排练磨合。柯老师也始终帮助我们修改,终于,到了七点多,我们算是排出了整个节目。

就连周末时间我们也不放过,一遍一遍地排练,将动作的编排、眼神的呈现熟记于心,我就这样看着大家进步,骄傲,更是欣慰。

● 表演现场

表演当天,我们早早到了现场,即使整个流程烂熟于心,却还是免不了紧张胆怯。我们花了一个多小时化完妆,准备好道具,便又匆匆找了个空地进行最后的走台和排练。

就差几个节目就轮到我们了,主演们都极力控制调节着自己的情绪。想起那时,"嫦娥"一次一次地向我确认流程,生怕有什么失误;而"后羿"更是紧张得一言不发,只是独自一人在操场上踱步。

即使有些许慌乱,我们都努力着,争取以最好的状态面对。表演前,更多的是紧张,害怕有丝毫差错,可一上台,更多的是享受,享受舞台,享受掌声。

"有请高一(12)班带来——《嫦娥奔月》。"我们从容地走上台,五分多钟的时间很快过去,随着我们对观众整齐地祝福和鞠躬,他们同样给予我们掌声和欢呼。这是鼓励,更是对我们整个演出的肯定。

表演结束,正如我所想,大家都没有想到,整个表演竟然会如此顺利,"嫦娥"即将奔月时的惊慌和绝望被演绎得精巧绝伦;"后羿"和"蓬蒙"的打戏,没有一丝差错,这是一次比任何时候的排练都要完美的演出!

我们的脸上是放松愉悦的笑容,我们没有辜负这几天的辛苦付出,没有辜负老师的期望。

第一次担任编剧兼导演,有收获,也有不足,但这一次的经历,注定一生难忘。很开心这一次能和所有的台前幕后演员合作,下一次如果还有机会,我会更加努力,为大家呈现更好的表演。

● 同学们的表演心得

◎想不到刚踏进高中生活的大门,我就经历了生平第一次上台表演。从被分配到这个角色,到拿到剧本,再到彩排,最后正式上台表演,每一个环节都使我受益匪浅,我相信这会是我人生画卷上浓墨重彩的一笔。

刚开始接下这个角色时,我一度认为表演是件轻松的事情,只要进入这个角色,让自己尽可能自然就可以把戏演好。但在彩排的时候我才发现,单是进入角色就不是一件容易的事,没有亲身经历,根本不能体会当时的感情。

就拿头几次彩排来说,由于刚开学不久,我们彼此之间还不够熟悉,加上很多台词让我们难以接受,大家更是羞涩腼腆。甚至在与女主角对戏时,我们之间仅仅是一个简单的眼神交流,都会忍不住别过头去笑起来,当时对戏过程中的手足无措我至今仍记忆犹新。

不仅如此,在彩排的过程中我也遇到了各种各样的麻烦,每一个小细节和小动作都显得尤为重要,甚至关乎整个剧情的衔接。从刚开始的一说词就要笑场,到最后能够冷静沉着地在六百多人面前完成整场戏的表演,这其中多亏了老师和同学的指导,及时地指出我的不足,这也是在为我的表演积累经验,相信下一次上台,我一定能够更快地适应。

在整个过程中,同学们身上有很多地方值得我去学习。就拿我们的文娱委员傅诗瑶同学来说,作为导演兼编剧的她在整部戏中的付出应该是最多的,拟定剧本、修改剧本、指导表演、确定服装、选择音乐,甚至连演出PPT 的背景图她都费尽心思。她对这次表演的每个细节都一丝不苟,认真负责的态度深深折服了我。对于平时分配到的小任务都不能投入全部心思去完成的我来说,她身上真的有很多我需要学习的地方。

在台下准备的时候,我想着在台上会出现的各种失误:怯场、忘词、腿软……到如今,我依旧能清晰地想起,临近表演时我的紧张与害怕。

可最后真站在台上的时候,我才发现我是享受舞台的,在台下的所有顾虑一瞬间就被我抛之脑后。我只是专心表演,投入角色,进入情绪,不再去顾虑其他。

整场演出十分顺利,在开心愉悦的同时,我发现我喜欢这样一个在其他人面前展示自己的机会,这充分锻炼了我的心理素质,让更多人知道了我。

通过这次表演,我发现了许多不足的地方,却也有了许多新的体会和收获,收获了同学之间的友情,这必然是一次难忘的经历。

——肖连昕(后羿扮演者)

◎其实在报名"嫦娥"这个角色时我有想到会和"后羿"扮演者有一些"感情戏"。我原以为我能 hold 住,但直到我真正拿到了剧本,看到了台词和具体情节我才发现我错了……

剧本里居然出现了"夫君"这样的台词,我立马慌了,也许是有些害羞吧,就觉得这样过分亲密的台词不是太好说出口。我开始给自己做思想工作："嫦娥和后羿本就是一对恩爱的夫妻，这样的称呼才能让整个剧情显得更加自然啊！"就这样，我颤颤巍巍地接受了剧本。

但是尽管思想上过关了，在行动上我还是畏畏缩缩。刚开始和"后羿"串戏时，我总是笑场，尤其是要说出难以启齿的台词时，我无论如何也说不出口来，总觉得十分尴尬。

事实上，在此之前我和后羿是并没有说过什么话的，彼此都还很陌生，而现在突然就要演一对恩爱的夫妻，并且我还要以"夫君"称呼他，这着实有些难为情。即使我心里知道这只是演戏而已，大家只是搭档，但到了真正要面对面说话的时候就怎么也说不出口来，就只会拼命笑场。我并不清楚当时是怎样的心理导致一直笑场，也许是害羞，也许是尴尬。"后羿"许是受到了我情绪的感染，他也变得扭扭捏捏，时常笑场，其实我很想知道我在叫他夫君时他在想什么。

渐渐地，我第一次尝试着鼓起勇气对后羿说出了"夫君"二字，当然最开始的时候还是会觉得很别扭，笑场拖慢排练速度，但让我很感动的是大家都很体谅我，理解我的感受，都给我时间慢慢去适应这个称呼。

经过一次又一次的排练，我逐渐地可以脸不红心不跳地对"后羿"说出"夫君"，也摆脱了自己所谓的不好意思，更全身心地投入到剧情中，到最后甚至能够加入一些感情进去。我从未想过自己可以做到如此，从未想过我也能做好。

另一个很严重的问题，是我们的眼神交流。"后羿"每次都会站得离我很近，然后双眼就直勾勾地盯着我，注视的感觉使我不太好意思迎上他的目光。更重要的是，他注视着我的同时还会露出非常天真灿烂的笑容；每次我调整好状态去演戏，一对上他的目光，一看到他的笑脸，便控制不住地开始笑起来。多了几次笑场以后，"后羿"也一脸无辜地问我："我长得很好笑吗？"导演也开始着急，可能是因为后羿是正脸对着我，所以导演他们站在旁边看不见"后羿"的表情，不明白我的"苦衷"，就只看到了我一直笑吧。

不过她们也十分热情地为我出谋划策：把眼镜摘了、把"后羿"当成女生等。大家以为我还在害羞，还不好意思和"后羿"相处，但其实我是被他的表情逗笑的。为了好好演下去，我还特地去脑补了情节：后羿是因为很爱他的妻子，所以才一看到嫦娥就露出灿烂的笑容。这样想的话，也很顺理成章了。剧情疏通了以后，我能更好地进入状态了，也不再那么频繁笑场，逐渐地我们有了一些默契，接下来的排练效率高了不少。

嫦娥是一个很温柔贤淑的女子，这和我的人格设定大相径庭，我不得不去刻意地把语气变得温柔,把语速放慢,找人物的感觉,酝酿情绪。

不管是对后羿多日忧愁的担心,还是对蓬蒙抢药的害怕和奔月时对后羿的不舍,我都要逐个地去分析演戏时应该用怎样的语气,带着怎样的情感去表达。最让我头疼的两个片段是蓬蒙夺药,而嫦娥发誓自己宁死也不会成全的那段,以及嫦娥奔月前对后羿呼唤"夫君"的那段,前者是因为我觉得嫦娥在说这些话的时候是很坚定、很勇敢、很无畏,绝不向恶势力低头的感觉,就这样一番坚定的话语怎么用温柔的语气说出来呢?后者是因为那句"夫君",我怎样都念不出嫦娥绝望、不舍的情感,在多次练习感受以及老师同学们的帮助下,我渐渐找到了感觉。

事实上,正式表演的时候也是我们第一次全程无间断地流畅表演,而我却感觉像做梦一样,表演完了才恍如大梦初醒,惊叹结束得如此之快,六七分钟的表演一眨眼就到了尾声。总体来说,大家都尽了最大的努力去完成了表演,也算是不留遗憾了。

若是要说我有什么心得和收获,就是满足和成就感吧。我们经历了很辛苦的排练,包括剧本也是改了五六番,大家都锲而不舍,追求更好。最后我们的努力换来了台下的掌声雷动,我们的作品也得到了认可!

——林乙萱(嫦娥扮演者)

※指导教师点评

(12)班的《嫦娥奔月》节目一改传统诗舞结合的朗诵形式,将话剧因素渗透其中,通过改编中国传统神话故事,串联《后羿射日》与《嫦娥奔月》故事,凝缩剧情的同时,穿插 3 首推进情节发展的诗歌吟诵。这样的形式使得短短 7 分钟的舞台剧既具有情节的波澜起伏,又渗透神话故事本身情感的哀婉曲折,加之 3 首契合情节发展的诗歌《中秋月·中秋月》《送游考功将漕夔门七绝》《嫦娥》的嵌入,更使得该节目在形式创新的同时又继承了传统文化的古香韵味,而学生在节目尾声所发出的愿花好月圆的美好祈愿更引起了在场观众的共鸣!乐声幽幽,书声琅琅,千年的神话传说就在这样一群少年的举手投足、一颦一笑中拉开帷幕。月照当头,中秋虽未至,对人事的美好祈愿已在这样的节目中被妥善安放。

(柯秋霞)

《仲秋夜梦忆》情境诗朗诵脚本创作、活动过程及反思

2021 届　高一（7）班

《仲秋夜梦忆》情境诗朗诵脚本

编剧　李恩霖

演员　陈卉铃　毛逸凡　郭艺杰　翁　焓　李雨情　谢　雨

道具　桌椅两套　酒具一副　屏风

旁白：在很久很久以前，有一个书生，为了考取功名而废寝忘食。中秋团圆之夜，他依然在挑灯夜读。

书　生：（坐在椅上，点着蜡烛，托着书，作强撑着读书与睡样）"昔在帝尧，聪明文思，光宅天下……（停顿）将逊于位，让于虞舜，作《尧典》。（停顿）……"（伏在桌上，睡着）

旁白：夜深了，书生因疲惫睡着了。（灯光暗）

（甲乙两位诗人上，两位女伴跟随其后上场。两位诗人坐于亭中，女伴侧立一旁，诗人举杯对饮。）

书　生：（揉眼睛，醒）我这是在哪里……（停顿）去问一问那两个坐在亭中的人吧。（站起身，走过去）二位公子，请问这里是哪里？……（停顿一下）敢问二位是……

诗人甲：这里是门锦山，我们是两位不入世的诗人罢了。

诗人乙：为何相问去处呢？姑且坐下。有客有酒，同余二人饮酒赋诗，岂不美哉？（拉书生坐下）

诗人甲：（给三人添酒，三人一饮而尽）今夜雅集，且酒且歌，看今夜月白风清，不如我们来作诗吧。（停顿一下）我先出一句："花间一壶酒，独酌无相亲。举杯邀明月，对影成三人。"

书　生：遥天仙境，酒官之旗。（略思索）那我接："月既不解饮，影徒随我身。暂伴月将影，行乐须及春。"

诗人乙：（沉吟）曲终终离散。（略思索）"我歌月徘徊，我舞影零乱……"

（停顿，因想不出来而踱步）"哎！……"（懊恼，踱到一旁，用扇子轻敲脑袋）

（两位女伴在一旁窃窃私语，用袖掩面，相视一笑）

女伴甲：（大方地走上前）我来接："醒时相交欢，醉后各分散。"

女伴乙：（上前，牵起同伴的手）"永结无情游，相期邈云汉！"

诗人甲：（仔细品味，拍案而起）甚妙！甚妙！此诗对得甚妙！

（男生们互相点头表示同意，之后女生后退，三个男生端起酒杯，走到前台，开始朗诵）

书生、诗人甲、诗人乙： 花间一壶酒，独酌无相亲。

举杯邀明月，对影成三人。

诗人甲、书生：（边踱步，边相互点头）月既不解饮，影徒随我身。

暂伴月将影，行乐须及春。

诗人乙：（走上前来，对着诗人甲、书生两人，缓缓吟道）我歌月徘徊，我舞影零乱。

书　生： 醒时相交欢，醉后各分散。

诗人乙、书生：（共同朗诵）永结无情游，相期邈云汉！（两人举杯，一饮而尽）

诗人甲：（走回来，拱手佩服地说）想不到你们也能接出这么好的诗句！

女伴甲：（自信地）那是自然。今晚月光如此美好，又遇上吟诗赏月之雅事，我们也想吟诗助兴呢！

诗人甲： 哦？那我们洗耳恭听了。

女伴乙： 来就来。（望着月亮）"玉颗珊珊下月轮，殿前拾得露华新。"（向女伴甲示意）

女伴甲：（略思索）那我就对："至今不会天中事，应是嫦娥掷与人。"

女伴甲： 好个"应是嫦娥掷与人"！真真是天赐美景，人间有幸啊！

诗人甲、诗人乙：（略微品味）哈哈哈哈……（与书生三人大笑，举杯一饮而尽）

书　生： 蟾宫清辉，倾掷与人。好诗！好诗！

诗人甲： 今晚可真是痛快啊！花前月下，共赏蟾桂！让我们把酒言欢，不醉不归！

众　人： 哈哈哈哈。（在嬉笑中作把酒言欢的样子）

（屏风起，书生迅速归位到剧初状态，伏在桌上）

旁白： 众人在嬉笑中把酒言欢，欢乐的场景却也渐渐消散。（除书

生外,其余演员退场)

(书生醒,做困倦样)

书　生：……原来是梦啊……

(书生起身,渐渐踱步舞台前)

书　生："花间一壶酒,独酌无相亲。"……(定住,抬头)"玉颗珊珊下月轮,殿前拾得露华新。"……好诗好诗……今晚的月光真美啊……月光啊,你是从哪里来,你可曾轻抚过嫦娥的翩翩衣袂,安慰过李白孤独豪放的诗情?(低头)今晚,月光之下,我的父母兄弟、亲朋好友他们在哪里? 在干什么? 是不是像我一样,饮一壶桂花酒,想念远方的我?(轻叹一声,抬头望月,若有所思)

(音乐声响起)

旁白：江畔何人初见月,江月何年初照人。人生代代无穷已,江月年年只相似。在交通不发达的古代社会,多少的游子在外漂泊,居无定所。月亮圆了又缺,缺了又圆,在圆圆缺缺中,沧桑了岁月,蹉跎了年华。所幸,有清风,有明月,有清酒,有诗情,安抚心灵,相伴前行的路。

(全体演员有序上台,排成一列)

今晚皓月当空,清辉万里。在这美丽的夜晚,让我们共赏一轮明月,共诵一首明月之诗。

众演员：(齐声)高一(7)班!

高一(7)班全体同学：(在台下,全体起立)到!

台上台下：(共同朗诵)海上生明月,天涯共此时。情人怨遥夜,竟夕起相思。灭烛怜光满,披衣觉露滋。不堪盈手赠,还寝梦佳期。

演员齐声：高一(7)班在这里预祝福州四中全体师生,中秋快乐,美满幸福!

(将手中的糖果撒向观众席,剧终)

《仲秋夜梦忆》情境诗朗诵的形成过程及反思

李恩霖

起初接到老师的任务时,我一点头绪也没有。老师给我们的意见是：反对内容死板,要注意朗诵在整个舞台剧中所占的比重和整体舞台剧效果。文娱委员一开始提出了"评比式的朗诵"的想法：两个人在中秋月夜里,评赏诗歌,为古体诗还是现代诗更能体现对中秋的赞美之情而展开辩论,最后在第三个人的分析中达成了共识:两种诗各有各的好。但被葛老师以"评比式的语言太说教,缺乏诗会的美感"予以否决。因为我们毕竟是舞台剧,在朗诵的同时还要注重舞台效果。

在之后与文娱委员的讨论中,我们从《春江花月夜》的"江畔何人初见月,江月何年初照人"一句得到灵感,想做一个简单的"古今穿越"剧。但是"古今穿越"结构庞大,用于电视剧或电影比较合适,学校的舞台、灯光尚不具备良好的演出条件,而且花费在服装、道具上的精力太多,可是排演时间有限,所以不合适。我们进而想到吸收"古今穿越"的表演因素:"梦境"。中秋之夜,游子思乡是常情,因孤独想家,吟诵明月之诗,既可以串起一个中秋吟诗的场景,又可以丰富表演形式,达到中秋诗会雅俗共赏的效果。于是我们在此基础上便完成初稿。葛老师看后提出了"转折衔接不够自然""剧末升华不够有力"等意见。第二次修改后,老师强调,作为剧本,要有动作、表情等细节的说明。我又陆陆续续跟演员们商量,加上了动作细节,并加以优化。之后为了舞台效果更加和谐,我加入了两位女生一起表演,剧本又大改了一次,最后定稿。

因为刚开学,同学们都不熟,参与活动的积极性都不高,所以班主任便指定了几位同学参加。在演出过程中,我们遇到了许多困难。一开始,由于稿子较长,时间较短,演员们一开始都背不熟练,表演过程中结结巴巴,更谈不上表演。老师审节目时提出来很多修改意见:想要熟练地背诵剧本,首先要先将自己角色代入,用心去体会角色的情感,才能更好地把握台词;有留给我们的排练时间并不多,所以动作、走台要边背台词边熟练,以尽早完善演出质量。这些意见对我和演员们收益很大。

再一次改完稿,经过一段时间的磨合,演员们已经能基本脱稿,大家便开始一点点完善动作。主要的问题是大家都没有什么感情,除此之外,对于舞台剧末的场景效果,我与文娱委员当时还产生较大分歧。为了制造气氛,我们当时决定在剧末向台底下撒糖,但文娱委员觉得一边吟诗一边撒糖好,我觉得在谢幕时撒糖好。老师让我们想象撒糖的场景,如果在吟诗的时候撒糖,会不会引起现场的骚动,破坏了吟诗的情绪?如果谢幕时撒糖,会不会活跃气氛?更重要的是,其他班级的节目都没有撒糖的环节,我们班的节目设计可以多一点新意。在老师的指导和团队的共同努力下,表演效果开始好转。郭艺杰同学在朗诵诗歌尽兴的时候,还情不自禁地拍起了桌子;集体朗诵时,同学们也不由自主地进行眼神的交流。在训练中,我们不断改进稿子，所以动作细节越来越丰富。就这样，演员们的排练劲头十足，还经常牺牲休息时间加班加点。

从参与性来说，一开始就只是我们这几个演员在排练，考虑到高一（7）班是一个大家庭，在中秋月圆的晚上，我们要让全班同学一起参与到美好的演出中，让全年段的同学接受我们的中秋祝福。所以在剧末制造了一个小彩蛋：全班共同朗诵张九龄的《望月怀远》。这不仅为节目增光添彩，而且更增强了班级的凝聚力。

从演出效果来看，总体表现不错，演员们对新改的词熟记在心，动作很熟练，眼神基本到位。就是依然存在几个问题：①感情不够。演员们是第一次上舞台表演情景剧，演出的经验不足，表演速度有点快，影响了观众对剧情的了解。②对白的声音太小，虽然在排练过程中强调过这个问题，但或许是因为在台上紧张，也或许是现场的麦克风故障，声音的表现力有待提高。在诗会上，我也看了其他班的表演。他们的表现、张力很强，一些细节也很值得我们学习，比如把朗诵的诗文做成演示文稿，显示在舞台背景上，方便观众理解。

这次的诗歌朗诵活动是我们高一开学以来第一个重要的活动，它充分调动了我们学习古代诗歌的积极性，增强了班级凝聚力。它不仅是一次情境性诗歌朗诵节目的创作，也是我和小伙伴们共同学习、互相交流的宝贵体验。想起我们在遇到困难时积极去应对，跟其他班级的同学互相比对，寻找不足，这可真带劲！

※指导教师点评

这是中秋诗会中自编自导的原创节目。从创作到演出，学生都是第一次接触这样的形式，虽然有一些不成熟的地方，但还是要为同学们的不敷衍精神点赞。舞台的情景剧表演，除要背台词、设计动作外，还需要考虑舞台大小、灯光、布景等种种因素，而这些设计往往受场地的限制而需要调整。这5位上场同学以及幕后策划导演的同学克服了很多困难，尽量把各种因素都想到，在准备道具、服装上比其他班级更加用心，很好地保证了节目的精彩演出。最后，当全班同学一起为大家朗诵《望月怀远》的时候，将舞台的上下连成一片，很好地体现了共度中秋的主题。

（葛莉苓）

案例二

"校友访谈"作品选及活动反思

悠悠四端情,拳拳育人心

2018 届　高一(8)班　邓青青　郑晓蝶　李　雯　陈潇颖　陈　宇

●受采访者(曾氏后人)简介

姓　名	工作单位	关　系
曾以丰	福建省建筑研究院	曾万颐之女
林　光	福州市化工机械厂	曾万颐之外孙女
张　榕	福建中华技师学院	曾万颐之外孙

私立四端中学,1948 年建成,1952 年并入福州四中。该校校名取自《孟子·公孙丑上》,具体是指:"恻隐之心,仁之端也;羞恶之心,义之端也;辞让之心,礼之端也;是非之心,智之端也。"孟子认为恻隐、羞恶、辞让、是非 4 种情感是"仁""义""礼""智"的萌芽,故称"四端"。在孟子看来一个健全的人格由这 4 种情感发端,不断完善,最后实现修身平天下的目标。一个以"四端"作为校名的学校,一定是以儒家文化作为自己的主要育人宗旨,目的是让每一个走出四端的学生既能够有良好的行为习惯,又能用儒家精神入世办事,在社会上实现自己的人生价值。有趣的是,四端中学的创办者是当时福州有名的"富二代"。在"金钱至上"的商界,这无疑是很有

远见的造福社会的义举。在福州教育的历史上，四端中学存在的时间并不久，但这所学校的办学背景、办学情况、创办者的生平都让人心生好奇。2016年，福州四中将迎来她110年诞辰，在学校百十年的办学过程中，四端中学是一个不可回避的存在。为此，2016年春节期间我们采访小组的5位同学在老师的带领下，采访了四端中学创办者——曾万颐老先生的后人曾以丰、林光、张榕等，了解了四端中学的办学源头、办学状况，感受了创办人——曾万颐先生对教育的无私贡献。

"往者不可谏，来者犹可追"，让我们从曾氏后人的讲述中去了解一个学校艰难的办学历史，了解一个勤奋踏实又心怀志向的普通人的心灵吧！

● 采访内容

"说起四端中学，要从我们家的祖先说起呢！"曾以丰女士自豪地说，"我们曾家世代以孔子的学生曾子为祖先，他是获得孔门真传的弟子，有'宗圣'之称，你们语文书里读到的名言'吾日三省吾身'就是他说的。为了不忘先祖的教诲，曾氏后代在全国各地都立有曾氏祠堂，我们老家长乐古槐镇感恩村也有一座'曾氏宗祠'，堂号就叫'三省'。从这宗祠的取名来看，我们曾家人是世世代代以儒家文化作为家训，严格修身的。"

"清朝末期，我爷爷曾文乾先生抓住当时发展洋务运动的机遇，在福州创办了'曾长兴土纸行'，经过艰苦创业，生财有方，成为同行业的首富。人是富裕了，但不能忘本。光绪二十六年(1900年)曾文乾先生出资五万银圆在下杭路修建了'三省堂'的支祠——四端堂，曾氏家族以'四端'命名，看出了我爷爷及其家族长辈对孔孟之道的推崇。"

从3位曾氏后人的介绍中我们还了解到：曾文乾老先生极其热心公益尤其是教育事业，他在家族中立下规矩，将土纸行部分利润直接投做教育基金，接济品学兼优的寒门学子。作为福州商界的"第三富"，他还直接参与了福商学校(即福州四中前身)的成立与兴办。他对于教育事业的义举，被当时的市民传为美谈。在中华民族的传统中，商人的理想并不是寻求利益最大化，求利不敢忘义，从修身到齐家，最终是为建立儒家的理想社会承担一份责任。这样的道德理想，绵绵千里，薪火相传。

随着近代教育事业的发展，曾氏家族陆续出现了好几位接受过近代高等教育的知识分子。曾老先生的次子、毕业于福建协和大学的曾万颐就是曾氏家族中新一代的突出代表。1948年，大学刚毕业的曾万颐先生携3位同窗，郭友开、刘必錾、许一志，并聘请了郑子原、郑传荣和林振中的父亲等,办起了私立中学。由于当时的学校校长都要由国民党官员任职,因此就聘请伊爵言为校长,曾万颐先生任副校长兼教导主任,主持日常的学校事务。办学堂需要场地,曾先生便把自家的四端祠堂贡献了出来;办学堂需要教学资料,曾先生贡献出了家里的钢琴和书籍;办学堂需要教学管理人员,曾先生又动员了家族中年轻子弟一起干。虽然学堂是办起来了,可条件非常艰苦,老师只能在面积80多平方米的一个祠堂里教学,甚至连整齐统一的桌椅都没有,只能用门板当桌椅,用蜜蜂箱垫脚。为了办学,曾先生花光了大半积蓄,自己在学校当教师,不拿薪水,而学生的学费——一学期一百多斤的大米,都拿出来代用教职工的工资发放,经济困难的时候还要自己倒贴钱。然而这些又算得了什么呢? 他对教育事业的热情和坚持是这些困难挡也挡不住的。

"虽然学校的规模不大,但却是一所完整的中学,各个年级的学生都有,采用的是当时民国教育的统一教材。老师们按照近代学堂的模式,开设了物理、数学、化学、英语、音乐等学科教学。更主要的是,我们的老师有很多是大学毕业生,教学质量有保证呢!"曾经在四端中学求学过的原福州日升中学校长陈世钦老师很自豪地说。

物资贫乏并不能浇灭人的斗志,对真理和良知的探索一直是四端人追求进取的动力。在全体教师和学生的努力下,四端中学的教学取得了良好的成绩,从这所中学走出来的学生有的当上了老师,有的做了学者。其中最让老四端人津津乐道的该数中国工程院院士、首席科学家陈良惠先生了。2006年10月5日,福州四中百年华诞,他特地回到母校,深情地回忆起自己的读书生涯,为母校提笔留言"读书乐"感念母校恩情,用"理想乃人生之路标,创新是科学的灵魂"勉励后来的四中学子。如今,十年过去了,当年的场景历历在目,让人激动。

回顾四端中学的建校历史,我们不禁感慨,1948年,正是内战时期,社会动荡不安,百姓无以为生。福州教育落后,贫穷子弟交不起昂贵的学费。曾先生办学,把当时最先进的知识传授给普通贫民的孩子,这是一个多么无私善良又具有长远眼光的壮举啊!

1952年2月四端中学并入了四中,曾万颐老师留在四中任职生物老师,兼任教务处副主任。他把四端中学原址曾氏祠堂贡献给学校,自己分文不取。热爱教学的他,不仅传授书本上的知识,而且还想方设法展开许多实践活动,四中人记忆最深刻的就是种蘑菇的劳动实践课了。曾老师在家里亲自培育菇菌,在学校教学生种植蘑菇,由于学习与生活相结合,在学校中学到了劳动的技能,这项课程深受全体师生的喜爱。他教学兢兢业业,以致太疲累得了胃溃疡出血,先后 3 次进医院治疗。出院后,他依旧惦记各种事务,无暇静养,奔波于学校和家庭之间。每顿饭依旧只有两个馒头一碗汤。可以说,曾先生一生都过得十分清贫而刻苦,呕心沥血只为教书育人。

那种奉献和坚持,是最让人难忘和敬佩的。1956 年到 1986 年,30 年时间里曾万颐老师荣获教育系统先进工作者次数高达 7 次;1960 年他被评为福建省群英会代表;1979 年他被评选为"福州市先进科技工作者"且被纳入《福州科技名人录》;1987 年他被福建省政府评定为中学首批特级教师。"桃李满天下,春晖遍四方。"多年辛勤的教坛耕耘,他的门生可以说遍及五湖四海,老校友们回忆起自己的学生生涯,都会追忆曾老师上课的情景,也会兴致勃勃地细数当年高考生物科的佳绩。可以说,曾先生在教学上所获的奖项很多,但薄薄的奖状无法完全说尽他一生的光辉,他一生低调做人,只是用他的行动告诉了世人他曾为教育事业洒下的辛勤汗水。

本次的采访进入尾声,大家依旧谈兴不减。在福建中华技师学院教书的曾万颐先生的外孙张榕老先生回忆起在福州四中读书时的往事时,年近70 的他,交谈之中频频提及"实践"的重要性。

他说,当年在四中,学校常有各种实践活动,去抗生素厂参观,去拖拉机厂进行实践等。少年时期动手实践能力就在那时得到提高,这使后来的他在工作中受益匪浅。在福建中华技师学院,他每日与机械打交道,却也因有曾经在四中参加各种活动的经验,而没有太大的畏惧,工作起来得心应手。老先生还说:"无论做什么事,还是要去实践一下,实践是最重要的,有的时候尝试着去实践,有些难懂的东西便迎刃而解了。"仔细想想,确实如此,如今的我们,有了互联网,有了许多高科技的产物,可是,这些东西让我们可以不思考不动手就达到目的。但同时,也渐渐丧失了实践的机会,动手的能力更是无从谈起。

最后,前辈们与我们一起来到了四中最具古色古韵的诗楼前留了一个影,这次愉快的访谈也完美地画上了句号。上了年纪的老榆树孤独地伫立在我们身后,但新芽又依傍着残枝正在萌发,似乎在春天来临前,酝酿着盎然的生命。曾氏前辈们身体力行对教育的贡献是值得我们记取的。面对未来,我们更要以一种青春的、向上的、昂然的姿态,去开辟我们自己的人生道路。正所谓"青出于蓝而胜于蓝",相信在这些前辈们的传承、引导、启发下,我们定能寻找到人生的坐标,昂扬青春本色!

● 采访感悟

应该说,这是我们第一次如此有模有样、有规有矩地认真去完成一项实践作业——校友访谈,我们深深体会到这是一项对我们的成长而言不可或缺的作业。先不说我们做出了怎样的成绩,只从这次采访过程看,我们在得知采访的对象——四端创始人的后代之后,我们5人采访小组便各自先了解了与四端、曾万颐先生有关的资料,接着我们5人一起商讨了采访的分工:采访、提问、记录、录音、成文,我们5人一人负责一块。我们毕竟是第一次尝试这样的实践,难免有许多漏洞与不足,幸亏有语文老师葛老师的提点、指导,才使我们的这次访谈得以顺利进行。但经过真正的采访之后,还有一个最艰巨的任务,就是在收集好素材后形成文字。我们5人小组又聚集在一起对素材进行了一番讨论:哪些应该删减取舍,哪些又应该着重突出。我们每人各自负责写一个板块的内容,最后再整合起来。难道这就意味着我们已经大功告成了吗? 不,并没有! 作为一份访谈稿,我们应该对接受我们这次采访的人负责,既然采访了别人,就应该把内容记叙得真实可靠,严谨科学。于是,对这次访谈,我们做了一遍又一遍的整改。我们把做好的每一份稿子都交给葛老师审阅、批改,然后再根据老师所给的意见建议进行修正,这才有了这篇看似完整其实还略显粗糙的文章。虽然这项作业耗费了我们不少时间、精力,但我觉得这是值得的。如果说花费这点时间和精力我就能寻访到四端中学的历史足迹,那么我愿意;如果说花费那点时间和精力我就能了解到一个平凡而伟大的人物的生平事迹,那么我愿意;如果说花费那么微不足道的一点时间和精力我能获得如何去做一个采访,去写一份采访稿的经验,那么我想说我愿意!

(邓青青)

● 家长留言

这次学校布置的这项作业非常有意义,孩子们能够借此出去多接触社会,与人交流沟通,看到他们积极主动地去完成这项作业,我们感到很欣慰。孩子们,希望你们在做每一件事情时都能充满热情,积极主动地去做。你们在学校、在课本中学到的知识毕竟是有限的、基础的,你们只有深入到实践中去,才会发现知识的无穷魅力。就像你们这次采访的老前辈说的那样,"无论做什么事,还是要去实践一下,实践是最重要的,有的时候尝试着去实践,有些难懂的东西便迎刃而解了"。你们在采访后应该就更能够领悟到了吧！你们啊，就是被宠坏了，做什么事情都太依赖这些发达的高科技了，这样是不行的，就应该像这次的访谈一样，自己去实践，可不就比你们热衷的"万事靠百度"强得多。孩子们，去做你们想做的！我们也帮不上你们什么，我们只有在一旁给予你们最大的支持，加油！

※指导教师点评

四端中学办学时间只有短短的 4 年，但在福州四中的历史上无疑是不能忽略的存在。1948 年，8 位大学毕业生在曾家祠堂办学的身影已经远去，可是后来的四中人怎可以把他们遗忘？

寒假期间，5 位同学采访了当年四端中学创办者的后人。在完成任务的过程中，他们的态度是积极踏实的，既有采访前的资料搜集，又有采访时的分工合作，后期为了补充写作内容，他们还实地走访了当年办学的原址——曾氏祠堂，并尽可能地寻找当年在学校读书学习的校友，从写作的主题确定到语言的运用，都经过仔细的推敲和修整，才得以最终定稿。

虽然在采访的时候曾氏后人给孩子们提供了很多的资料以便了解当时艰难的办学情况，尽可能地还原谦逊勤勉的曾万颐老师的形象，但由于历史原因，当年的实物、书信、相片等珍贵资料都被销毁，曾经有一段时间，因政治原因，曾老师也不愿向任何人提及当年的这段历史，这些都影响了主题的完整充实的表达。

如今，斯人已逝，5 位同学能从他的亲人、学生、同事的只言片语里寻找当年办学的事实，记录热心善良的前辈为教育所做的贡献，为福州四中的校史捡拾一段值得骄傲的片段，我想，今后他们回忆起自己的这段经历，也会觉得很有意义吧！

（葛莉苓）

那冲天的火光,让我至今心有余悸

2018 届　高一(8)班　林星宇

● 校友简介

姓　　　名:郑增容
毕业时间:1957 年
单　　　位:退休

为了寻访四中曾经的校友,了解学校的历史,我来到郑增容老先生家,采访在家中安享晚年的先生。

● 采访内容

问:郑爷爷,您好! 感谢您可以接受我的采访,可以先介绍一下您印象中的四中吗?

答:我是四中初中最早毕业的一批学生,那时候的母校地方很小,给我印象最深的就是钟楼了,那时候的钟楼又叫大庙山瞭望台。在那个动乱的年代,钟楼的作用就是发出警报,提醒福州的市民,一般警报为两声,紧急一点的就是 4 声,警报结束就是一声长鸣。据说这个钟楼原先是为了防火而建的,对于我来说,因这大庙山瞭望台有着报时的功能,它那昏黄的灯光曾无数次为我指明方向,它低沉的声音陪伴了我整个初中时光。

问:那么郑爷爷算是见证了四中历史发展的人了。对于四中的改变,您有什么看法呢?

答:随着时代的进步,四中也办得越来越好,现在这一代的孩子们都接受良好的教育,这都得力于国家的投入和投身教育事业的人们的奉献。

问:您还记得当时有什么事情给您留下了深刻印象吗?

答:1955 年的 1 月 22 日,我记得十分清楚。那天学校在福州工商联礼堂开闭学式,当天结束回家后,大约下午,听到了空袭警报,在那个时候,我并没有太多注意，大抵是司空见惯了。但是炸弹真的落了下来，虽然我家所在的那带地方幸免于难，但是我看见福州南台大都陷入火海之中，那冲天的火光，让我至今心有余悸。学校中有许多同学和学长就此失去了亲人，他们也是因为参加了闭学式才侥幸躲过一难，我实在为他们难过。事后，学校召开了"向蒋介石卖国集团讨回血债大会"。那时候许多同学都泣不成声，那件事给我留下了太过深刻的记忆。

问：这太惨烈了，难怪您记忆犹新。您当时有什么遗憾的事吗？

答：我最遗憾的就是没有认真地对待中考，真是年少不知读书好啊！那时上高中难，录取率低，家境困难的也供不起。当时有千余名考生，而学校大抵只收八九十人，十人中只有一个可以上高中；而那时我家中有好几个弟妹在读书，我为了生计，便早早出去工作了。没有继续接受教育，实在是我一辈子的遗憾。我十分欣慰地看到现在的孩子可以接受良好的教育，不用遭受战乱，可以拥有美好的未来。

问：和您相比，生活在今天的我们，真的太幸运了。对于现在的母校和您的后辈们，您有什么想说的吗？

答：回忆曾经的艰苦时光，更加感恩今天的和平时光，富足时代。我真诚地祝愿我的母校可以越办越好，为更多的莘莘学子提供一个更好的发展平台。我希望现在正在念书的你们可以好好把握当下，为这个太平盛世增光添彩。

● 采访感悟

采访了郑老先生，了解到他那个年代的学习机会是多么宝贵，学习环境是多么艰苦，我明白更应该珍惜当下，好好学习，应该让自己的未来因为有现在的汗水而更加美丽，不应该浪费人生最美好的一段时光。

● 家长留言

这次的活动有利于孩子们忆苦思甜，现在的孩子大多生活幸福，已经忘记了艰苦奋斗的精神，让他们了解曾经的生活，可以让他们好好珍惜当下，明白自己现在的生活是十分幸福的，使他们学会感恩。

※ 指导教师点评

星宇同学采访的内容很有意思。当年，福州是海防前线，经常会进入警戒状态。作为当时的学生，在这样的一种紧张气氛下是如何学习、生活的呢？福州四中校园围墙外就有一个火警报警台，现在已成为历史古迹，可是它当时又是如何守护一方安全的呢？感谢郑老先生带有细节的回忆，让四中的孩子们较有兴趣地了解了一段历史，他用亲身经历警示后来人，要珍惜今天的学习环境，要更加专心地对待学业，做一个对国家、对社会有用的人。

（葛莉苓）

一条心，争第一

2018 届　高一(2)班　汪浩博

● 校友简介

姓　　名：汪鼎溪 毕业时间：1958 年 工作单位：福建省邮电管理局

四中的校园生活丰富多彩，老校友们的校园生活是怎么样的呢？寒假，学校开展校友采访活动，我借着拜年的机会采访了我的叔公，他在 1954—1958 年期间在四中学习，可以说也是我的一位老学长了。

● 采访内容

问：叔公好，新年快乐！感谢您接受我的采访。您可以向我和同学们说说您当年在四中的求学经历吗？

答：新年好！时间过得真快。以前我抱过你，那时你还在牙牙学语，不太会走路，真没想到，现在成了我的校友。我是四中"文革"前的毕业生，当时考到了北京邮电大学，以前在福建省邮电管理局工作，现在已经退休了。

问：您以前学习时候的校园和我们现在的校园肯定大不一样了吧！您还记得以前的校园环境和学校生活吗？当时的课堂是怎样的？

答：当时校园跟现在可比不了啊，没有现在这么多教学楼，只有一间间平房作为教室；当时家庭经济能力能够支持子女继续上高中的很少，因此班级也没这么多，我们那会儿仅有两个班；我们甚至没有统一的校服，生活条件很是艰苦。

当时的课堂设备也很简陋，讲台黑板都没有，座椅桌子什么的都是木制的；既没有这么多要学习的科目，书本也没有现在这么精致；老师也没有用什么教辅材料，就是一本书，讲课都是靠老师自己的本事。但课堂还是比较有趣、活跃的。大家把老师围成一个大圈一起坐着，更像是聊天、讨论，虽然我们的学习环境比不过你现在，但老师和同学也都能打成一片。所以，我觉得教育主要的还是在于老师和学生之间的互动，环境当然挺重要，但绝对不是最重要的因素。

问：您那时有什么课余活动吗？还有，当时有什么理想追求吗？

答：学校里偶尔有集会、运动会、看电影、节日表演等，还有像现在春秋游一样的户外课，没有大巴车，就步行着在校园周边转转。老师读报纸介绍各个地方的新闻，国家的作用啊，建设发展啊，没有像现在有这么多的社团活动。

当时的学习比较轻松，下课了大家都凑一块聊天，做游戏，看小人书，读报纸，读读毛主席语录什么的，算是时代特色吧！那时学校的管理也不算严，有时我们只上半天课。课余时间我们有时为帮助学校基建而参加义务劳动。有时自娱自乐，男生就打打弹弓，捉捉迷藏，雨后去校园附近水田池子里捉青蛙，有人拿红纸糊灯笼，还有自己学习做木工的；女生踢踢毽子，折折纸，做做手工一类的，甚至还有的会缝补衣服、纳鞋底。现在这些都见不到啦！那个年代教育也是寓教于乐呢，现在回想起真是怀念！

当时的理想呢，可以说很简单吧！那时候我们的祖国还正在热火朝天地建设，我们爱祖国，爱我们的党，我们都坚信社会主义的明天更好，祖国能更加富强，不再受欺凌。我自己呢，希望能有一辆好的自行车，可以骑上它到处走走；也想好好读书，能尽快为国家献出一份力。

问：真是纯真而有理想的岁月，好让人向往！（笑）那当时有没有什么记忆深刻的校园回忆呢？

答：有。当时虽然没有这么浓厚的学习氛围，但是我们读书也很认真，老师也跟我们来往得很好。我记得当时有一个同学提议做一个鸟巢，好让飞来飞去的鸟儿有一个栖息的地方。老师还特地放学找了一间空教室，准备了材料，大家一起动手。我们觉得这是全班所有人的心意，大家都很愿意去做。鸟巢做好的那天，老师和我们全班一起，郑重地把它放到了校园内的一棵比较高的樟树上，大家都很开心。我感觉那时候放上去的不仅是一个鸟巢，还是我们班级团结的心。

还有，高考前大家都一起加油，我记得我和几个同学玩得特别好，我们的口号是"一条心，争第一"，虽然短，但很响亮。老师也不断鼓励我们，最后大家都考出了不错的成绩，还有人考入北大一类的名校。毕业前大家还互相留言，感觉当时大家的话虽然很简短，但都是真心真意的祝愿。我们甚至还留下了一本留言册给学弟学妹们。当时的班级就像一个大家庭一样，到现在我们还保留着良好的联系。

问：嗯！一条心，争第一！好口号，感觉很有冲劲呢！那学长有什么想对我这位与您年纪相隔半个世纪的学弟说的吗？

答：我觉得当时我们的条件差，但是我们能出成绩，凭的是努力和信念。现在条件更好，校园生活也丰富了，你应该更加努力。但在认真学习之余，课余活动也要多参与，跟老师和同学多相处。校园的发展是为了丰富生活，即便一切为了学习，但是人生有多少个 3 年？大家能组成一个班级就是缘分，我也希望你跟我一样珍重同班的情谊。还有就是不要太劳累了，我看现在晚辈读书，有时候觉得他们很辛苦。不过现在竞争激烈，不比当时，现在学校里学生人数比我们当时翻了几十倍，考好的大学的难度也高了很多，真的找不回以前那样轻松自由的感觉了。努力归努力，但尽力而为，在校园里生活也需要活泼、健康、开心吧。希望你能考上自己理想的院校，留下美好的高中回忆。

● 采访感悟

这次采访令我受益匪浅。汪鼎溪学长讲的都是自己切身实际的校园生活，他也愿意与我们分享。很幸运我也能在叔公曾待过的校园中上学，这真是缘分。确实我们现在的条件比 20 世纪 60 年代好得不止一点点，我们更应倍加努力。叔公说得对，学习重要，身体也很重要。最重要的，他的话让我感觉到学校不仅仅只是一个读书获取知识的地方，它更像是我们的另一个团结的大家庭，班级就是一个家。学长说得很对，我们不能忘了在我们身旁有着一群陪我们一起努力、一起度过 3 年的伙伴。大家一起加油吧！我相信我一定会实现叔公对我们的美好祝愿。

● 家长留言

我觉得学校在寒假开展的这次学生活动，可以让孩子受到教育，获取人生经验。叔公的话，让他体会到 20 世纪五六十年代学生的日常生活，这样才能更加意识到如今条件的来之不易，应该珍惜条件而努力读书。同时我认为访谈内容也能提醒他在竞争激烈的校园中，要更加注重同学关系、师生关系，积极融入集体，促进情商的培养，这对于孩子的全面成长都是很有意义的。

※指导教师点评

20 世纪 60 年代的学校生活是怎样的呢？一个年代有一个年代的特点。课堂上的实践活动、课后的团结友爱、毕业时的珍重祝福，虽然已经久远，但叔公说起来却是那么津津有味，后辈听来也饶有兴致，因为他们共同拥有过青春的滋味。如今看来，过去的人们在物质上是清贫的，然而有了高昂的斗志、进取的精神，一样能生活得丰富多彩。当然，也希望今天的孩子能够在应试的同时，多参加一些实践活动，让课余的生活更丰富些，为高中的生活留下更美好的回忆。

（葛莉苓）

1977年恢复高考，师生们那个高兴啊

2017届 高二(8)班 陈思珺

●校友简介

> 姓　　名：李榕
> 毕业时间：1979年
> 工作单位：退役军人，经营公司

20世纪70年代，是个特殊的年代。学生"以学为主，兼学别样"，即不但要学文，也要"学工""学农""学军"，以此培养生存能力，磨炼革命意志。虽然没有美味佳肴，没有锦衣华服，没有手机电脑，但那个年代依然培养出了大批优秀的学子，这其中就包括了从四中毕业的李榕叔叔。在学校组织的"寻找身边的校友"活动中，我有幸采访了李榕叔叔，与他一起忆往昔峥嵘岁月。

●采访内容

问：李叔叔您好！感谢您能接受我的采访。平时我常听家人提到您，说您也是四中毕业的，但那时的学习环境跟我们现在完全不一样，您能介绍下当时的学习环境吗？

答：那是个短缺的时代，鸡鸭鱼肉蛋不像现在可以随便吃，新衣服一般一年就是一套，过年时才做，大家都在过节俭的生活。比我们大的学长比我们更辛苦，因为多数家庭有两个以上孩子，独生子很少，那时没有高考，毕业后要上山下乡，到农村去劳动生活，吃饭都吃不饱。我们还好，1977年恢复了高考，赶上了新时代。当时我们高一下学期分班，成绩好的到了一班二班，然后就开始拼命学习，说"头悬梁锥刺股"也不为过，只为了考上大学，让命运走上另外一条阳光路。

问：听得我有些汗颜了。您刚才的"拼命"二字感觉充满了力量。爸爸

妈妈常对我说："你什么也别管,只管好好学习。"虽然没有到衣来伸手、饭来张口的夸张程度,但我确实是在无忧的生活环境中学习,与叔叔相比我真得幸福太多了! 可这样的条件下,我却都没有拼命学习……

答:不只是我们拼命学习,老师们也是拼命地教啊! 中学时代给我留下最深印象的就是1976年四人帮垮台,1977年恢复高考,师生们那个高兴啊,老师教学生更是不求利、不求名。那时我们家务活多,常常耽误上课时间,但老师们都是早早就等在教室中。上课铃声还没响,他们就已经在辅导学生,进入教学状态了。放学后,又是耐心辅导着每位学生,学生没有疑问了,都离开了,他们才离开,根本不存在收费补课的现象。师生间的关系也都非常好,亦师亦友,我们现在一些同学聚会都还会去老师家拜访。

问:这样的四中传统现在还保留着,老师们都有候课习惯,都会提前几分钟到班级;下课后还要停留一会儿,等等看学生有没有疑问。不过,听说您那时社会实践特别多,有时甚至大半年,学习文化的时间比我们现在少很多啊!

答:是啊! 我们当时社会实践特别多,全国掀起"学工、学农、学军"风,也就是学生不仅要学习文化课,也要到工厂里锻炼,到农村去参加劳动,到部队里体验军营生活,文化学习特别是初中没有现在压力大。我们这一代一提起"学工、学农、学军",很多人都感到特别亲切。那时我们到北峰分校九峰寺实践,这是四中当时的传统。比我们早进校的学生实践时间都很长,好像有半年,到了我们这一届,才去了一两个月,再后来的学生就没有安排了,大概是生活太苦了吧。分校在穷乡僻壤,没有肉吃,我们自己带去的一点咸肉舍不得吃,结果都长蛆了,但我们哪里舍得扔啊,洗干净了照样吃,你们可能很难想象那样的生活。分校是地板上打大通铺,自己带被子,哪管得了地面会不会潮湿,房内有没有蚊子,就睡在九峰寺的大厅里。我们砍柴、烧火、挑粪、割稻子,农民的劳动活都干过,山路要走很远才能到我们劳动的地点,脚底都长出了厚厚的茧。虽然生活艰苦,但集体生活其乐融融。那是原生态的生活,荒郊野外山清水秀,也有无限的野趣,何况一群孩子一起生活,无形中都学会了自立。现在的孩子基本没有接触这些了,很难想象,你们的父母会舍得让你们过这种生活。

问:听起来是段很丰富的经历,但这样会不会耽误你们的文化学习呢?

答:时间上确实有影响,但我们很拼命。当时我们在一班,高中两年实际只剩一年半,学习很辛苦,要补很多没有学过的知识,每天几乎都要到12点后才能睡觉。但是,一分耕耘一分收获,高考结果,我们班只有一个人比本科线低 1 分,上了大专,其他人全是本科。那年的录取率好像是 6% 还是 4%,你可以百度一下,不像现在应该有 80% 以上吧? 可见那时候,四中的高考成绩多辉煌。

问:当年的学长学姐们好厉害啊! 能举一个具体的例子吗?

答:当时我们班物理总平均分全省第一,本科录取率当时也是全市第一。当然,这两个消息都是传说,我没有核实过。但是,四中的高考成绩在那时是很有名气的。

问:那时教育资源不是很丰富,读大学不是唯一的出路,但你们学习的积极性这么高涨,为什么呢?

答:这都是师生们经历了蹉跎的时代,只争朝夕的结果;也有时代的召唤,肩负着时代的使命感,我们当时有个口号叫为实现四个现代化而努力读书!

问:学长学姐们真为我们树立了很好的榜样! 我们这些晚辈应该化被动学习为主动学习,才能为自己赢得阳光大道,为母校增光添彩。谢谢您接受我的采访,祝您生活愉快,阖家幸福!

● 采访感悟

通过对李叔叔的采访,我知道了,原来我们的前辈们曾经有过艰苦而辉煌的学习路程。纵然那时困苦的条件对求学之路是个阻碍,但也没能让他们停下对知识的无限追求,而在四中的这些岁月,也成了他们美好的回忆。我们这些四中新学生,有优良的学习条件,也应忆苦思甜,懂得珍惜才是。学长们是我们的榜样,他们教我们热爱学习,不负时光,为自己赢得一段奋斗的岁月,为四中画上属于我们骄傲的一笔。

● 家长留言

学校安排这样的"采访"任务很好,每个学校都有自己独有的历史文化,有它的辉煌和荣耀。学生从了解过去中能更好地继承优良的传统,延续良好的学风,从学长的成就中看到自己努力的方向。自己的思考和沉淀,有助于学生更好地热爱学校、热爱学习,进而升华为热爱家乡、热爱祖国。为这样的活动点赞!

※ 指导教师点评

陈思珺同学切入的角度很好,她访谈到的 20 世纪 70 年代高考的那些事,折射出的社会、时代变迁,值得人们深思。那是一个追求理想的时代,人们坚信高考可以改变命运,并为此奋斗拼搏,燃烧激情。今天的学生还相信"知识改变命运"吗? 我想,不管时光怎样流逝,一些东西总是永恒的,比如对知识的渴求,对智慧的向往,对真理的追求,这是人类的天性,也是社会进步的不竭动力。这点上,李学长为我们做出了榜样。

（潘向红）

年华老去，为何他们还深藏我心

2017 届　高二（7）班　林　鎏

● 校友简介

> 姓　　名：吴晓丹
> 毕业时间：1986 届
> 工作单位：福州第十二中学

● 采访内容

寻访四中校友，感受青春记忆，感悟人生经验，为人生铺路。

夏日已尽，流年未亡

"随着母校的步步前进，建设资金的投入，校园越来越大、越来越美，可我却依然怀念那曾经的古老校园和封存于那儿的学子回忆……"

"都说回忆就像倒在掌心的水，不论你摊开还是握紧，终究还是会从指缝中，一滴一滴，流淌干净。但它确实是滑过我们的手掌，那种感觉，不会忘记。"

"当时的同学陈玉如，现在就在四中当老师。她画的插图让人印象深刻：人家都是五颜六色，但她的插图就是黑色的。虽单调，却素雅，如中国水墨画一样深深浅浅的，在五颜六色中脱颖而出。不管何时想起来，她的画作都能清晰地浮现在眼前。"

晓丹校友说起昔日的校园，眼里满是回忆：纯真，欣喜，感怀。

吴晓丹初中与高中都就读于四中，四中见证了她的蜕变，她也见证了四中的成长。那时的四中，大门和坡道远不如现在宽敞，上下山的坡道都是由小石块堆积而成，又窄又陡，极不好走。所以只要下课铃声响过一会，校门口就人满为患，水泄不通。放学的时候想问个问题、说个事都找不到人：下课铃一响，所有人都一下子飞奔而出。男生放学第一件事就是去车棚拿上车，顺着陡峭的碎屑小路飞速出校门。这些场景一点没有在记忆中变浅，仿若昨日……

吴晓丹学生时期有个历史老师幽默风趣，上课会带着学生去走访福州，参观严复、林则徐的故居，对应上课本知识，玩也玩了，看也看了，学也学了，真是寓教于乐！在去找王审知的墓时，吴晓丹骑着自行车在煤渣路上摔得不轻，把大家都吓惨了，一个男同学过来，看得一愣一愣地说："还好，还好，还能说话。"这样的回忆，在现在被"保护"过度的我们的生命中或许很难体验到了吧！回忆彼时，吴晓丹竟是一脸的欢喜。她说，现在每每聚会，这件事都要拿出来下酒，大家一下就回到了那时紧张又搞笑的情景，仿佛还是当年那些好动的小孩子。他们的故事没有结束，他们的故事永远未完待续……

莎士比亚说："时间会刺破青春的华美精致，会把平行线刻上美人的额角，它会吞噬珍世稀宝、天生丽质，没有什么能逃过它横扫的镰刀。"记忆的美妙或许就在此，它的死亡只会在遗忘之时，它或许就是在镰刀上舞蹈的人，时间更深刻了它的意义。

因为特别，才会让人记住

老师总说他们教过无数的学生，可我们何尝不是见过许多老师，当我们走过了浮华，沉淀后，能深深记在脑海中的老师会是谁？

在高中，吴晓丹幸运地遇到了一个优秀的数学老师：胡文才，高中数学学科带头人，他所带的文科班的数学成绩超过了理科班。先生的特别之处在于上课非常幽默风趣，更厉害的是——他把全班逗笑后自己不笑。"先生每节上课进来都先讲一则毛主席语录，但最后我们都会发现，他不是乱引用，而是这些语录中都包含着上课用得到的思维方式。"说起老师，吴晓丹校友话语中充满赞叹。

前不久去世的陈瑞洛老师，退休后在日升中学继续着他的育人事业，送走了一代又一代学生。陈瑞洛老师走后很多人去看他，都在灵前号啕大哭。他在福州教育史和学生的青春记忆中留下了浓墨重彩的一笔。吴晓丹学姐说，陈瑞洛老师独特的地方在于教育方式的新颖。他让大家做的小组画报，曾是校园里靓丽的风景线。一到下课，同学们蜂拥而至，那时没有电脑的他们，所写的内容都是自己泡在图书馆查的，而不是单纯的复制。学生们就像追着连载小说般，每周都跑去看有没有更新。他教作文的方式也是吴晓丹校友用来教她学生的方式。陈瑞洛老师讲作文时，经常把吴晓丹和葛莉芩的作文拿出来对比，一节课就专门比较这两篇作文。而他的好不仅仅在给学生们教书的时候，他们毕业后他还关心着他们的一切。学生的忙他一定会帮；打电话给他，他一定知道你是谁……

瑞洛老师用自己的人生写就了一个教育者最高尚的灵魂，他的教育理念也被他的学生继承……深受恩师们影响的晓丹学姐始终认为，一个老师要给学生一个深刻的印象，不在于你的课讲多少，而在于你有没有不一样的价值。就像去商店买衣服，买的衣服如果不是为了保暖，那么你要买它的原因一定是这件衣服有它的特色。老师也是如此，被记住的，一定是因为留下了独特的记忆。

老师存在的意义

不管在什么时代，学习都是压在我们身上的巨石。那与学习联系最深的老师，扮演了什么角色？

看看身边的同学大多由于某些科目成绩不好，做出了不得已的选择，我有着无数的疑惑：或许是某个学科真的有难度，或许是老师的教学因素，又或许是我们太不认真对待这个科目了，因为我们在课上真正能吸收的，又有多少呢？当我们知道那些不足时，我希望我们可以去改正，问题的发现不是为了解决吗？尤其是当我们拥有着万能的电脑时。那么，随着技术的发达，学习方式的多样化，学生可以在网络上学习很多东西，这会带来老师的消亡吗？

吴晓丹校友表示这一切都不会发生，老师会为学生打开思路，网络上的课件一段文字写在那，有的人看不懂，有的人看得懂，这是有区别的，看得懂也只是看得懂这句话，但不是说可以理解这个思路。这就是需要老师的原因。

吴晓丹坚信，虽然我们学习的渠道越来越多，但老师的提点会为我们节省很多不必要的时间。我们都需要老师，给予我们消灭绊脚石的工具。这就是一代又一代老师存在的意义啊！

这就是教育在学子身上的深刻烙印，这就是文化薪火传承的价值！

● 采访感悟

我从来没有和一些年长的人坐在一起聊这么久过，更何况是带着与生俱来的对老师的恐惧和老师聊天。然而，社交却是我们在走入社会中必不可少的能力,也是我最缺乏的能力。我在这次采访中锻炼了我的这项能力,也在与晓丹老师的交谈中感悟了许多。老师说她愿意接受访问的原因,是她还有回忆,还有可以念想的东西,而且陈瑞洛先生刚刚过世,这种伤感需要一个地方抒发。她数次提起陈瑞洛老师,足以说明陈瑞洛老师对学生真的非常好。这位老师的魅力,我没有亲身感受到,却可以看到模糊的轮廓。一个人,是要对周围的人有多好,才能受到大家的爱戴;是要多有能力,才能让他的学生都光芒万丈。老师能给学生留下的,真的不是他教的有多少,而在于他的独特与人品。从晓丹老师身上,我看到一种伟大的力量叫师承。

●家长留言

孩子从手足无措到欣喜万分地准备采访,结束采访,完成采稿,最后圆满完成了系列活动。看到了这一过程,我很欣慰。一路走来,感受了她的一点一点的进步,学校创设了这样一个机会,让她去锻炼自己,提高综合能力,真的很好。她的采访从"教育在学子身上的深刻烙印""文化薪火传承的价值"两方面立意,也很有深度!

※指导教师点评

教育是一个灵魂推动另一个灵魂的过程,老师在这一过程中,担当着极其重要的角色,我们每个人的成长都是一年年从不同的老师那里汲取智慧、成就未来的自我的,因此老师存在的意义不言而喻。从林蓥同学的这篇采访稿里,我再次读到了一位老师的智慧对学生成长的深远影响,这也是教育薪火传承的可贵。感谢在最美的年华,遇见你!

(林莉兰)

案例三

"致我的前辈"活动方案及优秀选文

活动方案：我想对他说
——致我的前辈

通过春节期间的寻根之旅、家族访谈，同学们重新认识了他们"最熟悉的陌生人"，也寻找到了家族的力量之源。先辈们记忆深处的那些激励人心的故事，让孩子们对自己的家族产生了一种前所未有的荣誉感和对自己本身的洞悉感，此时此刻，他们也有无数的话想要对先辈们说……

于是，我们要求在家族访谈的基础上，完成以下命题作文：

根据下述情景，以**"致我的前辈"**为题作文。

在翻检家里的老照片时，突然发现有一帧发黄的小照片非常像我，便拿去问爸爸。爸爸说："这是我的祖父（或祖母），连我以前也没有见过。"我盯着这帧小照片看了很久，相隔那么遥远，外貌那么接近，真是奇怪。终于，我决定对这位前辈说点儿什么。

优秀选文

致我的前辈

2021 届　高一（12）班　林必元

今天，我偶然在一个小抽屉里发现了一张发黄的老照片，是一对父子的合照,照片中年轻人的目光炯炯有神,我不知道他是谁,但却觉得有一种莫名的熟悉感。我拿着这张照片去问爸爸,原来那是我太爷爷和年幼时的爷爷的合影。亲爱的太爷爷,我从父亲口中得知了您的故事,不禁心情激动,我为有一位您这样的前辈而深感自豪。

听说您从小聪明伶俐,幼时曾上过两年私塾,深得先生喜爱。后因父亲患病,家道中落,您不得不中途辍学。虽然您因家庭贫困而早早失去学习的机会,但您酷爱读书,总是想方设法向别人求借书籍,抓紧一切空余时间自学成才,还练就了一手飘逸俊秀的毛笔字。听爸爸说,直到晚年您依然坚持读书、看报、练毛笔字的习惯。您刻苦学习、持之以恒的精神令人敬佩。

为了生计,您16岁就孤身一人坐上了前往南洋的轮船,也就是今天的印尼。在那儿,您先是在椰糖厂当了一名小伙计,负责向当地人收购椰干来榨糖。印尼当地天气炎热,您常常冒着酷暑,起早贪黑,奔波在乡间收购椰干。由于您为人诚信,童叟无欺,从不缺斤少两,村民们都乐意把椰干卖给您,好口碑也让您的收入逐渐增长。在此期间,您还不断研究榨糖技术,积攒了一些资本后就开始自己创办椰糖厂。您白手起家,靠自己的勤劳与智慧开创了一番事业,想想我的16岁,当我还坐在明亮宽敞的教室里愉快地读书时,您已经挑起了家庭生活的重担,与您相比我真是望尘莫及。

不过我更敬佩的是您的坚强和对祖国的热爱。当日军发动侵华战争时,您慷慨解囊,不惜捐出自己多年来辛苦劳动所挣来的钱。当日军进攻东南亚时,您供出房子救助当地的难民,您和其他华侨及当地人一起反抗日军。您的作为令人感动,因此您深得当地人敬佩。当日军战败后,荷兰殖民者重返东南亚后,您又站在当地人这边为争取东南亚独立而战,由此可见您对殖民主义的痛恨。您在我心中是一位爱国英雄,也是一名反殖民人士。

中华人民共和国成立后,您带着家人回到了祖国的怀抱,投入中华人民共和国的建设。这张照片是您回国前拍的,照片里面的人眼神坚毅,身板虽瘦但挺直如松,这是经历过苦难后炼成的。您治家严谨,教育出来的孩子个个知书达理有出息,深得乡邻的称赞。如今我们的祖国已经发生了日新月异的变化,我们的日子越来越红火,中国人的国际地位也在逐渐提升,如果您还活着的话,我们就可以免签前往印尼故地重游。您离开世界时,我还未出生。虽然你我相隔几十年,我没有机会见到您,但我依然会为有您这样一位太爷爷而骄傲。

(柯秋霞老师推荐)

我家的祖屋，我的前辈

2021 届　高一（7）班　蒋文澍

在春节期间，我重返乡下的祖屋。推开庭院嘎吱作响的木门，一阵泥土味扑面而来，熟悉的味道！我熟悉这里的每一寸土地，每一间房间。在抽屉中翻找照片时，一张老照片吸引了我的注意。照片里，一位青年人身着浅色衬衣，五官端正，宽额头，眯着眼睛，站在背景墙前朝我笑着，露出一口白牙。就像……我……一样……

奶奶说："他就是你的曾祖父。"

充满敬意地，我再次看向这张照片，我的前辈。

时光流逝，那一个瞬间定格在了这张照片中，留在了过往不复的岁月中。

当年，摄影在这里一定是一件非常稀罕的事吧！因为连晚一辈的爷爷奶奶都没有留下一张青年时期的照片。因此，这张老照片就更显得弥足珍贵。

照片中的曾祖父，对着镜头，笑得是那么灿烂，那么质朴。是第一次拍照时的兴奋？抑或是为一个美好的梦想而笑？

亲爱的曾祖父，在那个年代，您的梦想是什么？您一直都坚守着心中的梦想吗？这一切都无从知晓。您曾经的故事，只能从老人们的叙述中得知。

在那个令人不安的年代，在那个交通极为不便、离最近的乡镇都有三四十里的小山村，您只能扎根于大山之中，辛勤耕耘，同艰苦的生活作斗争。凭着骨子里的韧劲，您择址盖下了现在的祖屋。建造祖屋的栋梁之材全部取自本地的山上，墙壁则用三合土涂抹。您带领大家，一锄一锄地挖。千块砖，万片瓦，一座房……没有机械，只能凭纯粹的手工，可见当时的艰辛！

谈起您，我的曾祖父，家里的老人只是流眼泪：没有您打下的基业，就没有现在的我们呀！

前辈啊，如今的我们披荆斩棘，走出绵延的大山，一路辗转，来到了省会福州；如今的我们已经找到了新的机遇，在福州安居乐业，开始了新的生活;如今的我们已不再生活在物资匮乏的年代,过上了不愁吃穿的生活。时代在进步,中国正在飞速发展。就在5年前,我们村被三明市列为重点贫困村。政府的补贴与精准扶贫让基础设施渐渐完善:道路拓宽,农村客运经过了家门口;修起了栈道,建起了小广场,老人们跳起了广场舞……新老一辈几年来的共同努力,终于使我们村摘掉了"贫困村"的帽子。不仅如此,村民们有的还开起了网店,搞起了小本经营。就在前不久,村中第一位博士生也诞生了……如果您还健在,我真希望您能看到这些啊!

虽然您已不在,但后辈们仍在延续您的一个又一个故事……一张老照片,一串曾经的故事。我对着老照片,我的前辈,深深地鞠了一躬……

（葛莉苓老师推荐）

我的祖屋,是一座砖木结构的房子。它坐落于小山腰,由曾祖父带领,一手建出。现在的我,经常回到乡下,回到祖屋,进出每一个房间,用脚丈量每一寸土地,不由得感慨老一辈生活的不易和时代的进步。生活在新时代的我们,真的很幸运!（蒋文澍拍摄并说明）

致我的前辈

2021届　高一(9)班　李　欣

在"文革"时期,作为少数的识字人,我的爷爷,您成了一名村干部,在那个法制与民主遭受践踏、食不果腹的年代,您选择站出来为人民服务。

在仙游县那么个小县城,又是个西苑乡这么个小村,高高的大山仿佛隔绝了一切与外界的联系,可谓是"山高皇帝远"。选择当掌握生产力的生产队队长可谓是件美差,有收不完的礼,但您却拒绝了,我不解地问了原因,您说:"在那个年代,生产队队长稍微有点小权力便变得骄横起来。有

"冬之蕴藉"活动方案及优秀选文

地点：各班教室

时间：2018年12月18日（上午一、二节）

中国传统文化之——"岁寒三友"赏美活动

　　梅寒报春，竹瘦而韧，松老常青。岁寒三友在哪里？在自然日常的风景里，在文人画家的笔墨里，在中国人的气质里，在我们每个人的心里。致敬"三友"！在这冬日暖阳里，让我们拿起笔来，写下我们的观察，写我们的品读，写下我们的联想和感动吧！

活动方案：冬之蕴藉

活动1：中国传统文化之"岁寒三友"赏美活动——遇见最美古诗词

●**准备工作**：以冬至和元旦为契机，组织学生感受冬天特有的气节、神韵，通过对松、竹、梅艺术形象的品鉴欣赏，感悟传统文化中的君子风度，在逆境中积蓄实力，适时绽放自我。

●**具体过程**：

A. 请同学们以"遇见最美古诗词"为题，以日常风景中所见的"岁寒三友"及喜爱的"岁寒三友"诗文为品读对象，写一篇美文。

中国传统文化之"岁寒三友"赏美活动

——遇见最美古诗词

梅寒报春，竹瘦而韧，松老长青。岁寒三友在哪里？在自然日常的风景里，在文人画家的笔墨里，在中国人的气质里，在我们每个人的心里。

致敬"三友"，在冬日的暖阳里，让我们拿起笔来，写下我们的观察，写下我们的品读，写下我们的联想和感动吧！

要求：请同学们以"遇见最美古诗词"为题，以日常风景中所见的"岁寒三友"及喜爱的"岁寒三友"诗文为品读对象，写一篇作文。文体不限。字数800字以上。

B. 在中国画中，松、竹、梅是常被表现的题材，而在"文人画"中，松、竹、梅被称为"岁寒三友"，取松、竹、梅都可傲凌风雪、不畏霜寒之性，表现人格品质和气节。

欣赏汪劲松的《松》、郑板桥的《竹》、王冕的《墨梅》3幅岁寒三友图（PPT示出），图中的松、竹、梅有什么样的风姿？看到它们你有怎样的联想？请任选其中一幅，展开联想和想象，写一篇文章，题目自拟。字数800字左右。

C. 评选优秀作品并结集共赏。

优秀选文

南轩有孤松，柯叶自绵幂

2020 届　高二（5）班　林梓萌

那棵松树，我每年都会见上一次。

它长在爷爷的墓地边上，没有想象中那种高耸入天的气势，只默默地守在一旁。我没有使劲地去回忆，甚至都无法注意到它的存在，加之清明那天沉重的气氛，当时的那棵松树，对我来说，只是一棵普普通通的树。

但现在想来，其实不然。

作为南方人，赏松多少是有些遗憾的。因为我们无法亲眼看见，也无法亲身体会到"大雪压青松，青松挺且直"的震撼感。想象着白雪皑皑，搭落在苍翠欲滴的松柏上，北方刺骨的寒风稍稍带过，细细碎碎的雪簌簌地从松上落下，溅了过往行人一身。这样美好又浪漫的场景，自然是北方的特权。而坚韧、挺拔、顽强、高大等一系列极富盛誉的词汇，好似也只有在寒冬腊月、大雪纷飞时才能体现得淋漓尽致。

可南方的松，在我看来也是别有一番韵味的。或许是缘于它生长环境的特殊，我对它有了一种别样的情感。我觉得它特别像是"守护者"，默默无闻但又不可或缺。看似不起眼，却怀有守护万物的包容之心，使人有种想追崇、想学习的欲望。用李白的《南轩松》来描述它就是"南轩有孤松，柯叶自绵幂。清风无闲时，潇洒终日夕"，它站在窗边，你看着它，或许是在烦躁的时候，或许是在平静的沉思中，都会自然而然地被它默默无闻的坚守而打动。它没有遭到大雪的侵袭，只有清风在缓缓吹拂着它，它在清风中不断潇洒地摇曳。可即使是这样，我也依然能感受到那一份寒冬腊月中的坚守。它没有雪的负担，却也依然没有放弃想要突破天际的决心，努力顽强地向上生长着，然后用它的努力去庇佑着松下的每一个生灵。

大概古诗词就是有这般魔力，它能让你联想，或将那一份静谧和震撼传递给你。所以现在，松对于我来说已经不仅仅是一个极为普通的存在，而是"无论何种情况下都不放弃突破自我"的一个精神范本，更是教会人如何去适应各种情况并将这种精神传递给身边每一个人的良师。

而这些，通过古诗词，都能领会到。

（林莉兰老师推荐）

桃李盛时虽寂寞，雪霜多后始青葱

2020届 高二（8）班 尤嘉文

松，坚韧，长青，在峡谷悬崖中感受着青年人无法忍受的寂寞。老家的山上便是一片松林，那是比榕树还要深沉的绿，不管时隔几年再见，它依旧是那副模样，矗立于山间，好似永远不老。其实，起初我是不喜欢松的，过于成熟老成的姿态，与山间野菊和婀娜的柳树相比终是少了几分活泼可爱。稍大些时，才能慢慢从古人的诗画中感受到"不老松"的魅力。

松，常常是不起眼的，夏天在万紫千红的世界里，更显得单调乏味。但待一切繁华褪去，它却又是最为永恒的。"桃李盛时虽寂寞，雪霜多后始青葱。"不与百花争艳，不刻意讨好，只在冬日里披着"白袍"展现着傲岸清高的气质，用永不褪去的深绿装饰着荒芜的山谷沟壑。与"桃李"给人的眼花缭乱不同，那是能洗去浮躁的静谧。"卖阳艳"的桃李，又怎能和"终年常端正"的松树相媲美？

名人笔墨下的松总是生长在夹缝中，孤立在寒风中。不用多时就窜得老高，风雪何以畏惧？松总该是长在自然里的，那些拘束在盆栽里的终是差了些风霜的味道。李白曾写："太华生长松，亭亭凌霜雪。天与百尺高，岂为微飙折？"松树巍然挺立，四季不改其容，雪压霜摧不失其青翠本色。松就如君子，用一身正气抵抗腐朽势力，远离世间的纷纷扰扰，不趋炎附势，不随波逐流，"亭亭"之姿，岂不坦荡？"岁不寒，无以知松柏；事不难，无以知君子"，松在夹缝和风雨中得以傲然挺拔，君子不"苦其心志"，又如何"降以大任"？

文人雅士以松酿酒，饮松花之清香，品松之精华，也透露出了古人对松的重视。李商隐笔下："赊取松醪一斗酒，与君相伴酒烦襟。"与好友共饮松醪对酒当歌，共叙情谊，倾诉烦恼。彼此之间的友谊似松针叶般纯粹，阵阵清香；似松针叶般长青，亘古不变。

松,沉默在山谷间,恋着高山,恋着大地,恋着悬崖,无声书写对自然的爱意……

遇见诗词,在诗的意境里,与自然沟通,与松相遇相知,滋味深厚,意味深长。

（吴丽娟老师推荐）

南轩有孤松

2021 届　高一（1）班　谢梅婷

"南轩有孤松,柯叶自绵幂。清风无闲时,潇洒终日夕。"垂髫之年常爱梅花,易被风雨摧折却仍鲜艳怒放;今是少年,却又爱极了万木凋零,严寒之中,颜色依旧的松树。高高屹立在耸入云端的山峰上,像个默默坚守的战士,纹丝不动。

在黄山之巅,伴着飞舞的雨絮与缭绕的轻雾,它独然屹立于此。它,任雨拍打自己的胸膛,任风吹乱自己的青发,任雾缭绕在自己的身旁。它孤立于此,无动无哀,站在最高处笑看红尘凡世,因为它有自己的太阳,那是独属于它的坚韧不拔。

汪劲松先生笔下的它,在山巅更显挺拔,没有茂林,却有修竹,坚韧盘旋的粗壮树干从山涧底生长出来,风中低垂摇摆着的小苗生长在山头上。但要仔细近看,松树又像是一条小蛇,满身蛇鳞,蜿蜒曲折。新嫩的松花松果像清香的米粒,被仙人当成食物采撷。那松叶浓绿有光,像在水中浸过一般,一束龙须般的针叶,整齐得像是用剪刀剪过,当得上是"绿波浸叶满浓光,细束龙髯铰刀剪"。

它孤傲地立着,是山巅上最引人注目的景色。它像是战士,任风吹雨打,纹丝不动,守卫这独属于它的领地。风与雪都想征服它,它以它顽强的毅力一次又一次战胜了风与雪,等待着春天的到来。

"为草当作兰,为木当作松。兰秋香风远,松寒不改容。"为人自当也如松,傲凌风雪,不畏霜寒,犹如君子。

松,是与众不同的;松,是不畏严寒的;松,是不会被风雪消去半点颜色的。待它枝叶参天长到云霄外,直上千尺依旧是巍然挺正。

大哉松,名气高扬,古今赞赏它的人无数！但它却仍闲立苍茫山巅,安定淡然！等到山头静下来时，只看到悬崖孤松之上，悬挂着一轮残阳和几朵缥缈的云朵！

"松，你为何总是孤立山巅？"

"大概是我爱极了这残云。"

（王薇老师推荐）

一棵松树的故事

2021 届　高一（8）班　翁晓明

当我看到这幅《松》时，我的内心首先磅礴了起来：那壮阔的画面，那云雾缭绕的山峰，那远与近的层次感；还有这幅画的主角——几株傲立在山峰之巅的松树。它们仿佛正抬头看向远方，那原先用来描绘山的"负势竞上，互相轩邈，争高直指，千百成峰"用来形容这些松树同样再合适不过了。这些松树汇聚到一起，就如同一座宏伟的"大山"，不同的是，这些"大山"拥有了生机，拥有了魄力。

突然，仿佛时光和他周围的一切都在往回倒流，回到了最开始的时候——一株看起来弱不禁风的，稚嫩的小苗。

那株小苗，就好像一个涉世未深的单纯的小孩子。他的脚下，是一块弹丸似的土地。他那细小的根枝，在汲取着土地中那所剩不多的养分。渐渐地，他已经不再拘泥于那小小的土地，他迫切地向土地外伸展自己，可不仅仅是为了自由，更是为了生存！

但现实，常常给那初次造访的探索者，予以沉重的打击！正当他的一条根钻出土地时，高山上那彻骨的严寒，就如同古时商纣王的"炮烙之刑"一般，无时无刻不在煎熬着这株可怜的小树苗，但既已如此，又可奈何？根一旦向外延伸出去了，就不可能有再收回去的机会。

就在他进退维谷之时，这株年轻的树苗意识到，自己倘若就这样自暴自弃下去，自己终将葬身于这高寒的山地上，要想存活下来，就必须克服这层层的磨难。他必须要坚持下去！

从那以后，他开始更加努力地扎根，充分利用好土地里的每一丝养分。到后来，正如他所追求的那样，土壤里的树根变得越来越密集，变得更加苍劲有力。

慢慢地，这棵树长得越来越高，与此同时，向前伸展得越来越远。身边那些和他在同一片土地上的种子，仿佛受到了他的激励，一个个争先恐后地奋力扎根，茁壮成长。他们也像那已修成大树的树苗一样，风霜傲骨，气宇轩昂，站成了一幅幅画。

当我看到这幅画时，我是颇为震惊的。我如何也不会想到，这样的奇松，在如此极端的环境下，是什么支撑着它能够生存下来。似乎大自然冥冥之中赋予了他们一种神秘的力量，而这力量，在我们人生的道路上又是何等的强大！所谓生活，又何尝不是如此？这力量，便是气节，便是坚韧，便是风度！而这磅礴的生命洪流，又有多少人能完全驾驭呢？

（葛莉苓老师推荐）

竹　韵

2021 届　高一（11）班　黄秋翊

启眸。我端详着郑板桥先生的《竹》。其竹竿柔韧疏朗，竹叶成簇怒张，淡墨勾勒，浓墨铺陈，薄雾氤氲的同时又铿锵有力。

闭目。这般刚劲的笔触早已铭刻在我心头。我聆听新醅的好酒上未净的浮沫于一霎间纷纷爆裂，盎然绿意盈于眼底。泠泠七弦上，丝竹铮铮，火苗窜动，噼啪作响。我于小庵高坐，时闻泻竹，听到的是竹而非竹，是谦谦君子温雅的吟诵声："千磨万击还坚劲，任尔东西南北风。"

这位君子朝我缓步而来了，他的名字叫竹。我伸出手，触到了他节节枝干中含着的中华儿女的谦虚。顿时，一阵暖流从指尖传到心底，生了根。从古至今，程门立雪以谦动人，流传一段师生佳话，为后世所传颂。方孝孺有言："虚己者，进德之基"，谦虚好学，方能弥补不足短处，求得节节高升，此为德之基础。钱锺书先生年少轻狂，称"无人配教我钱某人"，晚年后悔并时时警诫自己谦逊潜行，方得久远。虚心成大器，劲节见奇才。

我感慨着，抬手斟了一盏茶递与君子。轻嗅茶香，眼底是君子抱拳行礼的模样。我抬眸望见了他节节枝干中蕴含着的气节。心底的枝丫越发茁壮了，依稀长成了竹的模样。曾几何时，三闾大夫踱步于江边低吟"何方圜之能周兮，夫孰异道而相安？"，问天问地问自己，心中答案已明了；陶渊明不为五斗米折腰，隐居田园，在榆柳与桃李间放声高歌"衣沾不足惜，但使愿无违"，为的是自己所秉持的高尚气节；李青莲提笔劲书"安能摧眉折腰事权贵，使我不得开心颜"，将郁结之气尽数吐出，潇洒自在千古传颂；天祥沦为元军阶下囚却振臂高呼"以身殉道不苟生，道在光明照千古"，敌人羁縻了他的身躯，却羁縻不了他的气节。古往今来，多少谦谦君子茕茕孑立，秉持着他们高尚的气节，望向滚滚红尘。

竹君子品完了清茶，我拱手道别。从他翻飞的衣袂中我仿佛嗅到了生命之佩瑶那盈天漫地的馨香。我启眸，小庵落雪早已不见，有处恰无，无处恰有。我眼前仍是那幅《竹》，但我的心中多了几株挺立的竹。他们已深深扎根于吾心，告诉我，于风霜雨雪锻利器，于繁华世俗守气节。

我聆听着竹的谆谆教诲，鼻尖充盈着竹的丝丝清香，既要坚守理想亦要坚守本心，既要艰苦奋斗亦要守一方净土，遗世独立的同时在世间迸发出火花。

"虚怀千秋功过，笑傲严冬霜雪。一生宁静淡泊，一世高风亮节。"

（柯秋霞老师推荐）

书　签

2021届　高一（12）班　刘　妍

我，是一枚书签。我带着竹的骨节雕成，也透着修竹独有的芬芳。

或许是在油墨中浸润太久的缘故，将我拿在手中的人总会不由自主地静心，将身心托付在书中。初来世间，我毛刺未脱，扎手的身体被放进一本《海国图志》中。我什么都不懂，却隐约感到从手上传来的炙热。《古文观止》《天演论》《彷徨》《呐喊》《家》《春》《秋》……渐渐地我身上的毛刺被磨灭，依旧带着那独有的清香，和与油墨香杂糅形成的一种独特气味。我越发地看清了这布满硝烟的天空，看清了那双燃烧着希望的双眼。

一个时代下，一个民族在屈辱中守护着千年文明奋身站起的形象印在了我的身上。似乎唯有文化，带着血与泪流传到今天。时光流转，清风吹散了烽火，渐渐的一股如早春的气息盈溢在空气里。我又被夹进了一些新朋友中。《边城》中湿润透明的湘西美景，《平凡的世界》中不屈的倔强感，《围城》中人间的现实，这些带着时代独有的奔放与内敛，激昂与沉思填满了我的又一份记忆。

在熹微的晨光之中，在字与心之间我被勾勒了一份安逸、一份静谧。曾经迷蒙幽邃的天空，慢慢被灯火照亮；曾经清新沁心的空气，慢慢纷扬了尘土；曾经静谧安宁的世间，慢慢被噪声不留空隙地填满。

时光荏苒，我竟是再也无法看清那天空，再也看不清人们的瞳孔。书页越发地白了，越发地软而光滑，我挣扎着不闭上双眼，却抵不过外边的黑暗——我罕见天日，我被长久地夹在一本杂志里，只能透过缝隙看见人们的目光，流连在刺眼的屏幕上。人们的手，紧紧地握着冰凉的手机，他们在心中黑暗角落里越发孤独。我长久地窥探，明白了外面的天空下不过是人们遗失了过去的记忆，处于无知的昏暗中。他们不知道，相较手机中的文字，我多了一份温度，多了一份记忆，多了一份竹自身所具有的不屈的品质。

我，是一枚书签。我渴望将自身的非凡经历记录、流传。我想，这就是我在这个时代最后的使命与光荣。

（柯秋霞老师推荐）

附录：部分"岁寒三友"的古诗词

◎咏　梅

卜算子

宋·陆游

驿外断桥边，寂寞开无主。已是黄昏独自愁，更著风和雨。
无意苦争春，一任群芳妒。零落成泥碾作尘，只有香如故。

白　梅

元·王冕

冰雪林中著此身，不同桃李混芳尘。
忽然一夜清香发，散作乾坤万里春。

墨　梅

元·王冕

我家洗砚池头树，朵朵花开淡墨痕。
不要人夸好颜色，只留清气满乾坤。

卜算子·咏梅

毛泽东

风雨送春归，飞雪迎春到。已是悬崖百丈冰，犹有花枝俏。
俏也不争春，只把春来报。待到山花烂漫时，她在丛中笑。

◎咏　竹

和黄门卢侍御咏竹

唐·张九龄

清切紫庭垂,葳蕤防露枝。
色无玄月变,声有惠风吹。
高节人相重,虚心世所知。
凤凰佳可食,一去一来仪。

严郑公宅同咏竹

唐·　杜甫

绿竹半含箨,新梢才出墙。
色侵书帙晚,阴过酒樽凉。
雨洗娟娟净,风吹细细香。
但令无剪伐,会见拂云长。

于潜僧绿筠轩

宋·苏轼

宁可食无肉,不可居无竹。
无肉令人瘦,无竹令人俗。
人瘦尚可肥,士俗不可医。
旁人笑此言,似高还似痴。
若对此君仍大嚼,世间那有扬州鹤?

竹　石

清·郑板桥

咬定青山不放松,立根原在破岩中。
千磨万击还坚劲,任尔东西南北风。

◎咏　松

岁寒，然后知松柏之后凋也。

（《论语·子罕》）

受命于地，唯松柏独也正，在冬夏青青；受命于天，唯尧舜独也正，在万物之首。

（《庄子·德充符》）

岁不寒，无以知松柏。事不难，无以知君子。

《荀子·大略》）

赠从弟

魏晋·刘桢

亭亭山上松，瑟瑟谷中风。
风声一何盛，松枝一何劲。
冰霜正惨凄，终岁常端正。
岂不罹凝寒，松柏有本性。

赠韦侍御黄裳

唐·李白

太华生长松，亭亭凌霜雪。
天与百尺高，岂为微飙折。
桃李卖阳艳，路人行且迷。
春光扫地尽，碧叶成黄泥。
愿君学长松，慎勿作桃李。
受屈不改心，然后知君子。

后　记

　　本书是我工作 30 年来在语文教学岗位上的实践探索和经验总结,表达了我对语文教育的点滴思考与体会。

　　我于 1990 年从福建师范大学中文系毕业,回到母校福州四中工作。教过 10 年的初中语文,1999 年以后,从事高中语文教学至今。

　　曾经,我对好的语文教学定义为备好书上的课文,不要漏教知识点;督促学生考出好成绩,让家长满意,请领导放心。但是,大部分学生高中毕业进入大学后就不再学习语文的现实让我遗憾和吃惊,也让我更多地思考语文教学的实质与归宿。语文教学是母语教学,它广泛运用于人们的思考、交流和表达中;学习语文,不仅是为了升学试卷上的分数,也是为了更健康地成长,更美好地生活。中学是一个人提升语言运用能力的重要阶段,我们的语文教学应该在帮助学生提高升学成绩的同时,教给他们更多的听说读写的能力,让他们在提升语文素养的同时,也提高生活的品质。

　　2011 年,我有幸进入福建教育学院举办的福建省"十二五"中学语文学科教学带头人培养对象班学习。"学带班"3 年的学习,使我大开眼界。恩师鲍道宏教授谆谆教诲,切不可做眼里没有学生的老师。他始终提醒我们在提升自己专业水平的同时,要钻研教学的规律,从课程学的角度规划并改进自己的教学。他带我们上北京师范大学中文系取经，王宁教授、季广茂教授、曹文轩教授等大咖让我们见识了学术的高峰之美，又带我们南下苏州中学，向教育先进地区的名师学教学。在学习的同时，我渐渐感受到：语文教育的魅力既来自教师自身的专业知识水平，也来自自己对学生的理解和关照，只有时时关注学生的学习动态，了解他们的兴趣，设计他们喜欢的教学环节，语文才能真正走进他们的心底，这是培养他们以语文运用为习惯的第一步，而只有养成习惯，才能谈得上语文能力的主动构建。

从那以后，我在课堂上传授知识的同时，也留心学生在课堂上的反应，捕捉细微的信息，并及时调整授课方式和内容，从而设计出具有自己教学班特点的教案和作业。然而，受学生欢迎的教学不一定是最好的教学方法。中文教学有其自身的规律，作为 20 世纪 90 年代毕业的本科师范生，我所接触的教育学理论是有限的，想提高教学的效益，还要进一步学习。2017 年，我被遴选为福建省"十三五"中学名师培养对象，鲍道宏教授再次成为我们的理论导师，福州一中特级教师陈日亮老师担任我们的实践导师。在老师们的规划下，我们学习了杜威的《民主主义与教育》《我们怎样思维》《经验与教育》，泰勒的《课程与教学基本理论》等西方著名的教育论著，在教学理论上打开眼界；又学习了《国文国语教育论典》《中国古代语文教育史》《叶圣陶语文教育论集》等典籍，让我们在国语教育史中审视语文教学的内容，寻求教学的突破口。日亮老师几乎全程指导我们，他的教学论著《我即语文》《如是我读》在教学实践和文本解读上，坚持自己的原则，不随大流，不断探求语文教学的规律，为我们做了很好的示范作用。在名师班的学习中，我们走得更远，在北京大学我们学习了教育哲学，思考我们为什么而教，我们也进入中文系朗润园采薇阁，跟吴晓东、陈晓明等教授进行交流，聆听学术讲座；在复旦大学，我们感受到上海这座国际化大都市既放眼世界又脚踏实地的办学风格，黄玉峰老师诗性教育的理想、真诚善良的性格、儒雅深厚的文化底蕴，让我感动又折服；在宝岛台湾，南湖高中语文教学实践和铭传大学的情境化教学是杜威"做中学"理论在教育中的典例，让我借鉴了不少经验，对语文教学"学用并举"的建构有了基本的框架。

　　名师班学习的收尾阶段，全体学员提炼教学主张。我又想道：对于语文教学而言，学用共构的层面还是比较低的。马斯洛需求的 5 个层次认为，人有生理需求、安全需求、社交需求、尊重需求和自我实现的需求。教育的目的应该帮助学生不断超越低层次的需求，逐渐达到自我实现。今天，中国特色社会主义进入新时代，《中国教育现代化 2035》提出新形势下教育的八大基本理念：以德为先、全面发展、面向人人、终身学习、因材施教、知行合一、融合发展、共建共享，这是遵循教育规律和人才成长规律、顺应国际教育发展的新理念。语文不仅是为了"运用"的文字工具，更重要的是要通过文字表达出"我"的生命观和价值观。当今，急速变化的社会极大满足了人们对物质与利益的追求，但也容易让人迷失自我，失去精神家园。作为母语教育，既要尊重语文的工具性特点，让语文服务于表达与交流，更要发展其人文性的特点，注重构建学生的精神生命，做到以活力创造活力，以生命滋养生命，让学生在学习中构建自己生命的骨架和血肉，建立起自己的"观察—处理—表达"的语言系统，使语文从纸上真正跃入自己的生活和灵魂。故而，我将"语文生命构建"作为自己教学实践探索的终极目标，期待形成更系统的经验总结。

　　在研究过程中，得到了导师们多方指导和殷切鼓励，也得到了领导、学友、朋友的关心，尤其是"校本课程资源的建设"工作，需要校领导的大力支持和同组老师的群策群力。感谢我的领导们，满足我们的一个个小心愿，为我们的课程实践活动提供物质上的帮助和精神上的鼓励。感谢福州四中语文组的全体老师，他们智慧、进取、踏实、勤勉，将校本课程打造成语文组值得骄傲的名片。潘向红、林莉兰、林嫒、柯秋霞、王薇、吴丽娟、尹雅萍等老师热情供稿，丰富了本书的内容。柯秋霞老师不辞辛苦，多次校对修正，使我顺利交稿。在此，我表示衷心感谢！

在本书即将出版之际，我想起了自己高中时代的语文老师陈瑞洛先生。先生当年器宇轩昂、激扬文字，又循循善诱、启发思维，以才识学养和人格魅力让我和同学们爱上语文，享受语文。在他的影响下，我也走上了语文教学的道路，让语文和学生成了自己终身的事业。如今先生离世多年，我时常回忆起他的鼓励和期待，便又增添了几分上进的动力。感谢我的陈老师！

多年来，我深感：语文在构建着学生的生命，也在教育着我的心灵，生发着我的思想，打磨着我的个性，从这个意义上，语文也在建构着我的生命。然而，"语文生命构建"是一件大工程，个人的水平终究有限，研究中难免暴露出来不成熟，或者错谬之处，敬请读者提出宝贵意见。

葛莉苓

2020 年 11 月 12 日于福州

收不完的礼，却也是拒绝不完的礼，这样的环境下，又如何一心一意地为人民服务呢？"

为人民服务，从小事做起。"天干物燥，小心火烛；防贼防盗，闭门关窗；大鬼小鬼排排坐、平安无事喽……"您总是鸣锣通知大家关好门窗，小心火烛、关灯关门、早睡早起、锻炼身体，您的声音带着浓厚的仙游腔调，就在整个夜晚传遍了整个西苑小乡。"其实晚上不仅巡逻这些，还得防着那些半夜偷挖竹笋的，在那个时候食物是很匮乏的，大多是以挖地瓜再泡水作为一顿饭的，而到了春天，竹笋又鲜又嫩，但这哪能拿去吃呢，定期上缴完国家的还得拿去卖给村里置办机器嘞。"您憨厚地说。可是您的孩子正处在长身体的时候，家中又没有什么食物，人的食物与家畜所吃也无大异。每日看着鲜嫩的竹笋，您孩子的双眼充满了渴望，但您总是那般公正无私。竹笋少了什么的，您第一个怀疑的就是自家的孩子，第一个防的也就是自家的孩子。

以身作则是您牢记在心的准则，为民服务是您一切行为的宗旨。

我钦佩于您"富贵不能淫，威武不能屈"的坚贞不屈，仰慕于您"出淤泥而不染，濯清涟而不妖"的高贵品质，服气于您"以身教者从，以言教者讼"的大义凛然。

您的一生与那小小西苑乡息息相关，生长于西苑乡，工作于西苑乡，将自己的一生奉献于西苑乡，将自己的一生奉献给人民，无愧于心，无愧于人民。在这如今人心不足的时代，您的清廉，您的两袖清风，您的大公无私更是令后人怀念，作为您的后人，爷爷，我为您骄傲！

（尹雅萍老师推荐）